九年一貫社會學習領域課程發展

—從課程綱要與能力指標出發

陳新轉　著

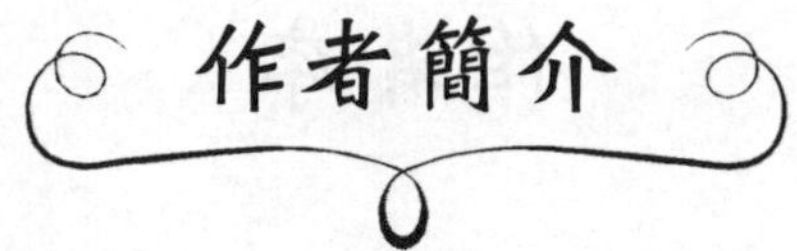

陳新轉

學歷

政治大學教育系博士
政治大學教育系碩士
台灣師範大學教育研究所四十學分班結業
台灣師範大學公民訓育系學士

經歷

國中公民科教師、童軍團長、導師、主任
淡江大學課程與教學研究中心兼任研究員
清華大學教育學程中心兼任助理教授
政治大學教師研習中心兼任副教授
華梵大學師資培育中心專任助理教授

現職

華梵大學師資培育中心專任副教授
華梵大學教學創意與發展中心主任
教育部九年一貫社會學習領域課程與教學深耕輔導團委員

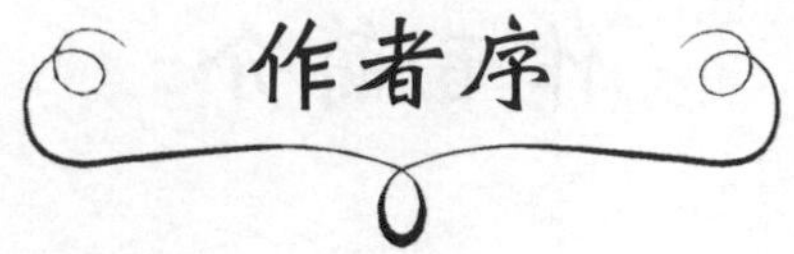

作者序

西元2000年我取得政治大學教育系博士學位，正好是九年一貫課程正式上路前的陣痛期，當時社會各界的質疑與反對聲浪不小，因此很多教師與家長的內心對這次課程改革感到焦慮、徬徨，一些原先贊成九年一貫課程改革理念的學者、專家也隨之改變立場。我的指導教授黃炳煌先生是樂觀的改革派，態度始終如一，而且正領導一個課程研究小組努力研發「九年一貫社會學習領域課程綱要」，他以高度期許的口吻對我說：「人生能參與重大的社會改革運動是難得的機緣，應該把握機會作出實質的貢獻。」就這樣我投入社會學習領域課程研究、推廣工作，一轉眼四年過去了，這本書是這期間的研究與實作心得的累積。

任何改革都會挑戰舊觀念與舊思維。社會學習領域的課程理念是什麼？什麼是「能力指標」？應該如何解讀？課程設計如何達成「能力指標」的要求？能夠沿用Bloom的教育目標分類觀念來看待能力指標嗎？課程統整的實踐為何遭遇困難？應該如何發展統整型課程大綱？這幾項難題的解決是落實九年一貫社會學習領域課程的必要工作。針對前面這幾個問題，筆者試圖提出解決方法與實例，呈現從課程綱要與能力指標出發，以發展社會學習領域教材的脈絡，努力打開一條通往回歸課程綱要、掌握能力指標的途徑，這是落實課程改革理想，以及消減老師、學生與家長在「一綱多本」的情況下，面對基本學力測驗感到焦慮、惶恐的根本解決之道。

課程是發展出來的，這本書能夠完成，許多在課堂上和研習會中與筆者有實質互動的教師們，他們的意見與回饋對於書中的各項觀點的論證與修正，貢獻良多，在此特表感謝之意。

陳新轉於中壢家中。2004/9/6

二刷序

因為我沒有修習社會領域教育學程的學生可以當基本讀者，因此當出版社打電話來說這本書要再次印行，實在有點意外；趁此修訂再印的機會，和舊雨新知分享這本書帶給我的快樂。一位國小老師傳e-mail給我說：「書中提出的能力表徵課程發展模式，實在是一大創見，解答我對能力培養的困惑。」台中教育大學黃姓教授對我說：「這些年來社會科課程方面的著作，就屬這本書最可觀。」香港中文大學謝姓教授來台參加學術會議，因為這本書的觀點以及友人的推薦，特別撥空到中壢來找我，討論台灣近年來社會科課程改革情形。有一回在研習活動中，彰化某國小主任（現在已經當校長），像歌迷遇到偶像一般，拿書要我簽名，更讓我陶陶然的是整本書都是註記、畫線以及折頁。

本書的重點之一「能力表徵課程發展模式」，闡釋「從知識學習到能力獲得」的課程發展與教學設計觀念，這項觀念是 2006 年 12 月 9 日，由教育部九年一貫課程推動小組社會學習領域深耕輔導群、淡江大學課程與教學研究中心、華梵大學師資培育中心合辦的「九年一貫課程社會學習領域精進教學策略研討會」的主題，與會人士超過200人，以歷年來社會學習領域課程研討會的參加人數而言，可謂盛況空前。這場研討會有16篇論文發表，其中9篇論文的立論直接受到本書的影響，這又是一件讓作者覺得欣慰的事。

這本書主要探討的問題包括：什麼是學習領域？什麼是能力指標？能力指標該如何解讀？什麼是「能力表徵課程發展模式」？統整型的社會學習領域課程計畫如何發展？統整型教學活動如何設計？九年一貫課程實施到現在，這些問題仍然有待解決，所以這本書還有再印的價值。

能力指標是課程發展的依據，掌握能力指標才能檢視各版本教材是否與課程綱相符，教材與課程相符，一綱一本或一綱多本都不是問題，反之，兩者都有問題。

陳新轉　序於中壢家中

2007/12/10

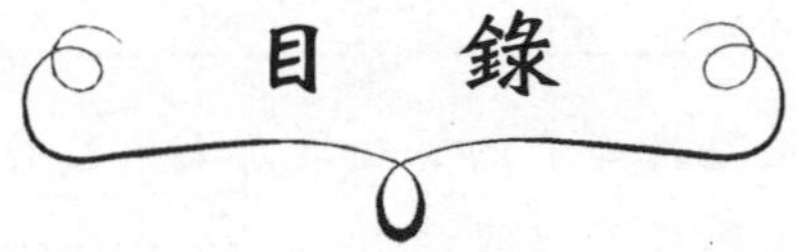

目 錄

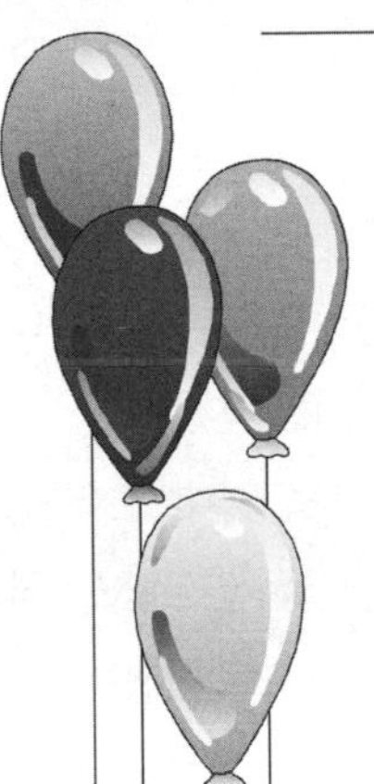

九年一貫社會學習領域的課程理念、目標與特性

第一節

社會學習領域課程綱要內容簡介

民國八十七年教育部公布《國民教育九年一貫課程總綱》，開啟這一波課程改革的實踐階段，而改革的方向則依據民國八十五年底行政院教育改革審議委員會所公布的「教育改革總諮議報告書」的結論：

> 在課程與教學改革方面，宜以生活爲中心進行整體課程規劃，掌握理想的教育目標，訂定課程綱要取代課程標準，強化課程的銜接與統整，減少學科數目和上課時數。國中階段合併地理、歷史、公民爲「社會科」，合併理化、生物、地球科學爲「自然科」或「綜合科學」。國小「健康與道德」科亦可與自然科、社會科或其他生教育活動等合科……。

上述改革方向大致的精神為「賦權增能」、「一貫」與「統整」，「賦權增能」意指以課程綱要比較鬆綁的規範，預留教師得以發揮課程自主的空間，取代過去課程標準過於鉅細靡遺且僵化的規定；「一貫」意指國小與國中課程一體規劃，打破過去國小六年與國中三年兩階段分立的現象，強化課程連續性與銜接性；「統整」意指打破學科框限與學科本位意識型態，重新整合原來分化為各種科目的學習經驗，使之成為一種統整性質的課程。《九年一貫社會學習領域課程綱要》就是在這課程改革方向的引導下，整合傳統歷史、地理與公民三科，並吸收具時代意義的學習經驗而完成的課程規劃（教育部，民92）。社會領學習域課程綱要本文與附錄共分成六部分：

壹、基本理念

「基本理念」說明學習社會學習領域的理由、社會學習領域課程性質，以及統整的功能。

一、學習社會學習領域的理由

社會學習領域課程綱要開宗明義指出，學生之所以必須學習社會學習領域課程的理由，乃是因為「個人不能離群索居，教育則是協助個人發展潛能、實踐自我、適應環境並進而改善環境的一種社會化歷程。」因此，社會學習領域乃是國民教育階段不可或缺的學習領域。

二、社會學習領域的性質

作為一種學習的領域（field）而不是學科，其課程具備以下兩種特性：

㈠從各種學科選取培養公民能力所需之學習內容

按社會學習領域課程綱要指出：「社會學習領域是統整自我、人與人、人與環境間互動關係所產生的知識領域。」準此，社會學習領域課程知識取材範圍涉及人類的生存（survival）、生計（living）、生活（life）與生命（existence）四個層面。生存層面與自然科學、地理學有關；生計層面從「縱」的方面來看，與歷史學有關，從「橫」的方面來看，它與經濟學有關；生活層面主要與政治學、法律學及社會科學等學科有關；生命層面，涉及每一個人存在的意義與價值，與哲學、道德、宗教、藝術等處理精神層面的學科有關。

㈡統整取向的課程

社會學習領域自各種相關學科選取所需之學習內容，統整是必然的課程屬性之一，否則容易流於雜亂、拼湊。所以在課程綱要中就明

白指出「社會學習領域正是整合這幾個層面間互動關係的一種統整性領域。」（教育部，民92）

三、統整的功能

為了凸顯「統整」意義，延續前述領域性質的說明之餘，特別強調秉持統整理念的兩項理由與四種功能。

㈠統整設計的理由

1. 就任何需要探討的「現象」本身而言，人、時、空與事件都是不可分割的。
2. 從教與學的觀點而言，以前採分科設計可能利於「教」，卻不利於「學」，此次課程設計之主要考量乃在「協助學生之學習」。

㈡統整的功能

追求統整的立場是基於統整應能發揮以下功能：

1. 意義化（signification）：因為統整的學習比「部分學習」更能掌握部分與整體的關係，從而了解意義之所在。
2. 內化（internalization）：學習的內容若具有意義，則容易被學習者記住、消化，並儲存到原有的心智或概念架構之中，成為個人整體知識系統的一部分。
3. 類化（generalization）：知識若經過內化，則個體在日後遇到類似情況時，便易於觸類旁通，廣加應用。
4. 簡化（simplification）：統整可以消除無謂的重複，節省學習的時間與精力。

貳、社會學習領域目標

社會學習領域課程目標共有十條：

1. 了解本土與他區的環境與人文特徵、差異性及面對的問題。
2. 了解人與社會、文化、生態環境之多元交互關係，以及環境保育和資源開發的重要性。
3. 充實社會科學之基本知識。
4. 培養對本土與國家的認同、關懷及世界觀。
5. 培養民主素質、法治觀念以及負責的態度。
6. 培養了解自我與自我實現之能力，發展積極、自信與開放的態度。
7. 發展批判思考、價值判斷及解決問題的能力。
8. 培養社會參與、做理性決定以及實踐的能力。
9. 培養表達、溝通以及合作的能力。
10. 培養探究之興趣以及研究、創造和處理資訊之能力。

以上十條課程目標，第1至3條目標偏重認知層面，第4至6條目標偏重情意層面，第7至10條目標偏重技能層面。除了第3條特別強調「充實社會科學之基本知識」之外，幾乎與《國民教育九年一貫課程總綱》的「十大基本能力」的意涵雷同。

參、社會學習領域分段能力指標

分段能力指標是根據「社會學習領域九大主題軸內涵」轉化而來，總共一百四十五條，分成四個學習階段（一~二、三~四、五~六、七~九）。九大主題軸依序是：「人與空間」、「人與時間」、「演化與不變」、「意義與價值」、「自我、人際與群己」、「權力、規則與人權」、「生產、分配與消費」、「科學、技術和社會」、「全球關聯」。根據其中的分段能力指標〈說明〉指出，九大主題軸分段能力指標的排列有一種脈絡：

第一、二軸構成人類的座標系統，第三軸構成基本的宇宙觀。座標和宇宙觀定位之後，再從人的主體性出發（第三、四軸），進入一般社會生活層面思考「自我、人際與群己」之間的互動關係（第五軸），跟著進入政治法律、經濟商業等生活層面（第六、七軸）與當代文化生活層面（第八軸），最後所有生活都關聯在一起，彙整成地球村的生活，歸結到第九軸「全球關聯」（教育部，民92）。

肆、分段能力指標與十大基本能力的關係

在課程綱要中，課程研究小組採「對應關係」的邏輯思考，以表格列舉方式說明分段能力指標與十大基本能力的關係。由於「對應關係」只是語義上的相關，並未經過分析或實證，故其相關性過於鬆散，可能的組合太多，因此在〈說明〉中特別指出社會學習領域能力指標與總綱十大基本能力有密切關係，但無法全數歸入總綱十大基本能力之內。除了相關性過於鬆散，有些地方則顯得過於牽強，這讓後續的課程設計保留「只要教材與能力指標有關即可」方便，降低能力指標的重要性，因為讓教材在語義上與能力指標產生對應關係太容易，而忽略了能力指標解讀的研究。

伍、實施要點

實施要點包括：

一、社會學習領域對統整的基本立場

「追求統整、鼓勵合科」是社會學習領域課程綱要明白標示的立場，七大學習領域唯獨本領域明白宣告這種課程特性，頗受矚目。

二、能力指標評量原則

能力指標評量原則包括：長期發展測驗與評量、採用多元化的評

量方式、採用效標參照測驗等三項原則（教育部，民 92）。

陸、附錄

〈附錄〉包含「社會學習領域九年一貫課程計畫示例」、「社會學習領域九大主題軸及其內涵」、「關於社會學習領域部分能力指標的補充說明」、「關於社會學習領域情意目標的補充說明」、「社會學習領域單元教學活動計畫示例」。

本課程綱要除了「附錄」部分為「參考性」之外，其餘的部分都是「規範性」的，將作為書商或教師設計與發展課程的依據與審查規範，而以是否含括全部「分段能力指標」為最主要的審查標準。

第二節

社會學習領域相關課程概念詮釋

「九年一貫社會學習領域課程」是變革相當大的課程改革，推出多項新的課程觀念，包括：⑴其課程綱要以「九主題軸」（第一軸人與空間、第二軸人與時間、第三軸演化與不變、第四軸意義與價值、第五軸自我、人際與群己、第六軸權力、規則與人權、第七軸生產、分配與消費、第八軸科學、技術和社會、全球關聯）架構學習內容；⑵以「能力指標」指示必要的學習經驗與能力表現水準；⑶以「學習領域」取代學科取消學科名稱；⑷主張「課程統整」（curriculum integration）。本節將討論「社會學習領域」（Social Studies）、領域課程、課程統整、主題軸（thematic strand）與能力指標等課程觀念的意義。

壹、社會學習領域（Social Studies）課程之意義

一、社會學習領域課程的源起

對接受分科師資養成教育且習於歷史、地理與公民分科教學的教師而言，何謂「社會學習領域課程」？它的意義與屬性有說明的必要。

Social Studies 這種課程在國內一向被稱之為「社會科」，它的源起根據Husen與Potlethwaite（1985）所編之《國際教育研究百科全書》（*The International Encyclopedia of Education: Research and Studies*）的記載，是1905年，美國人瓊斯（Thomas Jesse Jones）因為關懷美國黑人及印地安人這些少數民族，如何能理解美國社會及其運作，以成為社會中統整的一員，主張學校應該設置一種全新的課程——Social Studies（黃政傑，民80a；張玉成，民81；葉煬彬，民83）。至於「社會科」正式成為學校教學科目應該是在1916年以後，時值第一次世界大戰，大量的歐洲及中南美洲難民或流民進入美國社會，外來人口如何適應美國社會頓時成為嚴重的問題，瓊斯原先主張透過社會學習領域的教學，使外來人口能適應美國社會的構想，受到更多人的重視（葉煬彬，民83）。1916年由瓊斯主導，發表一份「中等教育社會科課程」（The Social Studies in Secondary Education）報告，提供建議性質的課程綱要，綱要採分科方式敘述但鼓勵合科或聯科編製，並特別強調社會科教學應從現實社會情境中取材，帶有濃厚的進步主義教育色彩。1921年美國全國社會科協會（National Council for the Social Studies, NCSS）成立，進一步推動社會科教育，社會科的課程地位更形穩固重要（張玉成，民81；葉煬彬，民83）。

又根據Jack Zevin（2000）的研究指出，作為學校教育的一種學科（academic discipline），社會學習領域課程是十九世紀末二十世紀初才出現的學科。其學習範圍之設計是為了滿足多方面的需要，包括維護民主生活方式、適應工業化與技術化的經濟生活、大量新移民的社

會化工作。因為目標如此多元，也就使得社會學習領域課程的學習內容必須取材自許多學科，包括歷史、社會科學、心理學、公民訓練之類的學科。從這段課程發展歷史看來，教師應該了解瓊斯當年之所以主張學校課程應設置 Social Studies，是因為傳統分科課程如歷史科或地理科，都無法承擔教育學生認識、認同與參與美國社會制度及其運作的任務，除非打破學科界限，以社會生活所必須面對的重要議題組織課程內容。所以，Social Studies 的原意是指教育學生認識其所屬社會之歷史文化、生活環境、社會、經濟與政治制度的課程，是一種「學習領域」而不是科目的課程觀念，故新課程以「社會學習領域」為名是貼近原意的。但是 Social Studies 被日本人譯成「社會科」且為國人沿用近百年（葉煬彬，民 83），原文是複數名詞，翻成「社會科」其實不妥，易使人心生誤解，以為它原本是一門如同歷史科或地理科的分科課程，反而失去其「學習領域」的本意。然而近百年來沿用成習，已經難以改變。

二、「九年一貫社會學習領域課程」的定義

課程是實現教育目標的工具，所以課程改革必有其「宗旨」或「基本理由」，以說明新課程的中心思想與主要任務，以便基層教師了解新課程的特性，能掌握後續課程發展的方向。

何謂「九年一貫社會學習領域」？《九年一貫社會學習領域課程綱要課程綱要》中說明：「社會學習領域是統整自我、人與人、人與環境間互動關係所產生的知識領域。」按這段文字加以理解，則新課程似乎只關心知識的學習，顯然不足於呈現新課程的特性。

根據課程研究小組所提出的「九年一貫社會科課程綱要之研究」報告（黃炳煌，民 86），社會學習領域課程規劃之初曾參考包括美國、加拿大、澳洲、英國、香港、日本、中國與新加坡等國家與地區的社會科課程實施經驗，這些國家他們對社會科課程的定義為何？互相參照可以從中掌握社會學習領域課程的意義與現況。

三、美國全國社會科協會（NCSS, 1994）

社會科是社會科學和人文科學的統整性研究，旨在增進公民能力。學校的社會科課程擷取人類學、考古學、經濟學、地理學、歷史學、法律學、哲學、政治學、心理學、宗教、社會學等學科的材料，以及人文科學、數學和自然科學中適當的內容，以提供協調一致且系統性的研究。社會科的基本目的是要幫助年輕人，發展為了公共福祉而做周全且理性之決定的能力，善盡他們在互相依存的世界上，文化多元與民主社會中的公民角色。

四、加拿大卑詩省教育局
（Ministry of Education, Province of British Columbia Canada, 1996）

社會科是取自社會科學、人文科學以研究人類互動和自然及社會環境的多元學科（multidisciplinary subject）。社會科的主要目標是發展有思想、有責任、活潑、積極參與的公民，使他能夠取得從不同觀點思考問題的訊息，以及做理性的判斷。

五、美國俄亥俄州教育局（Ohio Department of Education, 1994）

俄亥俄州曾推出「社會科—俄亥俄模式能力本位方案」（Social Studies: Ohio's Model Competency-Based Program），並沒有對社會科下定義，它是以學習者為核心，由五種學科知識所形成的主題軸（strands）所統整而成的課程，適用對象包括幼稚園前的幼童到12年級，課程內容包括社會學（社會中的人）、地理（世界的互動關係）、經濟（決策形成與資源）、政府（公民的權利和責任、民主的過程）、歷史（美國的歷史遺產）。主要目標是協助學生了解身為社會一分子的意義，以及能夠在資源有限而又相互依存的世界上，為公共利益做成熟與理性之決定，發展善盡身為多元、民主社會之公民責任的能力。

六、日本教育課程審議會（引自簡馨瑩，民 87）

社會科主要是學習人類與人類（自己與他人）、人類與社會（社區、區域、國家）、自然與文化等之間的關係的學科。所謂的「關係」是指以主體意識，思考生活意義，主要是與社會事象的關係，包括重視與學習方法之間；與同學、朋友、師長之間；與社區之間的關係。

七、澳洲課程協會（Curriculum Corporation, 1994）

1994 年澳洲課程協會公布了「澳州各級學校社會及環境研究學習領域的聲明」（A Statement on Studies of Society and Environment for Australian Schools）與「社會及環境研究：全國學校的課程藍圖」（Studies of Society and Environment -- A Curriculum Profile for Australian Schools），這兩份文件明白指陳「社會及環境研究」課程包含兩部分：「社會」與「環境」。社會方面必須學習「不同時空中的個人互動、人際關係複雜網絡和結構。」環境方面必須學習「不同時空中的自然環境，譬如生態系統，以及社會環境，譬如人為環境。」

1998 年澳洲課程協會又補充了「發現民主」（Discovering Democracy）四項課程主題：「誰在統治？」（Who Rules?）、「法律與權利」（Law and Right）、「澳洲」（The Australian Nation）、「公民與公共生活」（Citizens and Public Life）（Curriculum Corporation, 1998）。

八、新加坡（引自王大修，民 86）

國小社會科是為使學生了解社會環境，學習有關的知識、技能以及培養正確的態度，以便有效融入他們所屬的社區和居住環境的課程。

歸納以上各項定義，關於「社會科」有以下特徵：(1)似乎沒有人認為它是一種「科目」（subject）；(2)大多數學者視它為一種統合的或統整的課程；(3)學習內容因為隨時代演進，取材範圍從社會科學逐漸擴大其他學科範疇；(4)課程目標指向「公民素質」（citizenship）的培養，其內涵包括文化傳承、理性思考與判斷、問題解決、人際互動、社會參與乃至於全人類與全球關懷。

貳、社會學習領域課程的「領域課程」概念

根據前一節關於社會學習領域（Social Studies）課程源起的探討，以及課程綱要（教育部，92）的「基本理念」的說明，我們知道九年一貫社會學習領域的課程屬性是「領域課程」。課程研發小組協同主持人詹志禹教授（民 91）的說明指出，學習領域不是一種學科而是「學習範圍」。顯然，課程研發小組的本意就課程改革的觀點而言，在宣示新課程的性質有別於傳統的學科課程觀念，希望使社會學習領域成為打破以往以學科切割學習經驗的課程。

傳統上，國民中小學教師為分科養成教育所培養出來的師資，深植學科分化與分科教學的課程觀念，國小分化比較不明顯但國中階段就很清楚而且很分得很細。但是「領域課程」不同於「課程領域」，後者是相關學科的集合，歷史科、地理科與公民科是通常被劃為同一課程領域的科目，而前者卻與「統整」精神相結合，基本上是統整型的課程。課程改革不只是課程形式的改變，也不只是課程重新安排而已，倘若教師不能調整原有的分科課程與教學觀念，實不利於課程的實施。

領域課程與分科課程的區別可以從三方面做比較：課程特徵、學科知識與課程的關係、教師的課程角色認知。

一、領域課程特徵與分科課程特徵的差異

統整型課程的特徵與分科課程特徵有所差異，Tchudi 與 Lafer（1996）分析頗能凸顯兩者之間的對比（表 1-2-1）：

㈠分科課程傾向於以學科的重要概念為課程核心，而統整型課程則傾向於以議題、主題或問題作為組織課程的核心或教學的起點。

㈡統整型課程較傾向於建構論的知識觀點，強調的是學生主動探索，

而不是被動接受教師所設定的學習主題。

㈢統整型課程比較關注課程與真實世界的連結關係，強調學習資源的多重來源，故傾向於實作或真實性評量，分科課程則比較傾向於維持與真實世界有所區隔的學習型態。

㈣分科課程將教師視為學科專家，扮演「智者」（knower）的角色，主要任務在闡釋學科概念，並確保學生對學科內容的精熟，而統整型課程則不僅將教師視為學科專家，更扮演「資源」提供者與學習的協助者角色，他必須知道如何協助學生主動去獲得知識與自我發現。

表 1-2-1　Tchudi 與 Lafer 統整型課程與分科課程特性對照表

分科課程	多重學科課程	統整型課程
學科概念	----------	議題或問題
課程目標	----------	問題、探究
定型的或標準的知識	----------	建構性的知識
以學科概念為核心的單元	----------	主題式或論題性的單元
節課	----------	學習方案
個別學習	----------	合作學習
學校中心	----------	真實的世界／社群中心
知識是自存的、目的性的	----------	知識是工具，為探究之目的而存取
紙筆測驗	----------	卷宗、真實性評量
教師是學科專家	----------	教師是資源

資料來源：改寫自 Tchudi, S. & Lafer, S. (1996).

表 1-2-1 左右兩端所列之課程特性是可當作認知統整型課程特徵之參考，而不宜視之為分科課程不能調整的特質。事實上，分科課程一樣可以實施合作學習、真實性評量，教師一樣可以是學生的「學習資源」。

二、領域課程、分科課程與學科知識的關係

理論上，要讓學習能跨越學科切割的框限，以重要議題或問題而不是定義明確的學科知識系統為課程組織核心，是比較自然的安排。因為重要議題或問題若內涵夠豐富，自然同時關涉多種學科知識，其學習也就能跨出學科框限，故形成跨學科的領域、統整相關學科知識的學習。

如果說知識學習是任何形式課程的基本，則領域課程與分科課程的區別重大的意義不在於學習範圍的切割，而在於知識之選擇、學習、組織、評量的觀念不同。為了凸顯兩者在這方面的差異，在此特地以 Beane（1997）的論述加以整理成表 1-2-2。

從 1-2-2 表可知，分科課程與領域課程同樣重視知識學習的價值，只是觀點不同，若從課程設計的觀點去區別課程統整與分科課程，則分科課程基本上以完整的、系統的傳授重要的學科知識為考慮，因此乃依據各種學科的特殊典範與界限，將知識做明確的分割，學科專家在課程的形成過程中，扮演決定性的角色，他們同時考慮課程內容的選擇與學生學習能力的發展情形，決定重要概念與技能的組織關係與順序，將課程材料由簡到繁的組織起來（Wolfinger & Stockard, 1997）。故有人批評課程統整是「知識虛無」顯然過當。

課程統整之設計則傾向由「學習者出發」，例如Beane（1991）就認為討論課程統整涉及二個重要觀念：第一、青少年的教育是「普通教育」，故課程上應多多關注這個時期學生的身心特質、心智發展，以及其所處之世界，而不只是一味的強調各種學科知識的分化與差異；第二，學校課程應以適應學生的學習為取向。後來，Beane 又將課程統整的目標指向協助青少年增進自我和世界意義的探索、個人與社會的統整，培養民主的價值觀與態度等（Beane, 1992, 1997）。

Beane（1995, 1997）特別強調課程統整與知識學科不是敵對的關係，也不能缺乏學科知識的基礎，但是他對課程統整採嚴格的認定，提出「倘若課程統整不是以主題為學習焦點，而是以學科知識為學習

表1-2-2　分科課程與領域課程在知識選擇、學習、組織與評量的差異

	分科課程	統整型課程
知識選擇	知識選自學科專家創立的知識學科，知識的重要性，其對該學科之學習，以及培養學生成為該學科之專家的價值而定。且知識被當成是目的（ends）。換言之，以精熟被選入課程中的事實、原則和技能為學習目的。	知識選自學科專家創立的知識學科，知識的重要性，在於它能協助學習者適應生活增進其對自我、周遭環境及未來世界之理解的價值上。學科知識扮演探討課程主題與實踐活動的資源，目的在於使學習者將知識應用在更廣泛的真實生活中。
知識學習	分科課程的學習焦點始於認識學科知識，終於系統化學科知識的獲得。	統整型的課程，學習焦點始於有統整學習必要的課程主題，也終於對課程主題的統整理解。
知識之組織	分科課程重視學科知識的系統性，故學習經驗（知識）依據學科專家界定之規範與旨趣組織起來，按照預先設定的邏輯順序呈現相關的知識。	統整型的學習強調學科知識必須根據課程主題所形成的脈絡與架構將相關知識統整起來。
學習表現	分科課程重視標準化的學習結果，以及在客觀性或紙筆測驗上的表現。	課程統整重視知識的整體性與關聯性；強調情境學習及知識的運用等，鼓勵學生運用多元的方法，進行知識的學習與展現。

資料來源：整理自 Beane（1997）。

焦點，不論其形式為何，皆不算是統整（integration）」的主張。

三、教師的課程角色不同

當課程的精神與形式改變之後，教師的課程角色也必須做適度的調整，特別是在學生的學習角色認知、教師的教學與課程決定以及師生互動關係三方面，才能產出符應新課程需要的專業態度與能力。

㈠對學生學習角色的認知。領域課程追求統整的教學成果，根據Beane（1992）的分析指出，在教學過程中，教師應知學生在學習中所扮演的角色比較偏向於：

1. 知識的建構者。因為就知識學習的過程而言，課程統整服膺於建構論的知識觀，而且統整必須統整在學生身上，無法由他人代勞。
2. 學生是共同參與課程的夥伴與學習的主體。因為統整取向課程的主要目的之一，是選擇相關知識轉化成課程，協助學生認識自我、周遭環境與未來的世界。

㈡教師在課程與教學決定中的角色

在領域課程架構下，教師在課程與教學決定上所應扮演的角色與分科課程有所不同：

1. 教師從專業、自主、單打獨鬥的角色，轉換成專業、自主、協同合作的角色。分科課程架構下，教師通常不必關心任教科目以外課程與教學情況，但領域課程之下，教師必須跨出學科界限，與相關學科教師進行交流、互動、協同合作，才能使整課程順利推動。
2. 教師除了是學科專家，也必須是嫻熟重要議題的「通才」。領域課程以重要議題為課程組織核心，形成跨學科的學習經驗是比較自然的方式。因此教師除了本身原先具備的專門學科知識之外，也應嫻熟某些重要議題，掌握相關學科知識，以便引導學生形成統整的學習。

㈢教師在師生互動關係中的角色

傳統上，教師總是以「專家」、「權威」、「主導者」的角色與學生進行教學互動。在追求統整的課程理念下，師生之間的教學互動需要做出一些調整：

1. 教師得讓學生共同參與課程計畫、活動設計與學習評量。
2. 教師與學生、家長共同建立「學習社區」。
3. 面對新與重要議題，師生可以共同學習。

4.導向統整學習的過程中，教師若能提供「參考架構」引導學生學習，往往比教師「主導」學習過程與內容還有意義。

參、「課程統整」觀念詮釋

《九年一貫社會學習領域課程綱要》在實施要點中明白指出，本課程是「追求統整、鼓勵合科，但合科不等於統整。」因為統整取向對教師、師資培育機構造成的衝擊很大，激發「學科本位意識」，問題討論的焦點導向「合科與分科」之爭，反而忽略課程統整的本意及正確的方法，這一點可以從課程總綱公布三次課程與教學原則三次都不一樣的情況得知（教育部，民87、89、92）。

表1-2-3　九年一貫課程學習領域實施原則之演變

九年一貫課程總綱版本	學習領域實施原則
民國87年版	課程與教學應以統整、合科為原則。
民國89年版	學習領域之實施應以統整、協同教學為原則。
民國92年版	學習領域之實施，應掌握統整之精神，並視學習內容之性質，實施協同教學。

由表1-2-3可知，統整是新課程堅持不變的課程理念，但是先前關於合科、協同教學為原則的規定，經九十、九十一兩年的實驗之後才走到務實的方向，但已經嚴重挫傷國民中小學教師的信心。如果這種改變只是現實考量的「退怯」，而不能讓教師進一步了解課程統整的意義，那麼這兩年的實驗等於白費，九年一貫課程的前途堪憂，社會學習領域亦不例外。

何謂課程統整？根據筆者的研究（陳新轉，民90）至少得從四方面加以說明：

一、從「統整」的字義上看，課程統整是指由具統攝與凝聚作用的課程核心，將分散的學科知識（課程內容），以調和的方式組織起來，使其成為更有意義、更完整的學習經驗的建構過程。

二、從「知識整合」的觀點而論，統整是為了建立知識的關聯意義，而不是為了合併不同的學科。但知識不會主動發生關聯意義，是因為能知的主體意圖應用某種「架構」掌握、重組知識，或應用相關知識去探索某種問題時，使知識之間發生互相參照、詮釋、印證等作用產生的（楊深坑，民76；沈清松，民80）。

三、從課程設計的觀點而論，課程統整設計基本上是以重要主題為組織核心，將分散的學習內容建立關聯意義的過程，這個過程至少需要產生三項「形式要件」：

㈠**找出含義豐富的課程主題，建立連結的核心**。課程設計者先提出含義豐富，具「統攝作用」的課程組織核心，這或許出自設計者的意向與目標的引導，或者是發現其中的融通處，也可能是從重要概念或者是重要問題中去選用題材，這些通稱為「課程主題」（themes）。

㈡**放棄學科本位、打破學科界域**。意指突破分化的學科課程之框架，依課程主題所形成的邏輯或情境脈絡去選擇、組織、應用相關之知識（課程內容），使知識產生關聯意義，形成更廣泛的討論，更豐富的學習，或者組成多元的觀點，面向共同的主題等。

㈢**形成統整的課程組織**。形成連結或關聯是統整設計的基本要求，但是分散於各學科的知識不會主動形成連結關係，這是知識建構的歷程，課程設計者往往需要重新「詮釋」、「轉化」、「組合」所選取的知識（課程內容），方能呈現與課程主題具明顯的相關、清楚的脈絡、有整體性之架構，契合學習者精熟課程主題之需要的課程，而不是為統整而統整「拼湊」的課程。

四、從課程理論的觀點而論，課程統整是一種促使學習經驗更具「關聯性」、「連貫性」、「適切性」、「適應性」、「意義性」的課程理論。

㈠「關聯性」意指知識之間連結與統整關係。

㈡「連貫性」意指與學習者之先備認知基模相結合。

㈢「適切性」意即課程內容能與學習者的社會文化背景相契合

㈣「適應性」是指課程內容對於學習者而言，是與生活經驗相關的、可在生活中加以應用與驗證的

㈤「意義性」在於課程內容能與學習者的自我意義相結合，使課程對學習者而言是有用的、有意義的、重要的、有價值的。

課程統整理論是九年一貫課程的重要理論基礎之一，是否被了解與認同，關係著九年一貫課程許多重要教育理念，諸如「培養基本能力」、「具備統整思考能力」、「以生活為中心」、「以學生為主體」等能否落實。邏輯上，既然以「以學生為主體」、「以生活為中心」，則課程理應自學生的生活世界，選擇重要經驗為課程組織核心，整合相關學科知識，使之成為協助學生探索、適應其周遭世界的資源與工具，如此一來使知識、學生與生活三者相結合。

由以上說明可知，課程統整的實質意義在於教師能否透過有效的方法，「詮釋」、「轉化」、「組合」學科知識，使課程更導向「以學生為主體」、「以生活為中心」的性質，更具統整學習的效果，和分科與合科沒有必然的關係。但是這項論述不能被簡化成「合科教材就算是統整的教材」、「分科也能統整」、「只要進行協同教學，維持分科也算是統整」。課程統整在實作上仍有些原則與觀念必須把握，將在第五章討論之。

目前國中階段社會學習領域各版教科書，仍然採學科分明的編寫方式，並不符合九年一貫社會學習領域課程的精神，只是遷就教師舊習慣及市場占有率，教師不宜因新教材與舊版本相差無幾而認定新課程了無新意，忽略領域教學或統整教學相關觀念與方法之理解與實踐。

肆、九大主題軸

此次課程改革在「賦權增能」的理念下，以「課程綱要」取代傳

統的「課程標準」，不再對教學內容做過於具體的規範，同時為了打破學科分立，追求「統整」，及採取「九大主題軸」的規劃。不可諱言，這個構想乃師法美國全國社會科協會（National Council for The Social Studies, NCSS）於 1994 年公布的「社會科課程標準：追求卓越」（Curriculum Standards for Social Studies: Expectation of Excellence）的「十大主題軸」課程架構。

表 1-2-4　我國社會學習領域九大主題軸與美國社會科課程標準十大主題軸對照表

國別 編號	九年一貫社會學習領域課程綱要 （教育部，民 92）	社會科課程標準 （NCSS, 1994）
1	人與空間	文化
2	人與時間	時間、持續與變遷
3	演化與不變	人物、地點與環境
4	意義與價值	個人發展與認同
5	自我、人際與群己	個人、團體與機構
6	權力、規則與人權	權力、職權與管理
7	生產、分配與消費	生產、分配與消費
8	科學、技術與社會	科學、技術與社會
9	全球關聯	全球關聯
10		公民理想與實踐

然而，課程研發小組對於「主題軸」的意義與作用也沒有提出明確的說明，從留下來的會議紀錄中得知外界有各種解讀，有人當它是社會學習領域課程的「知識架構」；有人當它是組織課程內容的「課程主題」；有人當它是「學科」，九大主題軸如同九種學科；有人認為它應該是「命題」（proposition）；也有人將它當成「學習目標」不一而足。由於教師一向習慣於分科教學，不知不覺對自己擔任歷史科、

地理科或公民科教師，建立深厚的「學科認同」，這種角色知覺有某種專業的尊榮感，當課程規劃以「學習領域」取代學科名稱，使教師產生「頓失身分」的迷茫，「主題軸」的意義與作用不明，其至該部分教師感到沮喪與不安，例如歷史與地理教師認為自己擅長的課程只剩下九分之一。

「主題軸」的意義與作用為何？因為師法美國，師其法應得其意，故可由其課程標準得知梗概。美國 NCSS 社會科課程標準中的「主題軸」的原名是 thematic strands，必須注意 strands 的原意是「繩索中的一纜或一股」，意味著各軸之間有所關聯。中文譯成「軸」（axis）則帶有軸心或核心（core）的意思，實際上與strand是繩索中的一「股」原意不符，也比較容易被理解成九種學科，且不能反應相互關聯的意思，不過因為已經沿用成習，還是以「主題軸」名之，但不宜理解成九種獨立的科目。

參閱美國社會課程標準原文的解說明，「主題軸」的意義與作用包括：

一、它是從所有社會科學學科和其他相關領域中所萃取的課程主題（NCSS, 1994, p.17）。作為「各學習年段社會學習領域課程的課程組織架構」（... that serve as organizing strands for the social studies curriculum at every school level）（NCSS, 1994, p.15）。

二、在應用上，這些主題也代表可以進行學科互動（interdisciplinary）、彼此互相關聯的「領域」。例如要了解文化，學生需要了解時間、連續性和變遷，也需要了解人們、地方和環境的關係，以及公民理想與實踐情形；要了解權力、權威和管理，學生需要了解不同文化之間的關係，也需要了解人們、地方和環境，以及個體、群體和機構（NCSS, 1994, p.17）。

從以上分析可知，美國社會科課程標準中的主題軸不是學科，而比較像是「十股」從傳統學科梳理出來的，相互關聯的學習內容，所以 NCSS 社會科課程標準建議「社會科教師可從歷史、地理、公民、經濟和其他領域的課程標準中去尋找更詳盡的內容」（NCSS, 1994, p.

17）。但因為是「課程」觀念，所以學習領域內容應該是指達成課程目標所必須學習的知識、技能、價值、態度與過程。

伍、分段能力指標的意義

「社會學習領域課程綱要」的核心是「分段能力指標」，因為它是課程發展、教學設計、評量、教科書審查等的依據。

何謂能力指標？這個新課程中的新名詞到底與一般的單元教學目標有何區別？對教師造成相當的困惑，若認知偏差甚至影響課程與教學觀念。

從文本敘述的語義而言，「能力指標」乃是指示某項能力表現應有的內涵與表現水準的命題。所以，「分段能力指標」指示在某一學習階段完成時，必須精熟的基本學習內容，以及能力表現方式與水準。其基本述寫格式以「1-4-3 分析人們對地方和環境的覺識改變如何反應文化的變遷。」為例，第 1 個號碼為主題軸編號，共分九軸，編號為 1 到 9；第 2 個號碼代表學習階段，第一學習階段是 1 到 2 年級，第二學習階段為 3 到 4 年級，第三學習階段是 5 到 6 年級，第四學習階段為 7 到 9 年級；第 3 個號碼是流水號。編號 1-4-3 這條能力指標就是第 1 主題軸第 4 學習階段的第 3 條能力指標。

能力指標之撰寫格式大致上以「動詞」帶出一個完整的敘述，形成可以清楚表達或「提出」（propose）一項能力應有的表現水準與內涵的命題。由於社會學習領域被定義成一種「知識領域」（教育部，民 92），因此大部分的分段能力指標語義上讀起來像是要求「對概念或通則必須達到某種認知表現水準」的教學目標，例如「1-4-4 探討區域的人口問題和人口政策。」、「3-4-2 舉例說明個人追求自身幸福時，如何有助於社會的發展；而社會的發展如何庇護個人追求幸福的機會。」少部分則像是「公民實踐活動」的教學目標，例如「1-4-8 評估地方或區域所實施的環境保育政策與執行成果。」其實根據能力指標的內涵加以分析，社會學習領域能力指標，大致上可以分成四大類：

㈠認知能力（動詞＋概念或通則）

這類能力指標又依據其陳述的語義分為理解概念、理解因果關係與理解互動關係三種認知能力：例如

6-4-3　說明司法系統的基本運作程序與原則。（理解概念）

1-4-6　分析交通網與運輸系統的建立如何影響經濟發展、人口分布、資源交流與當地居民的生活品質。（理解因果關係）

2-4-4　了解今昔台灣、中國、亞洲、世界的互動關係。（主要概念：時序（代）意義、演變、因果關係、結構、歷史解釋）理解互動關係）

㈡應用知識形成方法與策略的能力——第一型態力指標另加建議、改善與問題解決之意思。

1-4-5　討論城鄉的發展演化，引出城鄉問題及其解決或改善的方法。（應用城鄉互動與演變的知識於城鄉問題的解決與改善）。

7-4-7　列舉數種金融管道，並分析其對個人理財上的優缺點。（應用金融的基本知識於理財之中）

㈢應用知識形成價值、維護信念的能力——第一型態力指標另加形成價值或維護信念之意思

4-4-4　探索促進社會永續發展的倫理。

4-4-5　探索生命與死亡的意義。

8-4-1　分析科學技術的發明與人類價值、信仰、態度如何交互影響。

8-4-3　評估科技的研究和運用，不受專業倫理、道德或法律規範的可能結果。

㈣公民實踐的——直接強調公民理想與實踐的能力指標

4-4-2　在面對爭議性問題時，能從多元的觀點與他人進行理性辯

證，並為自己的選擇與判斷提出好理由。

5-4-2　從生活中推動學習型組織（如家庭、班級、社區等），建立終生學習理念。

9-4-7　關懷全球環境與人類共同福祉，並身體力行。

當然各條能力指標指涉之內容可以交互應用，因為社會學習領域課程特別強調「統整」（教育部，民92），同時能力皆可因為學習發展而加以擴充，但不論是那一種能力都必須以知識為基礎。

另外，能力指標全名是「分段能力指標」，蘊含能力導向與階段性，加上其在課程綱要中的角色與作用，實不宜與一般單元教學目標混為一談。

九年一貫課程總綱以「十大基本能力」為具體課程目標，各領域則各自提示「分段能力指標」作為規範與發展課程內容的依據，「能力指標」應視之為能力導向的教學目標，而任何能力的展現其實是認知、情意與技能的綜合表現，所以即使如「4-1-1 藉由接近自然，進而關懷自然與生命。」這樣的能力指標，也是預期第一學習階段的學生表現出對生命的關懷，應該包含對生命現象、意義與價值某種程度的認知，以及知道如何正確關懷生命方法與做法。如果仍以傳統課程目標的觀念看待每一條能力指標，又套用 Bloom 的教學目標分類觀念，因動詞之使用而將能力指標區分成認知的、技能的、情意的能力指標，則類似 4-1-1 將被視之為「情意的」能力指標，而忽略了其中的知識內涵及如何接近大自然、欣賞大自然的方法等必要的學習經驗，那麼以能力指標為名，作為各學習階段的學習目標，用以發展教學內容的課程規劃，就了無新意可言，只是徒增困擾之改變。

從上述的分析可知「能力指標」的性質、含意與傳統的單元教學目標在觀念上有所區別。教師在進行解讀時不宜混為一談（如表1-2-5）。

表 1-2-5　能力指標與單元教學目標之區別

向　度	社會學習領域能力指標	單元教學目標
定　義	在某一學習階段完成時，必須精熟的學習內容及達到能力表現水準，在學習年段結束前必須達成教學目標。	引導學習內容、教學活動之選擇與組織的標準，單元教學完成時必須達成。
性　質	能力導向的教學目標，而能力是認知、技能與情意的綜合表現。	傳統上教學目標區分成：認知、情意與技能。
作　用	為全國國民中小學擬訂課程計畫、編寫教材、設計教學活動、檢視學生能力達成狀況之依據。	規劃單元教學活動與評量的標準。
規範性	全國性的課程標準，是每一位學生都必須達成的基本水平，而不是最高水平，是課程與教學設計之依據而不是一種限定。	針對各教學單元以及特定學生之學習程度，考量學生個別差異而設定之。
統整性	能力指標彼此之間具有關聯性，能加以適度的統整。	不同單元教學目標之間不一定有關聯性。
來　源	從社會科學與其他相關領域萃取出來的主題軸內涵轉化而來。	從課程計畫或教材發展出來。

陸、九年一貫社會學習領域課程目標與基本學習內容

一、從分段能力指標語義分析九年一貫社會學習領域主要課程內容

按「九年一貫社會學習領域課程綱要」基本理念的說明，社會學習領域課程內容取材範圍涉及人類的生存、生計、生活與生命四個層

面，以傳統學科區分，則至少包括自然科學、地理學、人文科學（歷史學、哲學、道德、宗教、藝術等）、社會科學（經濟學、政治學、法律學等）。上述說明似只限於知識的學習，實不足以包括社會學習領域課程的基本學習內涵。社會學習領域的課程內容隨時代演進，根據美國全國社會科協會 1994 年頒訂之「社會科課程標準」所示之課程內容，至少包括四個面向：(1)知識理解（包括概念、互動或因果關係的理解）；(2)知識應用（追求知識與形成價值）；(3)價值；(4)公民實踐（NCSS, 1994）。而「追求知識」可以併入第一項成為追求知識的學習能力，「形成價值」可以結合第三項成為維護價值與信念的能力。不可諱言，九年一貫社會學習領域課程相當程度的複製美國 1994 年所公布之「社會科課程標準」的內容與架構，故其課程內容的向度（dimension）也大致相同，但具體內容則有本土化的思考，可以從第四階段 57 條能力指標的語義進行「概念性知識」與「能力表現」雙向分析，看出能力指標中心意涵呈現社會學習領域課程內容的四個向度的對應關係（如表 1-2-6）。

表 1-2-6　社會學習領域能力指標的四種能力表現及其指涉之學習內容雙向分析表

能力表現		能力指標的概念性知識	備註
概念知識之理解	概念內涵之理解	1-4-4 探討區域的人口問題和人口政策。 3-4-3 舉例指出人類之異質性組合，可產生同質性組合所不具備的功能。 6-4-3 說明司法系統的基本運作程序與原則。 6-4-5 探索民主政府的合理性、正當性與合法性。 6-4-6 分析國家的組成及其目的。 7-4-5 舉出政府非因特定個人使用而興建某些工程或從事某些消費的例子。（公共財、公共建設）	左欄列舉之能力指標特別強調概念性知識的理解。 楷體字標示能力指標所指涉的主要概念性知識。

（下頁續）

（續上頁）

		7-4-4 舉例說明各種生產活動所使用的生產要素。 7-4-7 列舉數種金融管道，並分析其對個人理財上的優缺點（利潤與風險）。 9-4-6 討論國際組織在解決全球性問題上扮演的角色。	
	因果關係之理解	1-4-3 分析人們對地方和環境的識覺改變如何反映文化的變遷。 1-4-6 分析交通網與運輸系統的建立如何影響經濟發展、人口分布、資源交流與當地居民的生活品質。 2-4-1 認識台灣歷史（如思想、文化、社會制度、經濟活動與政治興革等）的發展過程。（主要概念：時序（代）意義、演變、因果關係、結構、歷史解釋） 2-4-2 認識中國歷史（如思想、文化、社會制度、經濟活動與政治興革等）的發展過程，及其與台灣關係的流變。（主要概念：時序（代）意義、演變、因果關係、結構、歷史解釋） 2-4-3 認識世界歷史（如思想、文化、社會制度、經濟活動與政治興革等）的發展過程。（主要概念：時序（代）意義、演變、因果關係、結構、歷史解釋） 2-4-5 比較人們因時代、處境、角色的不同，所做的歷史解釋的多元性。 2-4-6 了解並描述歷史演變的多重因果關係。 3-4-4 說明一個多元的社會為何比一個劃一的系統，更能應付不同的外在與內在環境。 3-4-5 舉例指出某一個人類團體，因有重組之可能性（組織自我調適），且被論功行賞，所以日漸進步。	左欄列舉之能力指標特別強調概念與概念之間的因果關係。 2-4-1, 2-4-2, 2-4-3 同時包含互動關係。 楷體字標示該條能力指標所指涉之主要概念性知識。

（下頁續）

（續上頁）

		3-4-6 舉出歷史或生活中，因缺少內、外在的挑戰，進而使社會或個人沒落的例子。 5-4-3 分析個體所扮演的角色，會受到人格特質、社會制度、風俗習慣與價值觀等影響。 4-4-3 了解道德、藝術與宗教如何影響人類的價值與行為。 6-4-2 以歷史及當代政府為例，分析制衡對於約束權力的重要性，並推測失去制衡時權力演變的可能結果。 7-4-1 分析個人如何透過參與各行各業與他人分工（就業），進而產生整體經濟功能。 7-4-2 了解在人類成長的歷程中，社會如何賦予各種人不同的角色與機會。 7-4-3 了解在國際貿易關係中調節進出口的品質與數量，會影響國家經濟發展。 7-4-6 舉例說明某些經濟行為的後果不僅及於行為人本身（外部成本），還會影響大眾，因此政府乃進行管理或干預。 7-4-8 解析資源分配如何受到權力結構的影響。 8-4-2 分析人類的價值、信仰和態度如何影響科學技術的發展方向。 8-4-3 評估科技的研究和運用，不受專業倫理、道德或法律規範的可能結果。 9-4-2 說明不同文化接觸和交流如何造成衝突、合作與文化創新。	
	互動關係之理解	1-4-2 分析自然環境、人文環境及其互動如何影響人類的生活型態。 2-4-1 認識台灣歷史（如思想、文化、社會制度、經濟活動與政治興革等）的發展過程中。（主要概念：時序（代）意義、演變、因果關係、結構、歷史解釋）	左欄列舉之能力指標特別強調概念與概念之間的互動關係。

（下頁續）

（續上頁）

		2-4-2 認識中國歷史（如思想、文化、社會制度、經濟活動與政治興革等）的發展過程，及其與台灣關係的流變。（主要概念：時序（代）意義、演變、因果關係、結構、歷史解釋）	2-4-1, 2-4-2, 2-4-3 也包含因果關係。楷體字標示該條能力指標所指涉之主要概念性知識。
		2-4-3 認識世界歷史（如思想、文化、社會制度、經濟活動與政治興革等）的發展過程。（主要概念：時序（代）意義、演變、因果關係、結構、歷史解釋）	
		2-4-4 了解今昔台灣、中國、亞洲、世界的互動關係。（主要概念：時序（代）意義、演變、因果關係、結構、歷史解釋）	
		2-4-5 比較人們因時代、處境、角色的不同，所做的歷史解釋的多元性。	
		3-4-1 舉例解釋個人的種種需求與人類繁衍的關係	
		3-4-2 舉例說明個人追求自身幸福（自我實現）時，如何有助於社會的發展；而社會的發展如何庇護個人追求幸福的機會	
		6-4-1 以我國為例，分析權力和政治、經濟、文化、社會型態等如何相互影響。	
		6-4-4 舉例說明各種權利（如兒童權、學習權、隱私權、財產權、生存權、自由權、機會均等權、環境權及公民權等）可能發生的衝突。	
		8-4-1 分析科學技術的發明與人類價值、信仰、態度如何交互影響。	
		9-4-1 評估各種關係網路（如交通網、資訊網、人際網、經濟網、政治圈、語言等）的全球化對全球關聯性造成的影響。	
		9-4-3 說明強勢文化的支配性、商業產品的標準化與大眾傳播的廣泛深入如何促使全球趨於一致，並影響文化的多樣性和引發人類的適應問題。	

（下頁續）

（續上頁）

概念知識之應用（形成方法或策略）	1-4-1 分析形成地方或區域特性的因素，並思考維護或改善的方法。（形成區域特性的原因） 1-4-5 討論城鄉的發展演化，引出城鄉問題及其解決或改善的方法。（城鄉互動與演變的現象） 1-4-7 說出對生活空間及周緣環境的感受，願意提出改善建言或方案。 1-4-8 評估地方或區域所實施的環境保育政策與執行成果。（環保知識及其應用） 7-4-7 列舉數種金融管道，並分析其對個人理財上的優缺點。（金融管道的基本知識） 8-4-4 對科技運用所產生的問題，提出促進立法與監督執法的策略和行動。（科技應用所產生的問題） 8-4-5 評估因新科技出現而訂定有關處理社會變遷的政策或法令。（與科技相關的法令規章） 8-4-6 了解環境問題或社會問題的解決，需要跨領域的專業彼此交流、合作和整合。（環境問題或社會問題） 9-4-4 分析國際間衝突和合作的原因，並提出增進合作和化解衝突的途徑。（國際合作與衝突的原因） 9-4-5 舉出全球面臨與關心的課題（如環保、飢餓、犯罪、疫病、基本人權、經貿與科技研究等），分析因果並建構問題解決方案。（全球性課題的成因與後果）	左欄各條能力指後半段的敘述內容，也可以畫歸「公民實踐」。 句號後面為形成方法必須應用的概念性知識。

（下頁續）

（續上頁）

形成價值（倫理、道德、信仰與態度）	4-4-1 想像自己的價值觀與生活方式在不同的時間、空間下有什麼變化。 4-4-3 了解道德、藝術與宗教如何影響人類的價值與行為。 4-4-4 探索促進社會永續發展的倫理。 4-4-5 探索生命與死亡的意義。 6-4-4 舉例說明各種權利（如兒童權、學習權、隱私權、財產權、生存權、自由權、機會均等權、環境權及公民權等）可能發生的衝突。（權利之價值取捨與衝突之解決） 8-4-1 分析科學技術的發明與人類價值、信仰、態度如何交互影響。 8-4-3 評估科技的研究和運用，不受專業倫理、道德或法律規範的可能結果。	左欄列舉之能力指標特別突出價值之探討、判斷與建立等相關問題。 楷體字為必須應用之概念性知識。
公民實踐（知識、方法、策略、價值之實踐）	4-4-2 在面對爭議性問題時，能從多元的觀點與他人進行理性辯證，並為自己的選擇與判斷提出好理由。 5-4-1 了解自己的身心變化，並分享自己追求身心健康與成長的體驗。 5-4-2 從生活中推動學習型組織（如家庭、班級、社區等），建立終生學習理念。 5-4-4 在面對個體與個體、個體與群體之間產生合作或競爭的情境時，能進行負責任的評估與取捨。 5-4-5 分析人際、群己、群體相處可能的衝突及解決策略，並能運用理性溝通、相互尊重與適當妥協等基本原則。 9-4-7 關懷全球環境與人類共同福祉，並身體力行。	左欄列舉之能力指標表述各種情境下應用的公民素養。

說明：本表之用途在說明社會學習領域至少可區分成四種基本學習內容，但不表示各種學習內容不能交互應用。

二、從課程目標分析九年一貫社會學習領域主要課程內容

九年一貫社會學習領域課程目標總共十條，按課程綱要說明一至三條偏重認知層面、四至六條偏重情意層面，七至十條偏重技能層面。這是一般教育目標分類觀念，從社會學習領域課程理論來看，社會學習領域課程的課程目標基本上都是導向某種「公民素質」（citizenship），據 Jenness（1990）的研究指出，「公民素質」一直是本世紀美、加兩國各地區推動社會學習領域課程教育家的核心任務。在日本自 1947 年（昭和 22 年）成立社會學習領域課程以來，公民素質也一直是課程標準所要探究的重心（程健教，民 87）。又參照國內專家學者介紹世界各國之公民教育實施狀況（張秀雄，民 85），其課程內容與社會學習領域課程的範圍大致雷同的情形來看，可見社會學習領域課程課程為各國培育公民素質之主要工具，而培養理想公民素質也成為社會學習領域課程的主要課程目標。

因此，有必要把目光移到「社會學習領域課程目標」，按照「泰勒法則」課程目標決定之後，選擇達成目標所必須的學習經驗，才能比較完整的了解新課程的基本學習內涵。（黃政傑，民 81）

「公民素質」泛指成為理想公民所必須具備之追求知識的學習能力、維護價值與信念的能力，以及參與社會、實踐公民理想的能力等。以「公民素質」的概念重組我國社會學習領域課程目標，並與其他國家的社會學習領域課程目標比較，更能明白本國課程目標的含義。

從「公民素質」的觀念出發，再加上追求課程統整的理念，以及前一小節的分析，作者認為在思考分段能力指標訂出的規範與指示時，不論分段能力指標的語義敘述看起比較偏認知、技能或情意，在進行教學設計時，都應考量社會學習領域課程最終是培養學生追求知識的學習能力、維護價值與信念的能力，以及參與社會、實踐公民理想的能力的公民素質，所以根據導向能力指標的學習活動與學習經驗安排，都應包含認知、技能與情意的學習，而掌握能力指標的知識內容則為首要之務，因為能力的獲得以知識學習為必要條件。

表 1-2-7　各國社會學習領域課程中的公民素質內涵

公民素質／國別	追求知識的學習能力	維護價值、信念與態度的能力	參與社會、實踐公民理想的能力
台灣	◎了解本土與他區的環境與人文特徵、差異性及面對的問題。 ◎了解人與社會、文化、生態環境之多元交互關係，以及環境保育和資源開發的重要性。 ◎充實社會科學之基本知識。 ◎培養探究之興趣以及研究、創造和處理資訊之能力。	◎培養對本土與國家的認同、關懷及世界觀。 ◎培養民主素質、法治觀念以及負責的態度。 ◎培養了解自我與自我實現之能力，發展積極、自信與開放的態度。	◎發展批判思考、價值判斷及解決問題的能力。 ◎培養社會參與、做理性決定以及實踐的能力。 ◎培養表達、溝通以及合作的能力。
美國（NCSS, 1994）	◎熟悉取材自社會科學、文學、數學及自然科學的適當內容。 ◎理解社會科內容、技能和學習脈絡之關係的能力。 ◎獲取資訊和使用資料的能力。 批判性的、大量的閱聽優良的、反應社會現象的讀物與媒體的能力。 ◎理解社會科內容、技能和學習脈絡之關係的能力。 ◎建構新知識的能力。	◎建構和呈現政策、論證和故事的能力。 ◎正確、精緻、明快的思考能力。 ◎堅守社會生活及共同福祉攸關的基本價值，包括人類的基本權利、基本自由，以及價值判斷、價值澄清、發展個人的價值體系。 ◎反省的能力。	◎能思考、討論社會爭論的議題。 ◎能透過周密的思考做決定。 ◎能以個人或團體成員的身分，採取適當的公民行動，致力於公民發展。 ◎能維護個人尊嚴與公共福祉，促使立國理想與現實更加密切配合。
日本（簡馨瑩，民 87）	◎國小階段：地區性產業、歷史文化的了解。 ◎國中階段：地理、歷史與公民三個領域的系統性學習。 ◎操作性、體驗性與主題性的學習方法與調查方法的習得	◎了解、關懷本國領土、歷史。 ◎身為日本人的自覺。鄉土的理解與感情的孕育。 ◎對多元事象的多元觀點與判斷能力。	◎生活在民主、和平的社會國家中，以及身為世界公民所應具備的基本素養。

第三節

社會學習領域課程之特色

整體而言，社會學習領域課程綱要秉持課程總綱的原則與精神，展現不同於舊課程的特色如下：（陳新轉，民 91b）

壹、主張統整，再現社會學習領域課程的原意

社會學習領域課程明白主張「統整」的基本立場，並在「基本理念」中明示必須統整的理由。這一立場基本上還原了社會學習領域課程創立的原貌，其理由已在前面 Social Studies 的源起講明。

貳、追求統整，合乎時代潮流

「追求統整」的課程理念在課程思想的發展過程中有其脈絡可循。從整個課程思想發展來看，當代「課程統整」思潮可推溯自 1960 年代「再概念」運動（reconceptualist）之後。因後現代課程思潮、認知科學的進展、科技整合、統整教育理念盛行，以及世界主要國家例如美、澳、日等，而臨國際競爭壓力，教育目標轉而強調「培養基本能力」等因素。因此，大約自 1980 年代起，台灣就陸續致力推動促進個人完整發展，且能與學科知識相統合的教育模式和課程模式（黃葳，民 86；陳新轉，民 89）。

一、台灣

台灣這一波課程改革走向「統整」實緣於 1980 年代國際上掀起的「科際整合」（interdisciplinary）風潮（詳見第八章），但是課程統整

的理念於民國八十七年《國民教育九年一貫課程總綱》正式推出之後，仍然爭議、質疑不斷。事實上，社會學習領域課程為達成培育適當的公民素質，確有必須統整之理由，因此課程統整成為世界各主要國家實施社會科課程的共同趨向，雖然形式不一，但追求統整的精神則相當一致。這可由世界主要國家與地區現行社會科的實施概況得知梗概。

二、香港

社會科在香港小學階段稱之為「常識」，屬於統整性的課程。中學階段稱之為社會教育科，包括地理、歷史、政府與公共事務雖然均分別設科，但將公民、環境教育、道德教育、性教育等教學方案，以聯絡教學方式，融入各科之中（黃炳煌，民 86）。

三、加拿大

加拿大的教育屬於地方（省）的權限，故社會科類型各省不一，以卑詩省（Province of British Columbia）為例，其教育部於 1983 年、1988 年分別頒布「社會科課程指引：1 至 7 年級」（Social Studies Curriculum Guide Grades 1-7）、「社會科課程指引：8 至 11 年級」（Social Studies Curriculum Guide Grades 8-11），這兩套課程指引至今仍在使用中。1996 年又頒布「社會科統整性套裝資料：K 至 7 年級」（Social Studies K to 7 Integraed Resource Package）、「社會科統整性套裝資料：8 至 10 年級」（Social Studies 8 to 10 Integrated Resource Package）將逐漸取代 1983 年與 1988 年的課程指引。此套課程以「社會知識應用」、「社會與文化」、「政治與法律」、「經濟與科技」、「環境」五大主題為核心，組織課程內容為一統整型課程（詳見第六章課程示例）。

四、英國

英國的小學課程並無社會科之設置，1988 年之前有關社會科教育之內涵，主要是透過歷史、地理、公民三科目實施。1988 年英國政府頒布「教育改革法案」（Education Reform Act 1988），包括「國家統一課程」（The National Curriculum）的規定，其中社會科課程領域單獨設科者有地理、歷史和宗教教育。由於國家課程頒布之後，遭到不少批評，1989 年國家課程委員會（National Curriculum Council）發表「國家課程與整體課程計畫」（The National Curriculum and Whole Curriculum Planning），學校課程強調統整設計，將「公民教育」、「人與社會」、「經濟與產業知識」、「環境教育」、「健康教育」、「生涯教育與輔導」等五大主題，合稱為跨聯課程（cross curriculum），融入各科教學中並與課程外活動相結合（張玉成，民 81；湯梅英，民 86）。

五、日本

日本自 1947 年（昭和 22 年）以來都設置十二年制的社會科，1989 年文部省修訂公布之「學習指導要領」，將小學一、二年級社會科廢止，代之以「生活科」，高中階段社會科的主要科目「科目—現代社會」也重編成「地理歷史科」與「公民科」（見表 1-3-1）。

表 1-3-1　日本中小學社會科架構

1989 年版

小學 一年級～二年級	三年級～六年級	中學 一年級～三年級	高中 一年級～三年級
	〈七年制社會科〉		
「生活科」	「社會科」	「社會科」	「地理歷史科」、「公民科（包含現代社會）」
	四年制 （小學）	三年制 （中學）	

資料來源：臼井嘉一（1998）。

「科目—現代社會」是「融合課程」，被改成「地理歷史科」與「公民科」，有日本學者認為這是戰後日本教育中「融合課程」定位降低的表徵（臼井嘉一，1998）。不過，日本正積極籌備2002年新的「課程指導要領」，根據1997年日本教育課程議會所發表的「期中彙整報告書」，2002年的社會科將維持現行課程之基本目標與架構，小學階段社會科分學年進行有關地區性與全國性的產業、歷史文化等之學習內容，重視以觀察、調查、體驗等學習活動，進行統整式學習。在中學階段，分化為地理、歷史與公民三個領域，進行系統性的學習。而認為需要加強的地方則包括：知識的獲得、能力的發展與信念態度形成之間的系統性；小學、中學、高中各階段學校教育內容的一貫性；學科間橫斷式的關聯（簡馨瑩，民87）。

六、新加坡

1974 年以前，新加坡小學課程中的公民、歷史、地理是分別授課，1974年以後則均以生活教育替代。生活教育同時包含培養公民素質、學習東西方文化及了解新加坡歷史與地理環境的目標，兼具道德教育與社會科的意義。1979年生活教育分化為道德教育與社會科道德教育，重點在道德價值的灌輸，社會科則是教導地理與歷史的觀念。1985年導入課程統整的理念而有1994年小學社會科課程綱要的頒布，1995年修正後目前仍在實施中。社會科由小學四年級開始學習每週2節，五、六年級每週3節。內容包括歷史、地理、經濟學、和社會學的基本知識（王大修，民86）。

七、澳洲

1994年澳洲課程協會（1994a, 1994b）公布「澳洲各級學校社會及環境研究學習領域聲明」以及「社會及環境研究：全國學校的課程藍圖」，作為各省自行發展社會科課程、教材及學生能力指標的依據（見表 1-3-2）。（見表 1-3-2）。雖然大多數的省分直接引用「社會與環境研究」課程名稱與內容，不過也有些省份做了些修正，例如新南威爾斯的小學社會科課程名稱定為「人類社會及其環境」，因此在澳洲各省的社會名稱及內容都不太相同（周愫嫻，民 86）。一九九五年聯邦政府回應教育界批評「國家聲明與課程藍圖」缺乏積極的公民教育教育的呼籲，1998 年澳洲課程協會又補充了「發現民主」（Discovering Democracy）四項課程主題：「誰在統治？」（Who Rules?）、「法律與權利」（Law and Right）、「澳洲」（The Australian Nation）、「公民與公共生活」（Citizens and Public Life）（Curriculum Corporation, 1998）（見表 1-3-3）。

表 1-3-2　1994 年澳洲「社會及環境研究：全國學校課程藍圖」課程學習之主概念與次概念

主概念	次概念
時間、持續與變遷	• 了解過去
時間與變遷	
詮釋與觀點	
地點與空間	• 地點的特性
人與地點	
關懷土地	
文化	• 原住民與島民文化
文化異同	
個人、團體和文化認同感	
資源	• 資源的使用
人與工作	
管理與企業	
自然和社會系統	• 自然系統
政治和法律制度	
生態系統	
調查	
溝通	
參與	

資料來源：周愫嫻（民 86）。

表 1-3-3　澳洲「發現民主」課程架構以及主要學習內容

課程主題／年段	小學中年級	小學高年級	中學低年級	中學中年級
誰在統治？	人民與統治者的故事	國會與君主	應該實行民主嗎？	政黨制國會民主的敗壞人權
法律與權利	規律	法規	法律	
澳洲	澳洲人的共同記憶	人們組成的國家	民主之路	澳洲的國體與政體
公民與公共領域	參與團體	人民的力量	公共領域中的兩性關係	公民實踐

主要學習內容	
價值 ・民主過程 ・社會正義 ・生態延續	知識 ・民主的權利與責任 ・歷史觀點 ・文化差異性 ・系統之間的關連性
認知過程 ・主動與研究的學習能力 ・批判與創造的思考能力 ・決策與解決問題的能力	行動技能 ・個人技能 ・社交技能 ・社區參與

資料來源：http://www.curriculum.edu.au/democracy/ddunits/units/units.htm；
周愫嫻（民 86）。

八、美國

美國是教育分權的國家，各州社會科實施情況無法逐一例舉，然而 1994 年美國全國社會科協會發表《社會科課程標準：追求卓越》卻引起世人的注目。這套課程標準採 K 到 12 年級一貫設計，主要內容包括：十個課程發展主題軸（thematic strands）、必備之知識、過程和態度等方面的「預期表現」（performance expectations）、教學示例，它不是法定的標準，而是作為各州、學區、學校、學年和班級編定課程的準則或依據（NCSS, 1994）。

九、中國

2002年中華人民共和國推出「歷史與社會課程標準（實驗稿）」，在緒論中描述即將推出的新課程也是統整取向的課程，這是參酌全世界 16 個主要先進國家在社會科課程改革方面的經驗所得到的結論：「綜合各種學科內容，是課程改革的趨勢」（韓震、梁俠，2002）。

綜合以上各國社會科課程實施狀況，可見台灣九年一貫社會學習領域課程明白主張「追求統整」是合乎潮流的課程改革措施。

參、課程採領域規劃將促使教師跨越學科框限，增進學科知識交流，擴展教師的視野

根據九年一貫課程之規劃與目標，以及社會學習領域的基本理念，社會學習領域應該是一種領域課程、統整型課程而非分科課程。「社會學習領域」是學習範圍的名稱，而不是科目的名稱。它所代表的是一種跨學科的學習，而不是以科目為區隔的學習。如何才會形成領域的學習？跨學科的學習？那就必須採主題式課程設計，因為課程主題內涵夠豐富，必須應用若干種學科知識加以學習，因而自然領域的、跨學科的學習，如此才能真正反應領域課程的精神與特色。所以領域課程基本上是一系列重要課程主題所構成的課程。如果不能發揮跨學科統整的學習意義，則領域課程規劃的意義不大，社會學習領域只是歷史科、地理科、公民科或生活科的集合而已。然而，目前國中階段所使用的各版社會學習領域教材，雖然號稱統整，其實都是分科編寫的合訂本教材。這是書商基於市場考量，故意迎合教師舊習慣的產物，並非課程統整理論下必然的結果。

舊課程採分科結構、分科教學，這或許利於「教」，但往往造成教師因為專注本科目之教學，很少關心其他科目的教學內容，因而導致公民科教師對地理知識毫無概念，歷史教師不知經濟為何物。社會學習領域課程追求統整，屬於領域教學而不是學科教學，勢必碰觸重要議題，處理跨學科的知識。教師無論採取單獨教學或協同教學，社會學習領域各科教師之間的互動與知識交流的機會增加，也擴大教師本身的視野，避免心智思維僵化與狹化，同時促成團隊教學型態的產生。

肆、九年一貫設計、解決國小與國中課程不連貫的問題

「九年一貫」是此次課程改革共同的精神之一，社會學習領域自不例外。「一貫」意義不只是知識的連貫，同時也是課程形式與學習方式的延伸，避免國小與國中在課程與教學上發生脫節現象。社會學習領域課程依「九年一貫」的理念，由同一課程研究小組就1到9年級的課程進行整體設計，解決先前國小與國中課程不連貫與不必要的重複問題。

伍、課程內容取材範圍擴大，合乎時代需要及學術發展現況

按「基本理由」的說明以及九大主題軸的規劃，社會學習領域的知識已經超出傳統社會科課程自社會科學範疇取材的框限，而及於哲學、人文科學與自然科學，這與美國全國社會科協會（1994）公布的社會科標準中提及的課程取材範圍，包括社會科學和人文科學的統整性研究，人類學、考古學、經濟學、地理學、歷史學、法律學、哲學、政治學、心理學、宗教、社會學等學科的材料，以及人文科學、數學和自然科學中適當的內容，相當類似。除此之外，九大主題軸內含與時俱進的學術思想，與舊課程比較，其新增之主要學習內容包括：

一、動態的宇宙觀。強調動態、混沌、複雜、演化的觀念。第三軸「演化與不變」許多能力指標，例如「3-3-2 了解家庭、社會與人類世界三個階層之間，有相似也有不同處。」、「3-3-3 明瞭不能用過大的尺度去觀察和理解小範圍的問題，反之亦然。」、「3-3-5 舉例指出在一段變遷當中，有某一項特徵或數值是一大體相同的。」、「3-4-1 舉例解釋個人的種種需求與人類繁衍的關係。」、「3-4-2 舉例說明個人追求自身幸福時，如何有助於社會的發展；而社會的發展如何庇護個人追求幸福的機會。」、「3-4-5 舉例指出某一人類團體，因有重組之可能性，且被論功行賞，所以日漸進步。」；第一軸「1-4-2 分析自然環境、人文環境及其互動如何影響人類的生活型態。」、「1-4-5 討論城鄉的發展演化，引出城鄉問題及其解決或改善的方法」，第九軸「9-4-1 評估各種關係網路（如交通網、資訊網、人際網、經濟網、政治圈、語言等）的全球化對全球關聯所造成的影響。」等，都呈顯動態宇宙觀所指涉的互動、演化、動態的觀念。

二、建構與詮釋的知識觀，強調知識不是固定、一成不變，也不具普效性。基本上知識是個人與群體透過主觀或互為主觀的過程建構起來的結果。知識的理解是主動與主觀詮釋的過程，會因為人們的知識、歷史與文化背景、立場、價值觀、意識型態之不同，對同一事物做出不同的理解、解釋與應用。透露這些觀念的能力指標包括「1-4-7 說出對生活空間及周緣環境的感受，願意提出改善建言或方案。」、「2-4-5 比較人們因時代、處境、角色的不同，所做的歷史解釋的多元性。」、「6-4-1 以我國為例，分析權力和政治、經濟、文化、社會型態等如何相互影響。」、「7-4-8 解析資源分配如何受到權力結構的影響。」等。

三、多元取向的價值觀。順應民主化與開放的潮流，尊重多元化價值是必要的。從演化論、建構論與詮釋學的觀點推演下來，珍視差異性與異質性的價值也是必然的。於是溝通、同理理解、理性判斷與選擇、統整思考、多元觀點、形成共識等建構多元化社會所

需的「公民素質」（citizenship），成為新課程所重視的價值、信念與態度。相關能力指標例如：「3-4-4 說明一個多元的社會為何比一個劃一的系統，更能應付不同的外在與內在環境。」、「4-3-3 蒐集人類社會中的各種藝術形式，並能進行美感的欣賞、溝通與表達。」、「4-4-2 在面對爭議性問題時，能從多元的觀點與他人進行理性辯證，並為自己的選擇與判斷提出好理由。」等。

四、以人為本的倫理觀。重視個體的生命與成長、自我價值、自由意志的表達，同時也強調互相尊重、理性解決衝突，以及個人在群體中的責任與貢獻，而不是一味要求以犧牲個人權益為代價的和諧，以及重視人類社會共同福祉與永續發展。相關能力指標例如「4-1-1 藉由接近自然，進而關懷自然與生命。」、「4-4-1 想像自己的價值觀與生活方式在不同的時間、空間下會有什麼變化。」、「4-4-2 在面對爭議性問題時，能從多元的觀點與他人進行理性辯證，並為自己的選擇與判斷提出好理由。」、「4-4-4 探索促進社會永續發展的倫理。」、「4-4-5 探索生命與死亡的意義。」、「5-1-1 覺察自己可以決定自我的發展。」、「5-2-2 了解認識自我及認識周圍環境的歷程，是出於主動的，也是主觀的，但是經由討論和溝通，可以分享觀點與形成共識。」、「5-4-3 分析個體所扮演的角色，會受到人格特質、社會制度、風俗習慣與價值觀等影響。」、「5-4-5 分析人際、群己、群體相處可能產生的衝突及解決策略，並能運用理性溝通、相互尊重與適當妥協等基本原則。」、「8-4-6 了解環境問題或社會問題的解決，需靠跨領域的專業彼此的交流、合作和整合。」、「9-4-7 關懷全球環境和人類共同福祉，並身體力行。」等。

陸、在「賦權增能」的課程理念下，社會學習領域教師將改變與提升其專業知能

這一波課程改革的理想之一是「賦權增能」（行政院教育改革審

議委員會，民 85），以課程綱要取代沒有彈性的課程標準，賦予學校、教師更大的課程自主權，只以能力指標規範課程設計與教材編寫。因此，社會學習領域教師必須承擔更大的課程決定責任，提升教育專業能力，調整其參與課程的角色。除了參與教科書的選用之外，不能不涉入學校本位課程的規劃與設計、課程統整、能力指標解讀等專業性工作，否則無法確實實踐新的課程目標，充分滿足學生的學習需求。

一、擴大教師的課程決定權，釋放教師的創造力為教育開創新的遠景

按課程總綱之規範，學校與教師必須致力於學校本位課程發展（school-based curriculum development），提出自己學校的課程計畫、選編教材、嫻熟能力指標，課程參與程度大不同於往日。新的課程與教學環境將釋放教師的創造力，也強烈的衝擊教師的專業能力。所以，新一代的教師不單是指年紀輕的教師，而是心態年輕的教師。從專業素養來看，其區別也不是會不會使用電腦，而是會不會花費心思去設計、發展適合學生學習需要的教材；不只是「數十年如一日」的敬業精神，還需要與時俱進，持續創新的活力與態度。當部分課程決定權下放，課程自主空間放大之後，新一代的教師不應該在多元、沒有統一版本的情況下驚慌失措；而是在前輩所沒有的自主環境中，發揮創意、展現活力，享受專業自主的樂趣與成就感。

二、互為主體、共同成為課程革新與發展的夥伴

新的課程發展典範是學者專家、政府與民間、教師與家長，課程發展的組織結構中形成互為主體的夥伴關係。理想的課程不是一個或少數人設計出來的，而是一群人包括教師、家長、學者專家、出版商、教育官員……等人共同參與所發展出來的。教師具備課程規劃與設計能力，成為「課程決定者」之一，這是為了擺脫出版商的控制與教科書的束縛，也才能與出版商成為課程發展的夥伴，將教科書變成教學資源。

三、促成教師的自我成長與課程角色的轉變

教育改革不進行課程與教學革新是空談。課程角色的覺知是課程改革的必要條件，透過課程革新促成教師反思自己原有的慣性經驗、課程與教學專業知能。在「賦權增能」的課程理念之下，社會學習領域教師的課程角色知覺必須做一番調整，表 1-3-4 乃教師的傳統課程角色與轉型課程角色之比較。

表 1-3-4　教師的傳統與轉型課程角色覺知之比較

教師的傳統課程角色	教師的轉型課程角色
課程（教材）的使用者。	課程（教材）的設計者與決定者。
課程是事先預定的、上級決定的且編好的。	課程是建構的，教師是課程的共同創造者。
選課本教課本，課本由外面的專家編定的，是權威的。	編、選教材，課本是教學資源，可以對它增刪修改。
課程應該標準化，因為能將學生的學習成果拿來互相比較很重要。	課程應該多元化，因為啓發學生的多元智能，符合學生的生活、學習與成長的需要很重要。
學科本位，崇尚分科教學，認為「分科」與「專科」教學為專業的表現。	學習者為中心，放下學科本位，以能因應學生之學習需要為專業，走向領域教學，課程統整。
課程與教學由教師主導，學生是接受者	課程與教學可以由師生共同參與，師生可以成為共同學習的夥伴
課程實踐（教學）是個人的任務。	課程實踐（教學）可以協同設計、協同教學。
教導學生精熟課本、教材為主要目的	教導學生成為主動的學習者、詮釋者、探究者與行動者。
教師是學科專家，精熟教材；學生是「無知的」。	教師是終身學習者，不斷的自我反思與成長，以配合課程革新的需要。

柒、延續「開放教育」的創意且掌握知識的內涵

社會學習領域課程追求統整，同時指出課程統整的功能：「簡化」、「類化」、「內化」與「意義化」，著重知識內涵的掌握，頗有匡正開放教育重「情意」輕「認知」之弊病的深意。

九年一貫課程正式推出之前，「開放教育」曾如火如荼的推動好幾年，故新課程融入許多開放教育的精神和旨趣。開放教育的理想突破傳統教育的框限，為教育注入活水與活力，描繪一幅快樂學習、創意教學、健康成長的遠景。在課程設計上，採主題式課程設計與創意教學，使教與學變得豐富、快樂、活潑而有創意。然而在實踐過程中，也出現崇高理想被淺化、狹化的弊病，這不免令人擔心，除了創造多元、另類的教學方式之外，是否真的掌握知識學習的內涵、獲得有用的能力，以及健康快樂的成長，還是在快樂學習的表象下，不知不覺的「安樂死」。

社會學習領域課程追求統整的立場，曾遭到「知識虛無主義」的批評，其實這是對課程統整觀念的誤解，事實上課程統整的始意之一正是關心知識，重視知識的學習，別有一番深意（詳見第五章第二節）。

捌、強調由知識學習到能力的培養

九年一貫課程以培養十大基本能力為具體目標，故社會學習領域同樣是強調「由知識學習到能力的培養」的課程，它以九大主題軸能力指標指示基本的學習方向與範圍，以及能力表現水準，是強調以知識為基礎進而培養合格公民所需之各種能力，即所謂的「公民素質」，這種素質是知識、技能、價值、信念、態度與品格的綜合，社會學習領域的重要學科知識與技能是基礎，但並不以知識與技能之習得與精

熟為滿足，更重視如何將知識與技能轉化成理想公民之能力。

第四節

九年一貫社會學習領域課程綱要的若干缺失與建議

「一貫」、「統整」、「賦權增能」是「九年一貫課程」的主要精神，社會學習領域亦當如是。課程實踐必須講求效果（effectiveness）把事情做對了才行。課程推出之日，也是修訂工作的開始，《九年一貫社會學習領域課程綱要》有些地方確實值得反思、檢討。

壹、課程綱要缺少從「認識」到「實踐」的原則說明

就實踐層面而言，「社會學習領域課程綱要」雖然提供「實施要點」、「九年課程計畫示例」與「單元教學活動示例」，但是並未針對革新的創舉，特別是「課程統整」與「能力指標」等新觀念，提供從「認知」（acknowledge）到「實踐」（practice）的原則說明，殊屬缺憾。

關於「課程統整」的認知與實踐，對全國國民中小學教師而言，特別是國中教師實屬一大衝擊，更何況「課程統整」不只是課程形式的改變，它牽動課程觀、教學觀、知識觀、評量觀，以及學校行政措施的調整。至於「能力指標」也是一個新的課程概念，顯有不同於舊課程目標的含義。然而，〈基本理念〉部分只包含「學習社會學習領域的理由」、「社會學習領域的性質」與「統整的功能」三項；〈實施要點〉並未針對「追求統整」、「能力指標」的課程設計與教學提出具體的策略或原則，只有關於如何評量的說明，這一點頗讓人不解（教育部，民92）。

追求統整是社會學習領域課程的基本立場，但是在「實施要點」中，卻只做立場的宣示、鼓勵合科，以及能力指標的評量說明。對於何謂「課程統整」？課程如何統整？如何教導學生獲得統整的學習經驗？等問題，都沒有提供任何實施原則或策略，雖然在〈附錄〉中提示「課程計畫示例」與「教學活動示例」，形同「只給魚吃，不教釣魚方法」，這實在不能滿足教師的需求。

「課程統整」不只是課程重新安排，或只是課程形式的改變而已，實施課程之學校需要建立完整的課程藍圖、統整的校園文化與環境、充分的行政支援；教師需要以革新的課程、教學、評量觀念與專業知能去面對。相較於加拿大卑詩省的社會學習領域課程綱要（參見本書附錄），關於統整實施問題，至少交代五種形成連結（making connections）的方式、學習原則與教學設計參考規範，顯然現在的「社會學習領域課程綱要」不足以完整的傳達追求「統整」從「認知」到「實踐」所必備的理解。

同樣的，「能力指標」該如何理解？如何轉化成課程內容與教學活動？對社會學習領域的教師而言都是新的挑戰，課程綱要對此未置一詞，在知識的學習到能力的獲得之間，留下很大的缺口。

貳、欠缺課程宗旨與追求統整的基本理由

課程改革並非為改革而改革，作為實現教育目的工具，「九年一貫課程總綱」指出課程改革是基於「培養具備人本情懷、統整能力、民主素養、鄉土與國際意識，以及能進行終身學習之健全國民」的理念。美國全國社會科協會1994年推出的「社會科課程標準」特別指出其課程改革的宗旨：「社會科的宗旨在於幫助年輕人在此相互依存、文化多元和民主的社會中，發展周全且理性之決定能力，以增進公共福祉。」

反觀「社會學習領域課程綱要」並沒有以自身之課程特性提出新的課程宗旨。其實應明白指出課程宗旨是為了培養何種國民、未來理

想的公民素養、建立社會學習領域課程改革的合理性，再具體化為領域課程目標。否則，難免給人只為了配合領域規劃與追求統整而推出新課程的印象。

社會學習領域課程研究小組高舉「追求統整」大旗，但是在〈基本理念〉中只有，「學習社會學習領域的理由」與「社會學習領域性質」與「統整的功能」，似乎不夠「基本」。

對於「追求統整」的基本立場，課程綱要通篇的理由有二：一是「四大層面彼此互有關聯，而社會學習領域正是整合這幾個層面間互動關係的一種統整性領域」；二是統整的四項功能：簡化、類化、內化、意義化。但是，以上兩項理由並沒有指示新課程的「理想」或教育目的，這在意義上稍嫌不足。課程改革首要任務應該是達成教育目標，而不在於反映課程內容的知識屬性。所以，「追求統整」必須指出它的理想或所承載的教育目的，而且是非透過課程統整不足以實現的「理想」或「目的」，才能顯現課程統整的必要，因為課程是實踐教育目的的工具。再說，若只是強調知識的相關性，形成明顯的「知識本位」傾向，以為社會學習領域的統整只是知識的統整，而忽略了課程之所以追求統整，其理念其實應放在知識、學習者及社會三者的整合（陳新轉，民 90）。

總之，既然「追求統整」是社會學習領域課程的基本立場，在〈基本理念〉中就需要提示一項非透過統整不足以實現的「基本理由」，而且必須超越「知識統整」的範疇。如果將「學習社會學習領域的理由」改成「社會學習領域統整的理由」，把原文「個人不能離群索居，教育則是協助個人發展潛能、實現自我、適應環境並促進而改善環境的一種社會化歷程，因此社會學習領域之學習乃是國民教育階段不可或缺的學習領域。」（教育部，民 92）改成「個人不能離群索居，在社會情境中所面臨的各種重要問題，無法以學科界限加以切割，故學習社學習會領域有統整的必要。」更能凸顯社會學習領域追求統整的合理性。

參、以預期的「功能」為追求統整的基本理由，不具說服力

社會學習領域課程綱要列舉統整的四種功能：意義化、內化、類化、簡化，固然有避免「開放教育」輕忽知識學習之深意，但是以預期的功能為基本理由，在邏輯上似乎有待商榷。

Paul S. George（1996）曾與課程統整理論大師 James A. Beane 同台辯論，他指出就達到意義化、內化、類化與簡化的功能而言，沒有明確的證據可證明課程統整比分科課程更具優越性。況且這些功能的達成往往取決於教師在教學方面的專業能力與信念，而不在於課程的形式，許多課程統整的擁護者所稱的課程統整「效果」與「功能」，事實上只是「片面之詞」（personal testimony），有的是缺乏充分的證據可證明，有的可能是一種因人、因地而異的經驗，不能視之為是課程統整所造成的結果，Schug 與 Cross（1998）也提出類似的警告。所以，幾位大力倡導課程統整的權威學者，例如 James A. Beane（1997）、Robin Fogarty（1991）、Susan M. Drake（1993）也都是從理論基礎、現代社會之需要、普通教育的使命等方面，而不是從課程統整「功能」的優越性，主張課程統整。面對 George 的質疑，Beane 於 1997 年 *Curriculum Integration: designing the core of democratic education* 一書才從學校教育的任務、民主社會的公民資質、自我與社會統整、知識的生活應用等方面，提出十一項主張課程統整的理由回應。這十一項理由如下：

1. 學校有義務促進民主社會的統合，透過民主實踐活動，諸如異質性的組合、參與計畫、合作解決問題等方式。
2. 在民主社會中，普通教育之課程應該是以個人及社會共同關注的核心議題組織起來。
3. 學習與實踐社會／世界議題，給與年輕人以民主方式解決問題的經驗。

4. 年輕人擁有參與學校課程計畫的民主權利，其意見應受到重視。
5. 學習參與合作計畫是民主社會中重要的公民技能。
6. 在課程中為個人的學習需要建立一個園地，給學生一個課程的舞台，鼓勵他們做經驗的統整。
7. 日常生活中的知識與通俗文化在課程中應該和學科知識一樣的受重視。
8. 在自我、社會與世界相關的重要議題所形成的脈絡下，才能將知識帶給年輕人。
9. 知識最主要的用途應該是回應自我與社會／世界具重要性的議題。
10. 理解與處理（working）自我與社會／世界具重要性的議題，需要知識的統整。
11. 統整過的知識最近乎校外生活的知識重組情狀。

統整的理由不能訴諸於預期的「功能」，意在提醒學校與教師注意更新學校文化、張羅配套措施與資源，充實、更新課程與教學的專業知能。

肆、關於「教」與「學」的論述未盡妥善

在「統整的功能」中提到：「過去分科設計可能利於『教』，卻不利於『學』。此次課程設計之主要考量乃在『協助學生之學習』，而不在『便利教師之教學』」，言下之意社會學習領域主張統整是了讓學生獲得比分科課程更佳的學習效果，但有可能造成教師教學上的不方便。這種論述有幾點有待商榷之處：

一、統整與分科在「教」與「學」的差別不在於難易度，而在觀念與方法，故將它們做難易的比較，將誤導教師以為統整的「教」與「學」與分科課程無異，只是難易上的差別。這不僅曲解統整「教」與「學」的觀念，亦不利於課程統整理念的落實。

二、有關教與學的「效果」與「功能」往往取決於教師的專業能力而

非課程形式。

伍、課程基本理念與九大主題軸內涵不一致

在「社會學習領域性質」的界說中所提及的知識範疇，顯然已經超出「社會科學」的學問（discipline）範圍，社會學習領域課程的內容（知識）隨時代演進及學術發展，取材範圍早已不限於社會科學，甚至於包含人文科學、自然科學與數學（NCSS, 1994），其實社會學習領域涵蓋九大主題軸，其中第三軸「演化與不變」、第八軸「科學、技術和社會」吸納許多自然科的觀念，明顯超出社會科學的範疇，但是在「社會學習領域目標」的第三條卻是以「充實社會科學之基本知識」為目標，前後不一致。

陸、能力指標仍有商榷餘地

一、能力指標說明暴露九大主題軸能力指標之不足

「社會學習領域分段能力指標」的〈說明〉指出一項特定的「專家邏輯」，那就是從第 1、2、3 軸所構成的座標系統與宇宙觀出發，先探索第四軸，然後是第五軸，接著是第 6、第 7、第八軸，最後歸結到第九軸（教育部，民 92）。

這項說明相當精要，但從「課程統整」的觀點而論，這一項特定的「專家邏輯」用意不明，而且暴露九大主題軸架構起來的社會學習領域課程不完備，純屬多餘。

這項說明到底是為了說明社會學習領域的知識架構？還是指示學習的脈絡？〈說明〉不放在〈附錄〉而放在本文，理論上它具有「規範性」。如果是知識架構，恐怕又將引起一番論戰。如果是學習的脈絡，則又與統整的旨趣不符。課程統整的目的或特性之一就是要解放或突破特定的「專家邏輯」的框架與限制，讓知識統整在主題形成的

脈絡或真實的情境中，而不限於學科專家所設定的組織架構下，這項說明卻訂出九大主題軸之間有一種「特定的」邏輯關係，從課程統整的觀點來看，則屬多餘。〈說明〉與其表述九大主題軸之間的邏輯關係，不如改成「能力指標的解讀原則」，或「如何應用能力指標」更來得貼切，因為這對教師而言是全新的課程概念。

〈說明〉所示「最後所有生活都關聯在一起，彙整成地球村的生活」，也未免太浪漫了。至於「最後歸結到第九軸『全球關聯』」，第九軸嚴然成了「社會學習領域目標」的另一個目標，那麼歸結到「公民理想與實踐」豈不是比歸結到「全球關聯」更合乎社會學習領域的課程目標？這實在造成課程目標的混淆，也意味著九大主題軸的課程架構仍不完備，應該如美國NCSS（1994）的課程標準增列第十主題軸「公民理想與實踐」呢？其實增列或將分散在各軸偏公民實踐的能力指標匯集成一軸恐怕是必要的。理由有三：㈠從〈說明〉所暴露的問題來看實有其必要；㈡從社會學習領域課程特性而論，培養「優質公民」是社會學習領域課程的天職；㈢從九年一貫課程改革的精神而言，理想的課程設計是從能力指標出發，選擇重要的課程主題，整合社會學習領域的重要知識，提供統整的學習經驗，使學習導向重要主題的精熟及能力的培養（陳新轉，民90）。

二、若干能力指標敘述內容欠妥，有待修正

在內容方面雖難求其周全，但是否有明顯的疏漏？意義上不合邏輯？以及觀念誤導之虞？有待各界待公評。

㈠第三軸「演化與不變」標題與內容矛盾

第三軸很顯然將自然科學中的「演化」觀念融入社會學習領域課程中，同時呈現「動態、複雜的宇宙觀」（詹志禹，民88）。然而從動態宇宙觀而言，只看到「變易」的「突變性」、「持續性」、「相似性」的演化現象，並無所謂「不變的」意義，除非限定在一定的時間尺度下。其實動態宇宙觀所強調的是任何系統都具有「耗散與結構」

特性，在秩序與混沌變化之間存在不可測的「突現」（emergency）規律，更何況社會學習領域課程是從社會情境中去理解、學習「演化」的概念，實在看不出有何實質「不變」的事實。再者，若真有所謂「不變」的現象，又何須特別提出「3-3-2 了解家庭、社會與人類世界三個階層之間，有相似處也有不同處。」、「3-3-3 明瞭不能用過大的尺度去觀察和理解小範圍的問題，反之亦然。」、「3-3-5 舉例指出在一段變遷當中，有某一項特徵或數值是大體相同的。」等能力指標呢？若這幾條能力指標是正確的，豈不與「不變」的觀念矛盾？

㈡各種權利可能發生衝突的觀念有待釐清

能力指標 6-4-4「舉例說明各種權利（如兒童權、隱私權、財產權、生存權、自由權、機會均等權、環境權及公民權等）可能發生的衝突。」凸顯一項必須澄清的觀念「到底是權利會發生衝突？還是遂行權利的行為會發生衝突？」。

按能力指標所示的含義，似乎是同一種權利或者是不同權利之間，本身即可能發生衝突。這是一種「靜態的」權利觀念，但是實際上權利是動態存在的，必須在一種動態的互動關係中呈現出來，因此，造成衝突的往往不是權利本身，而是逐行權利的行為。課程研發小組在〈附錄三〉以「孩子躲在房間裡上電腦網站偷看色情資料，孩子可能用隱私權拒絕父母隨時進入房間，父母可能用監護權要求隨意進入房間」等事實為例所做的補充說明，已表露出是權利行為發生衝突而不是權利本身發生衝突。澄清這項觀念的意義在於避免負面的「潛在課程」的影響。試想「權利」與「權利行為」不分，則「權利衝突」被視同「權利」本身發生衝突，則「人人皆具有不可侵犯的基本權利」的命題如何能成立？如果規範某人不當之權利行為被視同限制、剝奪其權利，則「不當之行為」豈不都可以持「捍衛權利」之名，行「造反有理」之實？

㈢異質性組合比同質性組合更能應付外在環境之挑戰之命題過於武斷

能力指標「3-4-4 說明一個多元的社會為何比一個劃一的系統，更能應付不同的外在與內在環境。」強調異質性組合比同質性組合更能應付外在環境之挑戰之命題實在過於武斷。事實上，面對內外環境挑戰，社會得採取不同的應對措施。異質性組合彈性大但不見得效率高，劃一的系統同質性高但有僵化不易調整的問題，各有其優缺點，無一定的優劣高下，證諸史實也沒有多元社會必然勝過劃一系統的定律。

㈣少數能力指標與學生生活經驗脫節

「4-1-1 藉由接近自然，進而關懷自然與生命。」顯然不足以涵蓋兒童參觀孤兒院或養老院時的學習經驗。另外，第四軸「意義與價值」、第七軸「生產、分配與消費」竟然缺少第一學習階段能力指標，明顯與兒童生活經驗脫節。兒童不能了解自己的成長變化嗎？消費行為難道不是一種能力嗎？

關於內容不周全或矛盾之質疑，修正、補充固然是正途，不過「能力指標」原本是規範共同的學習內容與基本的學習成果，是一種「依據」而不是「限制」，教師若能在理解之後，自己補足，更能顯彰「學校本位」、「教師專業自主」、「共同參與課程發展」的精神。

總體而言，「九年一貫社會學習領域課程綱要」已創造新的里程，但也留下許多待解決的問題。「追求統整」是一項「勇敢而非魯莽」的開創，它有其時代意義及必要的理由，也有其理論與具體的策略和方法，只是在綱要中未能充分說明。由於我國從未設立專責的課程研究機構，面對重大的教育改革，課程專家總是「臨時組隊」、「倉促應戰」，難免起步維艱，步履不穩。然而，課程是「發展」出來的，只要方向正確，不怕前途坎坷。所幸我國課程發展已經走到「開放」、「鬆綁」境地，留下批判、解構、再建構的空間，「課程綱要」固然也是一種「課程標準」，不過它不是一種「限定」，而是等大眾去思

標準」，不過它不是一種「限定」，而是等大眾去思考、補充與創新的一份文件，也唯有如此才會有更完美的社會學習領域課程的誕生。

2

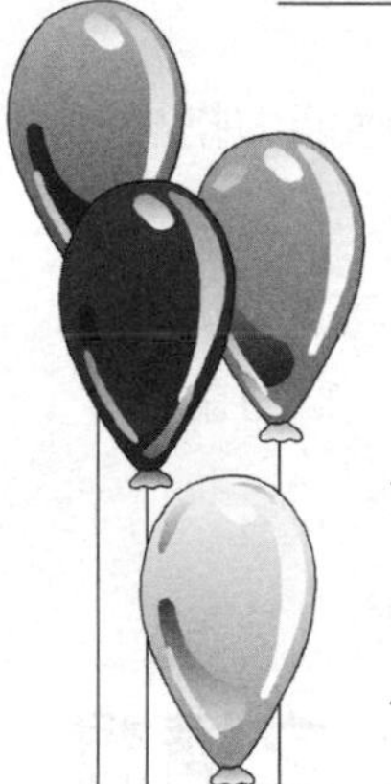

從知識學習到能力獲得的課程發展

九年一貫課程以培養十大基本能力為具體課程目標，各領域以能力指標指示學習方向、架構課程內容的規劃，卻招來「重能力而輕知識」的批評。事實上，培養基本能力必定是以知識學習為基礎。所以，指責新課程重能力輕知識委實是過當之批評。不過，這一波課程改革寄望教師發揮部分課程發展與設計的專業能力，故以「課程綱要」取代「課程標準」，只提示統一的能力指標而不提示統一的課程大綱；只規定學習領域實施原則而不規定具體的教學內容與教學進度。學校與教師必須具備課程發展與設計能力，自行提出課程計畫、編製教材。但是長久以來，國民中小學社會學習領域教師對教科書依賴甚深，目前的課程參與程度仍以「選用教科書」為主，希望學校與教師能參照能力指標，發展出以學校為本的課程計畫，設計所需的教材以補教科書之不足，都因為時間資源與課程設計專業能力不夠，仍有待努力。所以，外界批評也點出三項嚴肅的課題：

一、從能力指標出發，將知識學習轉化成能力獲得的課程發展模式為何？

二、社會學習領域各版教科書的發展模式為何？能符應能力指標的要求嗎？

三、教師能充分掌握能力指標，以評選教材、補充教材之不足嗎？

本章先針對第一項問題，第二、三項問題留待下一章討論。

第一節

「能力表徵課程發展模式」之構想

壹、從能力指標出發之課程發展途徑

「能力表徵課程發展模式」的基本理念是主張「從能力指標出發」，以「應對」或「去處理」（to deal with）觀念進行課程發展與設

計（見圖 2-1-1），先解讀能力指標，掌握重要知識內涵，再將知識之學習導向去處理、解決重要課程主題或問題，以便達到獲得能力的目標。學習內容則依據探討重要課程主題或問題所形成的脈絡與架構，統整、組織起來，如此一來課程設計與教學充分呈現統整精神，以及從知識學習到能力獲得的內容與過程，將九年一貫社會學習領域課程理念與目標，落實於課程設計及教學中。

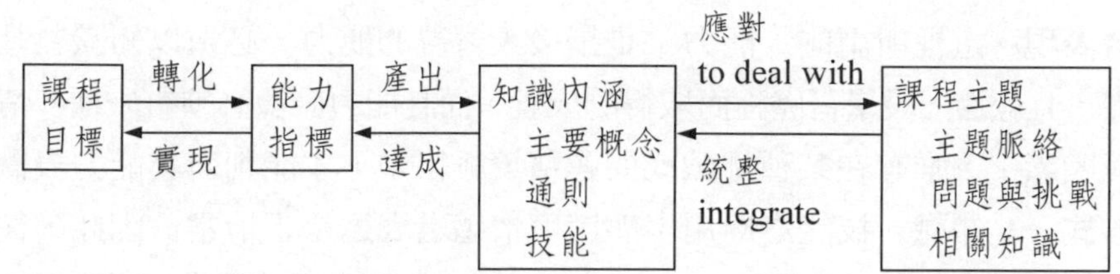

圖 2-1-1　從能力指標出發之課程發展途徑

貳、「能力表徵課程發展模式」之建構

「能力表徵課程發展模式」，以「應對」的觀念進行能力指標的課程轉化，希望強化能力指標與教學目標、教材的關聯；將學習從知識精熟導向能力獲得，此一課程發展模式強調的觀點如下：

一、以「能力」的觀點轉化能力指標

《國民教育九年一貫課程總綱》訴求的教育目標是培養「十大基本能力」，《社會學習領域課程綱要》與其他六大學習領域共同承擔這項使命。「能力指標」指示重要學習內容以及某種能力表現應有的內涵與表現水準的命題。基本上，它是一種「能力導向」的「課程目標」，因此我們應該從「能力」的角度思考學生的學習成果，也必須從「能力」的觀點去解讀能力指標的內涵，跳脫傳統「教學目標」的思維，將焦點投向「培養能力」、「激發能力」的課程內涵之解析，

而不是局限在分化的「認知」、「技能」與「情意」之教學目標的觀念，其中最大的差異在於「能力」的培養，不是以個別的「認知」、「技能」的精熟為滿足，而在於能否掌握「情境要素」，適切的應用、表達其所習得之「認知」、「技能」與「情意」。

「能力」（competence or ability）是指在面對問題或挑戰持，能應用知識，採取有效策略與方法，達成目的或解決問題的行動。這種行動能力不論是靜思或是複雜的操作，都是一種知識、技能與情意的綜合表現。這裡所謂的「能力」是指後天習得的能力，必須以知識為基礎，且經過一段學習歷程而取得的成就，而且能力表徵必須有一種「情境因素」，唯有在某種挑戰或問題情境脈絡中，才能判斷其能力表徵方式——知識、技能之應用；態度與情感之表達是否恰當。因此，從「能力表徵」的觀點出發「能力指標」的課程轉化應兼重「知識內涵」與「情境要素」。

再者，若按傳統觀念的解析能力指標，很容易狹化能力指標的內涵，一是把「能力指標」直接當成「教學目標」，再轉成「具體目標」，即便可行也見不到重要學習內容與過程；二是容易被「能力指標」的動詞所左右，逕行認定是認知的、技能的或情意的指標。如此一來，可能造成四種困惑：

㈠如果九年一貫課程的「能力指標」與傳統的教學目標無異，那麼新課程標舉著培養「基本能力」的教育目標，以「能力指標」架構課程內容的意義何在？換言之，如果新課程追求的目標與舊課程性質相同，那麼課程改革豈不變成只是形式上的改革？

㈡如果可以「動詞」區別能力指標的性質，因為屬於「情意的」動詞少之又少，那社會學習領域課程豈不是真的成了「缺德課程」？

㈢如果能力指標可以直接轉化成可以觀察的「具體行為」與「評量指標」，那麼是不是可以直接拿「基本學力測驗」的試題相對應？換言之，培養能力難道可以不考量學習內容、過程嗎？

㈣如果能力指標強調的「能力」，那麼「能力」是什麼？Bloom 把能力界定為「知識＋技巧」（knowledge ＋ skill），近年來「情緒智

商」的觀念大興，能力的成分多了情緒因子。那麼當我們把「能力指標」具體化成幾項「能說出……」、「能觀察……」的行為反應，是不是就代表這是一種「能力」？換言之，難道「能力」不考慮「表徵方式」與「情境因素」嗎？

二、重視「能力指標」與「重要議題」之連結關係

能力指標為能力導向的教學目標，在此課程理念之下，學生之學習成果不以精熟分科知識為滿足，而在於能轉化學科知識成為因應重要問題的能力。故課程發展應先掌握能力指標所指涉之主要概念性知識（包括主要概念、通則與技能），在社會學習領域課程能力指標的引導下，將主要概念性知識導向適當重要問題或議題之解決與探討，依探討課程主題所形成的脈絡、順序、問題情境等，組織、統整相關學科知識，使學科知識成為學生探討課程主題之資源與工具，此為知識學習轉化成能力必要的歷程。這個構想是直接由能力指標產出所需之知識內涵（教學內容），不同於教科書編撰先設計定目標與教材，再尋找能力指標以「對應」（correlation）之的課程發展途徑。

九年一貫課程以「領域」取代「學科」之規劃，基本上其課程屬性是屬於「主題取向」，由跨學科之課程主題為架構的課程，而不是由學科為架構的分科課程，理論上這些主題最好取自「個人與社會共同關注的議題」（Beane, 1997）。其實課程主題可自人類社會的重要事物、自己所屬社會所關注的議題、個人生活中的重要經驗及生命的重要事件等方面取材。因此，能力指標之解讀與轉化，應有「跨越」能力指標的思維，建立「能力指標」與「課程主題」之間的關聯性，指向學生在學習社會重大議題時，對於相關知識、學習技能之理解與應用、價值觀的持有與維護，以及社會參與活動方面的表現。

三、以統整的思維轉化能力指標

儘管課程總綱已修正兩次，不再堅持合科方式，協同教學也變成視教學內容而定（教育部，民92），但「統整」一直是九年一貫課程

堅持的理念，因為課程統整承載諸多九年一貫課程的教育理念，諸如「生活中心」、「統整思考」、「基本能力」、「領域課程」、「九年一貫」等，皆須應用「課程統整」理論與設計方能實現，故實施原則中明訂「學習領域之實施，應掌握統整之精神，並視學習內容之性質，實施協同教學。」社會學習領域秉持這項使命，強調「追求統整」的基本立場以為呼應，以九大主題軸能力指標架構起「探索人類社會在生存、生計、生活與生命四個層間互動關係」的課程（教育部，民92）。故轉化「社會學習領域能力指標」應持「統整」的思維，其意義有二：

㈠「能力」其實是認知、技能與情意的綜合表現

傳統的「認知」、「技能」與「情意」的觀念，有助於教師了解「能力內涵」，但不宜將能力分割成認知、技能或情意的能力，這就好比我們了解汽車引擎會運作，必須有油、電、水與潤滑四要素，但我們不能把它分解成「油在動」或「水在動」。另一方面，不能只針對各條能力指標的文字敘述打轉，更不宜直接套用Bloom以及行為主義教學目標的分類與表達觀念，就各條能力指標的「動詞」去研判它是認知的、技能的或情意的能力指標，否則將造成兩種謬誤：

1. 把能力指標理解成認知的、技能的與情意的教學目標，且指向支離破碎的知識，既看不到「社會」、學不到「統整」也得不到「能力」。
2. 其二是把社會學習領域課程綱要當成「缺德」的課程。因為總共一百四十五條能力指標，屬於情意目標的動詞少之又少。

㈡「統整」是建立「能力指標」與「課程主題」關聯性的必要手段

「領域課程」基本上是一種由主題架構起來的課程，能力指標則指示重要學習內容與能力指現水準和方式，因此建立課程主題與能力指標之間的關聯意義是重要的課題，統整是必要的手段。其理由有三：

1. 以統整的思維解讀時，能覺察「能力指標」之間存在的意義或邏輯關聯，浮現跨軸或跨學科的重要概念或重要課程主題。
2. 「能力指標」的轉化過程，統整的思維有助於跨越「能力指標」自身的框限，發現該項能力與何種課程主題相關，適合在何種主題所形成的「情境」下考驗，使「能力指標」指向適當的「課程主題」。
3. 「能力指標」轉化的過程需要統整思考，意即不能只顧及「學習內容」，應包含知識、技能的表徵情境，否則無從呈現知識到能力的轉化過程。

第二節

能力表徵課程發展模式之要件

應用「能力表徵課程發展模式」進行「能力指標」課程轉化時，必須掌握四項基本要素：知識要素（學習內容）、情境要素（問題與挑戰）、表徵內涵（預期結果）以及教學活動（見表 2-2-1）。

壹、知識要素

每一條能力指標所包含的「知識要素」基本上需要經過解讀與分析，其進行方式將在下一章做詳細說明。在此強調的是知識乃培養能力不可或缺之基礎，掌握「知識要素」是「能力指標」課程轉化的首要工作。「知識要素」依其形式、性質、層次有不同的分類，通常人們將知識按其層次分成「事實」、「概念」、「通則」，Anderson 和 Krathwohl（2001）最新修正之 Bloom 認知領域教學目標分類架構，將知識分成四個向度：事實知識（factual knowledge）、概念知識（conceptual knowledge）、程序知識（procedural knowledge）、後設認知知識（metacognitive knowledge）。其實，知識若依其作用，也可分成「陳述性知識」、「歷程性知識」、「指示性知識」、「策略性知識」或「方法性知識」、「期望性知識」等不一而足的類型。換言之，知識的意義是複雜的，不只是認知或推理，它可能是精熟某項技能或形成某種價值判斷的要素，故其意義往往須考量其使用之情境及目的。本文兼採K. M. Wiig的主張，區分成事實性知識（事實、資料等）、概念性知識（概念、類型、通則等）、方法性知識（推理、策略、方法、條件等）、期望性知識（展望、判斷、假設、期望等）（Wiig, 1994）。

表 2-2-1　「能力表徵課程發展模式」之能力指標課程轉化表

能力指標				
「應對」之課程主題				
能力表徵要件	知識要素	情境要素	表徵內涵	致能活動
	知識要素包含知識與技巧： 1.事實性知識：重要事實（人、事、時、地、物等）。 2.概念性知識：概念、類型、策略、程序、條件通則等。 3.方法性知識：前兩種知識用於推理、實踐者。 4.期望性知識：前兩種知識用於形成目標、價值者。	各種引導學習的問題與挑戰。 1.問題與挑戰的性質。 2.難易程度。 3.格式與規則。 4.表徵方式。	預設學生的能力表現情形： 1.應用的知識、技巧。 2.情境理解：對問題或挑戰情境之知覺。 3.表徵方式與態度。	促進學生獲致能力的各學習活動，包括： 1.心理的。 2.肢體的。 3.社會的。 4.情緒的。 5.統整的。

貳、情境要素

「情境要素」範圍很廣，從簡單的提問，到學習環境的安排都是。就課程設計的觀點而言，具體的「情境」發生在教學過程中，因此這裡持狹義的定義，是指教師所規劃、設計，在教學過程中為引導學生學習、思考、問題解決、參與活動、完成作業或探索某項課程主題，

向學生提出之各種問題與挑戰。

從能力表徵的觀點而言，能力指標之轉化須考量「情境要素」，其主要意義有四：

一、能力需要一種展現的「情境」

一般而言，教師都能應用 Bloom 的教育目標分類觀念，擬訂具體的認知、技能與情意的行為目標，用以檢視學生的學習成果。但是，「能力表徵」與「行為表徵」意義有所不同。以能力指標「1-1-1（生活）辨識地點、位置、方向、並能運用模型代表實物。」為例，學生「能指出教室的位置」，不考慮問題情境，「能說出」或「能指出」可能只是記憶反應，被當做很「瑣碎的」知識。但是，「能在學校平面圖或學校模型地圖中指出教室的位置」，或者是「能自行上學找到教室的位置而不迷路」，因為這是在「應用學校平面圖」與「自行上學」情境下的行為表現，就凸顯出一種應用知識、形成方法以達成目標的「能力」意涵，其意義大不相同（見表 2-2-2）。它讓我們相信擁有這些「能力」的學生，比較只是「記憶」教室位置的學生，更可能遷移、應用在其他類似的陌生環境，從公園、公共場所的平面圖找到自己的位置。

二、在問題或挑戰所形成的「情境」下，才能評價「能力」的表現是否恰當

知識與能力之間的另一種區別是知識可以在人的思維之中自由連結、組織，但能力則必須融入「情境因素」才能判斷學生的能力表現是否恰當。以現象學（phenomenology）的觀點來看，即使是抽象思考能力，也必定是一種指向某種對象的思考（蔡美麗，民 79），此思考能力是否表現得宜，得視其選用之知識、應用知識的技巧與表現態度，能否適切回應其思考對象的問題或挑戰，有效達成目標而定。

表 2-2-2　行為表徵與能力表徵之區別

能力表徵	行為表徵
看得懂學校平面圖的圖示，並能依據平面圖指出自己的教室位置。	看得懂學校平面圖的圖示，但不能依據平面圖指出自己的教室位置。
描述地區的社會變遷時，能以圖表說明人口結構的改變。	能說「人口結構」的意義。
諸葛利用氣象知識形成打敗曹操、氣死周瑜的策略。	曹操、周瑜都具備氣象知識、但未能應用於赤壁之戰。
能將澎湖的自然與人文特色，例如藍天白雲、海水湛藍、冬天風強、討海補魚等，編成吸引遊客的廣告詞。	能說出澎湖的自然與人文特色，例如藍天白雲、海水湛藍、冬天風強、討海補魚等。

三、知識轉化成能力，情境要素的掌握至為重要

教師試圖根據能力指標進行課程轉化，若不能掌握能力指標內含之核心知識或技能可應用之情境，往往只掌握片段的知識，而見不到其中之脈絡與應用的意義，課程轉化形同無的放矢，因為能力乃適應情境或解決問題的表徵，欠缺「情境」因素（包含問題挑戰、思考與歷程引導等），無從設計教學活動、培養能力及評鑑能力表現。就如同學生可以學得關於澎湖的自然與人文特色的知識，但不見得能形成如「1-4-1 分析形成地方或區域特性的因素，並思考維護或改善的方法。」這樣的能力，除非教師在課程設計與教學過程中，塑造相關的問題情境，否則不容易掌握「能力」的意涵。

四、「能力指標」與「課程主題」的關聯意義

理論上，領域課程是由主題架構起來的課程，「能力指標」具有指示重要學習內容與方向的功能，所以課程轉化必須掌握課程主題與能力指標的連結關係。因此，從「能力指標」出發的課程轉化過程，

應同時以「統整的」思維，考量此能力指標與哪些重要議題有關？適合去探索、理解或處理哪些重要問題？即「能力指標適合『應對』的課程主題為何？」的思考。況且若能掌握這層關係，教師所提出的各種「問題與挑戰」，比較容易形成「導向主題精熟」的結構化或系統化「情境要素」，若加以適當的安排，即變成為「呼之欲出」的教學歷程。

參、能力表徵內涵

將知識要素、情境要素及表徵方式串連起，則正確的「能力表徵」即：能選擇有用的知識，以恰當的表徵方式，適切的表達其對問題（情境）的認知與態度，並有效加以處理的行為。由此可見「能力表徵內涵」至少包括：

1. 知識之選擇（事實、概念或通則）與應用（認知、推理、分析、綜合、評價等）。
2. 情境理解。學生面對問題情境的知覺與判斷。
3. 表徵方式之選擇與恰當的呈現（包括文字、圖像、影音、模型、實物等媒介，以口語、書寫、操作、展示、展演等，展現其能力，型態上也有個別與合作之分）等。

肆、致能活動

「致能活動」（enabling activities）即教學活動，教學以培養學生「獲致能力」為導向，包括心智、肢體、社會與情緒等不同性質的學習活動，根據「知識要素」、「情境要素」及「能力表徵內涵」進行安排，教學活動除了講授必要的知識與方法之外，更應注重引導學生獲得統整的學習。

第三節 「能力表徵課程發展模式」之課程轉化步驟與示例

從知識學習到能力獲得的課程設計，基本上就是提供從能力指標產出的重要知識（學習內容），引導學生應用這些知識去思考、處理、解決由相關能力指標所浮現之課程主題的課程設計觀念與方法。這種課程設計除知識之外，基本上包括：課程主題、引導問題、能力表徵內涵、致能活動（陳新轉，民 91a）。其主要步驟如下：

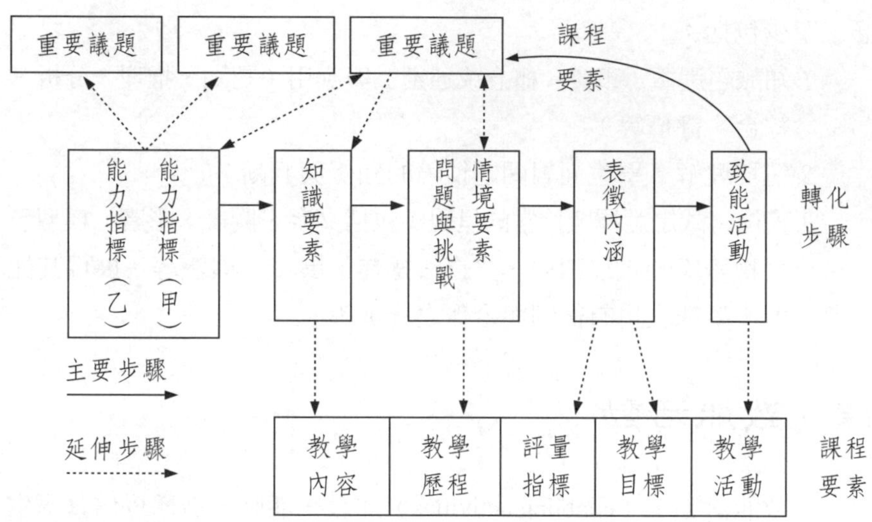

圖 2-3-1 「能力表徵」之能力指標課程轉化步驟

實線箭頭為主要步驟，依序為「知識要素」、「情境要素」、「表徵內涵」及「致能活動」。虛線箭頭為延伸步驟，代表四個主要轉化步驟所開展的內容，若往前延伸即可掌握的課程要素，主要步驟與延伸步驟之間是相互參照的關係。

表 2-3-1　能力表徵課程轉化表

<table>
<tr><td colspan="5">能力指標 ← 7</td></tr>
<tr><td colspan="5">1　　「應對」之課程主題 ← 6</td></tr>
<tr><td rowspan="2">能力表徵要件</td><td>知識要素
2</td><td>情境要素
3</td><td>表徵內涵</td><td>致能活動</td></tr>
<tr><td>知識要素包含知識與技巧
1.事實性知識：重要事實（人、事、時、地、物等）
2.概念性知識：概念、類型、策略、程序、條件通則等
3.方法性知識：前兩種知識用於推理、實踐者
4.期望性知識：前兩種知識用於形目標、價值者。</td><td>各種引導學習的問題與挑戰
1.問題與挑戰的性質
2.難易程度
3.格式與規則
4.表徵方式
— 4 →</td><td>預設學生的能力表現情形：
1.應用的知識、技巧
2.情境理解：對問題或挑戰情境之知覺
3.表徵方式與態度
— 5 →</td><td>促進學生獲致能力的各學習活動，包括：
1.心理的
2.肢體的
3.社會的
4.情緒的
5.統整的</td></tr>
</table>

壹、解讀能力指標，掌握重要知識內涵

「能力表徵課程發展模式」首要工作乃掌握能力指標之重要知識內涵。這項工作必須進行能力指標解讀，其具體操作方法與結果將於下一章做詳細討論。在此特別一提的是，九年一貫課程各領域皆以能力指標指示基本學習內容、範圍和能力表現水準，實不應該被批評為「知識虛無主義」，問題是課程設計者與教師能否充分理解每一條能力指標所指涉的知識內涵，其中可能包含重要概念、通則、命題、方法等，進而提供適當的教材與教學活動。由於新課程的理念之一即強調「賦權增能」的觀念，將部分的課程自主權與決定權開放給學校與教師，故能力指標解讀結果必定會出現不一致的情形。教師們應該適應「賦權增能」的觀念下的多元與差異現象，因為這是激發豐富性與創造性的必要條件。不過，能力指標解讀是為了課程設計，而課程設

計有所謂的「泰勒定律」（Tyler's Rationale），選擇學習內容是其中之一。故在觀念上，能力指標知識內涵的分析是為了選擇學習內容，而不是建立「學科知識系統」。當然，能分析出豐富的知識內涵才有選擇的餘地，但是只顧發展忘了「選擇」、「提升層次」及「可學習」等因素，能力指標的知識解析往往變成在建立「知識系統」，而偏離設計課程的意義。

貳、導向能力獲得之課程設計

當教師能夠掌握能力指標的知識內涵之後，接下來是導向能力獲得的課程設計，其步驟如下：

一、將知識導向適合去應對之重要課程主題

教師可根據能力指標解讀所產出之重要知識，將它導向適合這些知識去處理或應用的重要問題。為了簡化與避免學習內容重複與繁瑣，更理想的方式是透過統整思考，將有所關聯意義明顯的能力指標整合起來，指向共同的主題。

二、根據課程主題發展引導性的問題

課程主題意涵夠豐富常包含若干子題或次概念（參見表 2-3-1 與圖 2-3-1 之示例），課程設計宜轉化成問題探討，學生的能力表現就在教師提示的問題或學習任務的挑戰下，能選擇有用的知識，以恰當的表徵方式，適切的表達其對問題（情境）的認知與態度，並有效加以處理的行為表現。這時候教師必須清楚(1)問題與挑戰的性質；(2)難易程度；(3)格式與規則；(4)表徵方式。

三、根據引導性問題的脈絡與邏輯，選擇、組織相關概念性知識

從能力指標解讀出來的知識為學生探索問題所須之資源與工具，

應按照「學生探索問題的脈絡與邏輯」組織起來，使成統整的學習內容。

四、設定「能力表徵內涵」

「能力表徵內涵」乃預期學生當教師提出問題與挑戰後，學生可能如何表徵其對問題的理解與知識的應用。這時教師需考量知識、情境與學習者三種要素，此乃訂定教學目標與評量指標的奠基工作。就學習者而言，其「能力表徵內涵」至少包括：

㈠知識之選擇（事實、概念或通則）、理解與應用（認知、推理、分析、綜合、評價等）。

㈡情境理解。學生面對問題情境的知覺與判斷。

㈢選擇恰當的表徵方式。包括文字、圖像、影音、模型、實物等媒介，以口語、書寫、操作、展示、展演等，型態上也有個別與合作之分。

五、設計「致能活動」（enable activity）

致能活動即引導學生應用相關能力指標包含的核心概念知識去「應對」、「去處理」這些重要議題或問題，透過課程主題中的問題情境考驗，經由思考、推理、觀察、模仿、操作、體驗、展示、做決定、問題解決等學習活動。試以 9-4-2、9-4-1、9-4-3、2-4-2、3-4-4 等能力指標為例，設計一導向能力獲得之課程如表 2-3-2。

參、能力表徵課程轉化模式示例

表 2-3-2 以能力指標 9-4-2 為例（教育部，民 92），所為之「能力表徵」課程轉化。由於這條能力指標的意涵很明顯的指向「文化交流」的議題，故導向以精熟「文化交流」的問題與挑戰，也將是發展「情境要素」的重要參考。「知識要素」包括重要事實（事實性知識）、概念與通則（概念性知識）、方法性知識與期望性知識；「情境要素」乃是教師為掌握學生對重要知識的理解與應用情形所設計的問題與挑

表 2-3-2 整合社會學習領域能力指標導向「能力獲得」之課程設計示例（局部）

<table>
<tr><td colspan="6">9-4-2 說明不同文化之接觸和交流如何造成衝突、合作與文化創新。
9-4-3 說明強勢文化的支配性、商業產品的標準化與大眾傳播的廣泛深入如何促使全球趨於一致，並影響文化的多樣性和引發人類的適應問題。
9-4-1 評估各種關係網路（如交通網、資訊網、人際網、經濟網、政治圈、語言等）的全球化對全球關聯性造成的影響。
2-4-4 了解今昔台灣、中國與亞洲、世界的互動關係。
3-4-4 說明一個多元的社會為何比一個劃一的系統，更能應付不同的外在與內在環境。</td></tr>
<tr><td colspan="6">「應對」之課程主題：文化交流在台灣</td></tr>
<tr><td colspan="3">知識要素</td><td>情境要素</td><td>表徵內涵</td><td>致能活動</td></tr>
<tr><td>事實性知識</td><td>事實</td><td>1. 台灣的原住民文化。
2. 荷蘭人引進水牛、蔗糖與基督教……。
3. 明鄭引進中原文化。
4. 日本殖民統治引進現代化的思想與制度。
5. 國民政府遷台初期的文化衝突（二二八事件）。
6. MIT 風行世界——台灣的經濟奇蹟。
7. 哈日、韓流、美國風。
8. 本土文化走入國際舞台。</td><td rowspan="2">1. 即席問答、操作情境
1-1 以某種文化特徵，說明台灣多元文化現象。
1-2 對某種文化的簡單評價。
2. 延宕思考、操作情境。
2-1 報告原住民成年禮的含意。
2-2 文化多元的優缺點
3. 問題解決與實踐情境。
3-1 擬訂「哈日現象」之研</td><td>1-1-1 以口語或文字能掌握事實性與概念性知識。
以語言、人種、生活方式之差異為例，說明台灣多元文化現象。
1-2-1 能應用相關知識維護自己的價值選擇。
能指出某種文化的豐富性，解釋自己對該文化的喜好。</td><td rowspan="2">講授「多元文化」、「文化交流」、「文化變遷」、「多元化社會」的基本觀念。
指導蒐集台灣四大族群的相關資料。
指導「哈日現象」之研究計畫。</td></tr>
<tr><td>概念性知識</td><td>概念</td><td>1. 多元文化。
2. 文化交流。
3. 文化變遷。
4. 多元化社會。</td><td>2-1-1 能以多元方式應用事實性與概念性知識。
2-1-2 具有蒐集資料、組織以及綜合表達之能力。</td></tr>
</table>

（下頁續）

（續上頁）

通則	*1.* 文化是分區並存、多元並進且各具特色。 *2.* 追求更豐足的物質與精神生活是文化交流動機。	究計畫。 3-2 「文化交流活動」之實踐。 (1)如何維護本土文化。 (2)實際學習不同族群的語言。 (3)本土傳統藝術（色彩、圖案、造形、音樂等）之創新與應用。	蒐集相關資料，以口語、文字和圖片，報告三種本土成年禮。 2-2-1 能舉事實比較文化多元的優缺點。	
知識應用（形成方法）	*1.* 了解匯聚多元文化的條件。 *2.* 了解造成文化衝突的原因。 *3.* 如何接納、欣賞不同文化。 *4.* 了解促成「多元化社會」的條件。		3-1-1 應用方法性知識獲得對某種文化的了解深度與廣度。 3-1-2 展現活動參與程度。 透過小組合作，擬定研究計畫（研究問題與研究步驟），並作報告。 3-2-1 運用期望知識，展現欣賞、融入與創新技能與情感。 3-2-2 應用期望性知識，展望族群文化融合的未來。 以圖文、實物展示或以展演方式呈現文化融合與創新的具體意象。	
知識應用（形成價值）	*1.* 對某種文化好惡及其理由（迷思與偏見）。 *2.* 對文化融合與創新的期許。			

戰，是動態的，變異性大，此處是根據教師的「提問」及「要求」如何表現兩種因素加以區分，此時的「情境要素」包括：即席問答、操作情境；延宕思考、操作情境；問題解決與實踐情境等，若加上個別

的或合作的因素，情境就更多；「表徵內涵」是教師根據前項要素「預期」學生應如何表現「能力」，包括對情境的知覺、選用之知識與技巧、表徵方式；「致能活動」乃綜合前三項要素所決定之教學活動。本示例意在提供將能力指標轉化成課程內容的「參考架構」，各部分內涵的充實有待使用者自行發展。

第四節

「能力表徵課程發展模式」相關細節說明

關於「能力表徵課程發展模式」若干細節問題說明如下：

參、知識層次與類型之轉化

「能力指標」之課程轉化，掌握知識內涵為首要工作。社會學習領域能力指標的知識內涵包括：「事實」、「概念」、「通則」，前項為「事實性知識」，後兩項合併為「概念性知識」，當知識應用在形成理性的策略、程序與方式的情境時，稱之為「方法性知識」；若知識用在形成價值判斷、假設與期望的情境時，稱之為「期望性知識」，故本文將知識類型區分為事實性、概念性、方法性與期望性四種。

一般而言，基於教學應提高學生對知識之理解層次，比較通俗方式是將知識區分「事實」、「概念」、「通則」即可。轉化時，建議先應掌握能力指標之「主概念」，再逐步發展出「衍生概念」、「通則」及「重要事實」，進而加入「時空座標」，即可獲得豐富的知識內涵。以編號「9-3-2」能力指標（教育部，民92）為例，找出主要概念「文化交流」之後，發展出如下之課程架構（見表2-4-1）。

表 2-4-1　以「文化交流」為核心之課程架構

<table>
<tr><td colspan="4">9-3-2 舉出因不同文化相接觸和交流而造成衝突、合作與文化創新的例子。</td></tr>
<tr><td colspan="4">主要概念：文化交流。
衍生概念：多元文化、文化變遷。
通則：
1.文化是分區並存、多元並進、各具特色的。
2.追求更豐足的物質與精神生活是文化交流動機。
3.不同文化之間可能具有互補性、衝突性。
4.文化交流與接觸的結果可能造成互相衝突與調合的結果（文化變遷）。
5.文化交流的態度影響文化交流的結果。</td></tr>
<tr><td colspan="4">時空／重要事實</td></tr>
<tr><td rowspan="2">空間</td><td colspan="3">時間</td></tr>
<tr><td>古代</td><td>近代</td><td>現代</td></tr>
<tr><td>台灣</td><td>原洋、原漢衝突、台灣走入國際舞臺。</td><td>荷蘭—進水牛、蔗糖、基督教。
明鄭—中原文化。
日本—現代化思想與制度
閩客、漳原衝突。
馬偕傳教……</td><td>二二八事件、MIT台灣經濟奇蹟。
崇美、哈日現象。
本土化與國際化。
加入 WTO……</td></tr>
<tr><td>中國</td><td>張遷通西域、佛教東來、玄奘取經、火藥印刷術西傳、鄭和下西洋、利馬竇……</td><td>雍正禁教、列強入侵。</td><td>五四運動、改革開放、兩岸交流、加入 WTO。</td></tr>
<tr><td>世界</td><td>基督、回教文明的擴張、海權興起……</td><td>帝國主義、殖民主義、白人負擔……</td><td>資訊時代、WTO、全球化……</td></tr>
</table>

貳、概念之延伸轉化

能力指標往往蘊含重要概念性知識，是不可或缺的學習內容，而且應該延續、循環出現。但是重要概念總是比較抽象或含義太豐富，如何處理成「能提升層次」且「可學習」的內涵，而要做延伸轉化，其方式大致可分三種：一是「樹枝狀」的層次轉化；二是「發展階段」的層次轉化；三是「網狀」的層次轉化。

一、樹枝狀的層次轉化

例如「全球化」（能力指標 9-4-1）概念再發展出次級概念：「關係網路」、第三層次概念「資訊網」。

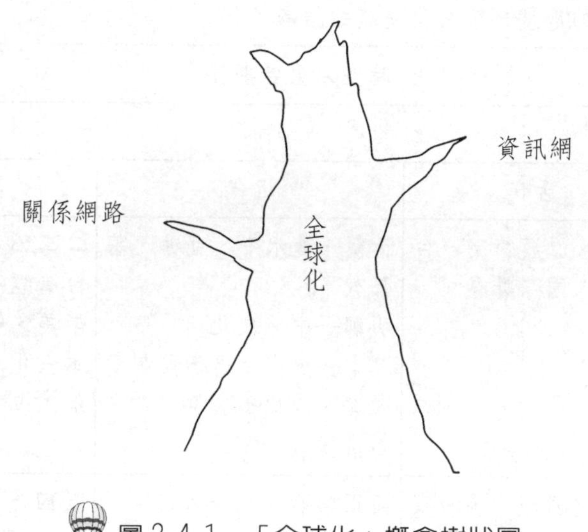

圖 2-4-1　「全球化」概念樹狀圖

二、發展階段的層次轉化

核心概念也可針對學生的心智發展層次轉化，以「全球化」為例，對第一學習階段的學生可能是從「玩偶」、「麥當勞」的流行入手，第二學習階段學生可以從「網路」、「通訊」入手，第三學習階段則可以從「文化交流」入手，第四學習階段則可談「全球化衝擊」、「地球村」的觀念（參見表 2-4-2）。

表 2-4-2　「全球化」概念之階段性轉化

全球化	第一階段（個人層次）：「流行物」
	第二階段（社會層次）：「網路」、「通訊」
	第三階段（國家層次）：「文化交流」、國際化的問題。
	第四階段（世界層次）：「全球化」衝擊、地球村（國際秩序、國際組織、人類共同問題（環保、疫病、人權……）。

三、螺旋式的轉化

找出垂直貫串各學習階段能力指標的主題或核心概念，進行「螺旋式」課程轉化，提供加深加廣的重複學習機會，是促成各學習階段互相銜接最有效的方法，此乃課程設計之理想。以「家庭」概念為例，其螺旋式轉化課程大綱如表 2-4-3。然後再應用「能力表徵轉化模式」將課程大綱轉化成課程內容。

表 2-4-3　以「家庭」為核心概念的螺旋式轉化課程大綱

核心概念	第一階段	第二階段	第三階段	第四階段
家庭	我的家 (1)認識家人與家族。 (2)認識住家環境。	家庭生活（家庭分工、互動、家庭休閒）。	家庭變遷（家人的變遷、遷居、生活方式的變遷）。 家庭聯絡網（人際網絡、交通網絡、通訊網絡）。	家庭組織與功能 家庭生計（家庭經濟、消費）。 親子關係。 家庭的兩性關係。

參、建構能力表徵之情境要素

根據「能力指標」去建構「情境要素」，表示教師必須綜合知識要素及學生要素（學生之先備知識、能力、需求等），導向培養能力的學習目標而安排的一系列問題與挑戰。一般而言，教師可針對該能力指標下所必須學習的重要知識，安排各種問題與挑戰，也可進行「超能力指標」的轉化，分兩個階段掌握情境要素：

第一階段

教師首先應思考該項能力指標可「應對」（去理解、探索或問題解決等）何種議題——意即在何種課程主題或單元主題下，展現其所示之能力。

第二階段

教師根據課程主題精熟學習之需要，設計各種「問題」或「作業」，引導學習者應用知識去思考、操作、形成價值，在精熟課程主題的學習過程中，同時達成培養能力的目的。

肆、從預設「能力表徵內涵」到決定教學目標與評量指標

理論上「能力指標」是能力取向、必須某一學習階段內「育成」的教學目標，不是完成某單元教學後，必須「即時」達到的教學目標。因此，預設「能力表徵內涵」之後，應繼續延伸步驟，才能決定具體的教學目標與評量指標。

伍、評鑑指標之轉化

當教師針對學生之「能力表徵內涵」加以評價，則需要從「知識內涵」、「情境因素」及「表徵內涵」相互配合的角度去考量。其中除了學生能力表徵的知識內涵，還須斟酌學生的能力表徵在問題情境下的適切性、精確性與有效性。教師依所施之問題與挑戰的性質、要

求水準與規格、學生程度、表現情形，對其表徵內涵做綜合研判，從中了解學生對問題的理解、情境的掌握、知識與技巧的應用情形，評析其表現方式是否適當、評價其結果是否令人滿意。不過這方面有兩個難題，一是能力不是一蹴可成的，其「階段性」的順序為何？細探之下工程耗大；二是標準何在？彈性原則如何拿捏？因為學生的能力表現與教師的教學方式及當下的師生互動情形有密切關係。這兩方面都有實際上的困難，更何況學生出現不與「標準」一致反應時，可能是學生的創意與潛能，如何判斷考驗教師的專業能力，遺憾的是這方面教師大都是失敗的。但學習不能沒有評量，評量不能缺少「參照」依據，因此回到一般評價行為反應「恰當表現」的原則下，不失為中庸的措施。從「能力」的觀點而言，合乎某一項能力指標的「適當表現」包括三方面：一是知識表徵與應用的「適切性」；二是學習、操作方法與程式的「精確性」；三是結果的「有效性」。

一、適切性

檢視學生在某種問題或挑戰下，其行為表徵在知識應用與操作方式上，能針對問題、考量情境，展現合乎其心智發展的知識理解、應用及價值判斷、信念維護及專注程度、參與程度等。

二、精確性

精確性意指所採取的思維與行動確係針對問題與情境之需要，方向正確、尺度適中，沒有「亂槍打鳥」與「大炮打小鳥」的缺失，若能關注歷程中的各種關係（脈絡）則更屬難能可貴。

三、有效性

有效性是指能有效解決問題、獲得解答、達成預期目標、取得進步的基礎。

3

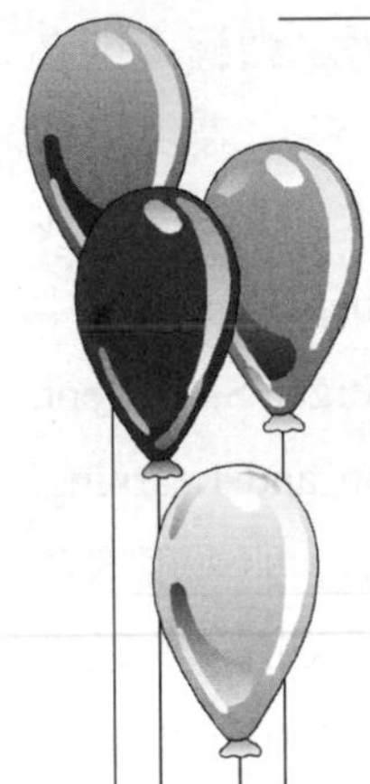

能力指標詮釋解讀方法之研究

第一節

從能力指標出發的必要性

九年一貫課程以能力指標作為七大領域與六大議題課程綱要的主體。故無論是為了實踐課程目標、學校有意發展校本課程（school-based curriculum）、建立選用教科書的基準（criterions）、對坊間教科書進行必要的增刪修改，或者是針對九十四年的基本學力測驗，教師會不會解讀能力指標以及理解方向是否正確，將決定整套課程目標與理念是否被落實。隨著九年一貫課程推動的進程，教師與家長對課程關注的焦點，從關切各版本教科書開始轉向如何掌握能力指標。

以國外推動新課程經驗為參考，通常在「賦權增能」的精神下，對於課程內容雖然不做太具體的指示，但是關於如何理解、使用課程綱要中的各項目標、標準、指標等，以便自行發展所需之課程，則必定提供理解與應用的原則說明，例如說明指標之下的各項表現指標（performance indicators）的性質與類別，以何種方式進行教學（Tennessee State Dept. of Education, 2002）；或註明指標（benchmarks）中主要概念知識的出處、來源、分類及其教學策略（Michigan State Dept. of Education, 2000；Mid-Continent Research for Education and Learning, 2000）；或將課程標準（standards）、指標（benchmarks）與表現事項形成某種組合，用以探索特定主題（themes）、技能（skills）、知識（knowledge）（Delaware State Dept. of Public Instruction, 2001）；或針對基本能力之意義及其如何用以發展課程，提供詳細的應用說明（North Carolina Department of Public Instruction, 2000）。在中國，於 2002 年推出統整取向的「歷史與社會課程標準實驗稿」，為協助教師理解課程標準，乾脆再出版兩冊「解讀」，針對每一章節的目標、內容標準與活動建議、典型案例，都做出詳細說明與舉例（韓震、梁俠，2002）。

反觀我國九年一貫社會學習領域課程綱要為協助教師理解、解釋

與應用能力指標，提供⑴九大主題軸的邏輯關係〈說明〉；⑵更抽象化的〈主題軸內涵〉、〈能力指標與十大基本能力的關係〉；⑶具體的《課程計畫與教學活動設計示例》等，但是並沒有提供如何正確掌握能力指標之知識內涵或進行課程轉化的原則性說明（教育部，民92）。當學校教師試圖自行解讀能力指標以便產出所需之課程要素，包括教學目標、內容與活動時，仍然不得其門而入。

壹、對於社會學習領域能力指標的理解充滿迷思

理論上能力指標既然是供全國教師自行發展課程之用，應該寫得人人皆能理解，探討解讀方法似乎多此一舉。然而經過深入探討之後卻發現有許多深刻的意義必須發掘，困惑之處必須釐清、細膩之處必須補充。

依據陳新轉（民91a、91b）的研究發現，社會學習領域能力指標本身以及解讀者的課程目標觀念有落差，使得能力指標解讀方法成為不能忽視的研究課題。

一、社會學習領域能力指標的「能力」觀念未獲關注，造成能力指標解讀的迷思

目前解讀社會學習領域能力指標最大的問題是直接套用Bloom的教學目標分類觀念，將能力指標分成認知、情意與技能三種能力指標，實有扭曲能力指標性質之嫌。

筆者曾以「諮詢委員」的角色參與「社會學習領域課程研究小組」一年之久，知道研究小組是以「能力」的觀念，而不是以Bloom的教學目標分類觀念討論能力指標。因為《九年一貫課程總綱》所指示之具體教育目標是培養「十大基本能力」，《社會學習領域課程綱要》與其他六大學習領域共同承擔這項使命，接續發展各領域的課程目標與能力指標。「能力指標」乃指示重要學習內容，以及某種能力表現

應有的內涵與表現水準的命題。基本上，它是一種「能力導向」的「課程目標」，因此我們應該從「能力」的角度其思考學生的學習成果，也必須從「能力」的觀點去解讀能力指標的內涵，跳脫傳統「教學目標」的思維，將焦點投向「培養能力」、「激發能力」的課程轉化與發展。

換言之，直接套用 Bloom 的觀念去理解能力指標的性質必須謹慎，更不宜因為能力指標前面使用的動詞而將它區分認知的、技能的或情意的能力指標。但是外界在解讀社會學習領域能力指標時，仍不自覺的套用傳統教學目標的觀念，自動將能力指標分三種，各占若干比率且據以判斷社會學習領域課程情意的能力指標不足（黃素貞，民92）。最近由「九年一貫課程推動小組」向教育部提出的一份關於學習成就評量指標的研究報告（林世華，民93），就是先從動詞區分能力指標的能力表現性質，這種能力指標性質的理解與課程研究小組的觀念有差距。如果這份跰究報告的結論被用於94年的基本學力測驗，將因為紙筆測驗無法評量情意的表現，被劃為情意的能力指標，只好排除於基本學測的命題範圍之外。這將導致課程、教學與評量不能配合的問題，若不設法透過對話溝通取得共識，很難想像94年基本學測之後，九年一貫社會學習領域課程會被導向何方。在此呼籲教育部主其事者應重視這個問題的嚴重性，及早採取對策，可別只注意「九年一貫」卻忽略「課程、教學與評量的一致」，否則課程改革到頭來可能只是一場空。

二、以「動詞＋知識內涵」的格式敘寫，未說明能力指標的特殊屬性，使外界將「行為目標」與「能力指標」混為一談

除了少數幾條能力指標，例如「5-4-4 在面對個體與個體、個體與群體之間產生合作或競爭的情境時，能進行負責任的評與取捨」之外，能力指標之敘寫大致上是採行為目標的方式敘寫——「動詞＋知識內涵」，例如「6-4-3 說明司法系統的基本運作程序與原則」。相較於語

文領域的能力指標的凸顯能力表現的敘寫，例如「C-3-4 能自然從容發表、討論和演說。」、「E-3-8 能配合語言情境，理解字詞和文意間的轉化」比較容易被視為一種認知的、技能的或情意的「行為目標」觀念下的教學目標。

三、九大主題軸各自敘寫，知識內涵的敘述型態不一，導致解讀上的困惑

仔細分析，社會學習領域能力指標知識內涵的敘述型態至少可分成五種類型：

⑴「動詞＋歷史學習範圍」。第二軸「人與時間」幾乎全是這種格式（林淑慈，民 90），例如「2-4-1 認識台灣歷史（如思想、文化、社會制度、經濟活動與政治興革等）的發展過程。」（教育部，民 92）。這類能力指標基本上在指示特定的歷史知識學習範圍。

⑵「動詞＋概念知識」。例如「1-4-4 探討區域的人口問題和人口政策。」、「7-4-4 舉例說明各種生產活動所使用的生產要素。」（教育部，民 92）。

⑶「動詞＋現象描述」。「7-4-5 舉出政府非因特定個人使用而興建某些工程或從事某些消費的例子。」（教育部，民 92），需要加注概念名稱「公共財」才清楚其意思。

⑷「動詞＋通則」。第八軸幾乎是這種敘寫方式，例如「8-4-1 分析科學技術的發明與人類價值、信仰、態度如何交互影響。」（教育部，民 92）。這類型態能力指標通常表敘兩種「變項」之間的關係。

⑸「公民實踐式」的敘寫。例如「5-4-4 在面對個體與個體、個體與群體之間產生合作或競爭的情境時，能進行負責任的評估與取捨。」（教育部，民 92）。這類能力指標的旨趣在於「公民素質」的具體表敘，例如「理性溝通」、「尊重與包容」、「問題解決」等。

貳、解讀社會學習領域能力指標的專業能力不足急待充實

國民中小學九年一貫課程以培養「十大基本能力」為具體課程目標，將課程規劃成七大領域與六大議題，各領域與議題的課程綱要則只提供「能力指標」而不是具體詳實的課程計畫與教學內容（教育部，民92）。這樣的課程規劃是假設：「全體教師都會關心與理解教育部頒的各領域能力指標」，社會學習領域亦然。如此重大的變革對教師的專業能力是一大挑戰，其用心在於透過「賦權增能」的課程規劃，誘導教師依據能力指標，自行發展課程，從課程「使用者」的角色，轉變成課程「設計者」與「發展者」的角色。但是，教師所需的關鍵性專業能力——解讀能力指標，則仍未建立。

「解讀」能力指標不只是「看得懂」，而是能掌握能力指標內含的主要概念性知識，據以選擇、組織適當的教材與教學活動，能將學生的學習從知識理解延伸到能力獲得。社會學習領域教師具備這樣的專業能力嗎？委實令人懷疑。傳統上教師都是扮演「課程使用者」的角色，而不是課程設計者或發展者的角色，所以關心坊間提供的教科書，遠多於對能力指標的關心；其次，比較新舊課程，社會學習領域課程九大主題軸能力指標內涵，不但融入演化、混沌、複雜與多元價值等哲學觀（詹志禹，民88），其中第三軸「演化與不變」、第八軸「科學、技術與社會」、「全球關聯」都是新興議題。教師們能否理解、解釋與應用社會學習領域能力指標，進行課程轉化？這些問題都值得吾人深入了解以求對策。

參、能力指標是選編教材與發展校本課程的依據

教師無論評選或自編教材，發展校本課程時，理論上都必須回歸

能力指標。就選編教材而言，涉及教科書評鑑作業。根據教育部（民92）公布的評鑑指標，「能有效達成社會學習領域的分段能力指標」、「各主題軸分段能力指標能在各年級（學期）中逐步完整達成」都是其中的重要項目。九年一貫課程以能力指標是七大領域與六大議題課程綱要的主體，無論是為了實踐課程目標、學校有意發展校本課程（school-based curriculum）、建立選用教科書的基準（criterions）、對坊間教科書之不足與不適之處，進行必要的增刪修改，能力指標的解讀與分析都必備的一項專業能力。

肆、教材與能力指標有明顯落差

分段能力指標為課程計畫、教學大綱、教材之選編的依據，但各版本教材與能力指標卻存在明顯的落差。

一、「對應關係」課程發展模式之檢討

自從課程綱要公布之後，教科書出版商與學校教師投入課程設計、發展教材者，不勝枚舉、成果豐碩。但是無論教師團隊的課程設計能力指標與教材連結幾乎都是「對應關係」（to correspond with）的課程發展模式，如圖 3-1-1 所示。換言之，先決定教學目標與教學內容再找尋相關能力指標進行配對，並未對能力指標進行課程的解讀，只是就其「語義」而判斷是否與教學目標有所關聯。

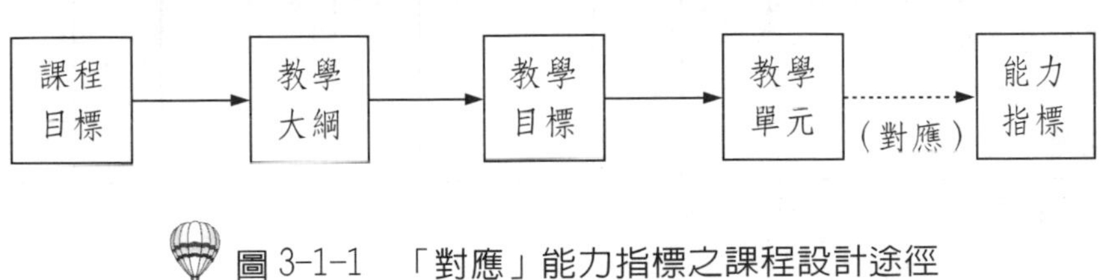

圖 3-1-1　「對應」能力指標之課程設計途徑

圖 3-1-1 是台北縣十分國小在該校印行的「試辦成果集」中的實例，為「對應模式」的典型範例，從課程主題、教學單元、教學與評

量目標、「對應」能力指標一路發展下來，教學目標與教學內容相互配合，本示例之課程發展程序原無可厚非，但是就教學目標與能力指標之關聯意義而言，先定教學目標再找相「對應」的能力指標，總有些「先射箭再畫紅心」的味道，何況「對應關係」可能很鬆散、牽強，因為教學目標與教材內容只要稍稍觸及能力指標，即可謂兩者有「對應關係」，如此一來能力指標有被「支解」的危險。由表 3-1-1 可知，教學目標固然觸及社區及學校環境的學習，就對應關係而言，兩者因為有關聯這項教學活動可以被接受，但是能力指標所指涉的另一項重點「社區與學校環境的歷史變遷」，顯然不在單元教學目標之內，若非經過能力指標的解讀與分析，很可能不知道該應以補足。

表 3-1-1　國小生活課程能力指標、主題單元教學目標雙向檢核表（節錄）

單元目標 \ 能力指標	主題名稱	世界真奇妙									
	單元名稱	美麗的大自然									
	教學目標或評量目標	了解社區的意義	能感受鄉村和都市的不同	知道住家附近的和種商店	能認識社區的各種活動	能了解社區和環境的關係	能知道社區有哪些問題產生	能知道自己社區的優缺點	能規劃心目中的理想社區	能愛自己的社區	能美化環境
1-1-3（社 2-1-1）了解社區及學校附近環境的歷史變遷		※				※	※	※		※	

資料來源：台北縣十分國民小學。

二、各版教材與能力指標相關性之檢討

根據吳俊憲（民 91）的研究指出，訪談四家出版社都是先擬訂

「課程大綱」再發展細目，然後進行教材與教學活動編寫，經過修稿、定稿、美編、送審的程序，只有一家提到「寫完教學活動之後，再找出對應的能力指標」，其他三家甚至沒交待能力指標在課程發展過程中的作用。

根據國家教育研究院研究員秦葆琦（民91a、91b）的研究發現，屬於社會學習領域的國小生活課程教科書，南一、康軒與光復（90年版本）三個版本，在一上、一下與二上三個學期各單元所列舉的教學目標確實與能力指標相關（配合度）的比例，分別是46.21%、28.17%、43.33%；32.6%、38.35%、28.50%；32.5%、40.16%、42.56%。南一與康軒版社會學習領域教科書四上與四下的配合情形則分別為85.71%、88.89%；56.82%、58.62%，兩者的差異可能來自所列舉的能力指標數量的多寡，南一版為十四條與九條，康軒版為四十九條與二十九條，所以看起來兩者配合度高。秦葆琦（民92）又進一步分析康軒版四個學期的生活課程教材，發現能力指標與教學目標配合情形不理想，比例為30.32%，而將原因歸諸於未先進行「能力指標的解讀」。

這種情況令人懷疑目前各版教科書能否成為達成能力指標之有效的工具？根據陳麗華（民92）的研究發現，目前使用中的社會學習領域教材都有列舉能力指標卻未真正實在教學目標的情形，例如仁林版九十一學年七上第四章第三節，教師手冊列出單元教學目標與六條能力指標有關，但其中除了2-4-1（註：此為90年版的能力指標），其他五條能力指標都沒有落實為教學目標，換言之，教學目標導向與能力指標無關。（見表3-1-2）其實這種現象相當普遍，南一、康軒、翰林各版都有相同的問題（參見表3-1-3~5）。

表 3-1-2　能力指標「對應」教學目標實例（仁林版七上）

章節	教學目標	能力指標	備註
第四章 探索追尋溯從前 第三節 承先啓後	1. 說出「三代」的意義。	1-4-1 分析形成地方或區域特性的因素，並思考維護或改善的方法。 1-4-2 分析自然環境、人文環境及其互動如何影響人類的生活型態。 1-4-3 分析人們對地方和環境的識覺改變如何反映文化的變遷。 2-4-1 認識中國歷史發展過程中的思想、文化、社會制度、經濟活動與政治興革等。 2-4-4 比較人們對歷史的不同說法和不同解釋。 2-4-5 從演變與革命的觀點，分析歷史的變遷。	除2-4-1，其他五條能力指標都沒有落實為教學目標，換言之，教學目標導向與能力指標無關。
	2. 說明夏代的文化代表。		
	3. 介紹商代的文化成就。		
	4. 說出周公對周朝的貢獻。		
	5. 籍由三代歷史的更迭，體認「承先啓後」與「殷鑑不遠」的反省與傳承的精神。		

註：本表所列之能力指標為教育部（民 90）年版的能力指標。

表 3-1-3　能力指標「對應」教學目標實例（南一版七上）

單元	教學目標	能力指標	備註
單元八 高高低低的世界	1. 說出地形的定義。	1-4-1 分析形成地方或區域特性的因素，並思考維護或改善的方法。	1-4-2 與 1-4-7 沒有落實為教學目標。
	2. 了解台灣島形成的作用力。		
	3. 了解台灣五大山脈形成的過程。		
	4. 說出改造地貌的內營力。		
	1. 說出台灣主要的地形。	1-4-1 分析形成地方或區域特性的因素，並思考維護或改善的方法。	
	2. 說出台灣主要地形的分布。		
	3. 舉出台灣豐富的各式地形景觀。		
	4. 歸納出台灣海岸景觀的特色。		
	1. 說出表示地形的方法。	1-4-2 分析自然環境、人文環境及其互動如何影響人類的生活型態。 1-4-7 說出對生活空間及周緣環境的感受，願意提出改善建言或方案。	
	2. 說出等高線的定義。		
	3. 繪製地形解剖圖。		
	4. 繪製地形分層設色圖。		
	5. 閱讀各類地形圖。		
	6. 分析各類地形圖的特性。		

表 3-1-4　能力指標「對應」教學目標實例（康軒版七上）

章節	教學目標	能力指標	備註
第三章 政治活動 第一節 政府的組成	認知 1. 說出政府的意義。 2. 簡述我國政治制度的特色。 3. 簡述中央政府組織首長及成員的形成方式。 4. 說明中央政府組織的職權及其分權制衡的方式。 5. 了解政府權力來自於人民。	6-3-1 說明我國政府的主要結構與功能。 6-4-2 以歷史及當代政府為例，分析制衡對於約束權力的重要性，並推測失去制衡時權力演變的可能結果。 6-4-5 探索民主政府的合理性、正當性與合法性。	6-4-2 沒有落實為教學目標。
	情意 1. 能培養關心政府組織的積極態度。 2. 能體會人民是國家主人的意義。		
	技能 1. 能覺察中央政府組織的改革與變動。		

表 3-1-5　能力指標「對應」教學目標實例（翰林版七上）

章節	教學目標	能力指標	備註
第一篇 我們的生活空間 第一單元 我家在這裡	1. 能認識並描述居家生活環境。	1-3-4 利用地圖、數據、坐標和其它資訊，來描述和解讀地表事象及其空間組織。 1-4-2 分析自然環境、人文環境及其互動如何影響人類的生活型態。 1-4-7 說出對生活空間及周緣環境的感受，願意提出改善建言或方案。 4-4-1 想像自己的價值觀與生活方式在不同的時間、空間下會有什麼變化。	1-4-7 與 4-4-1 沒有落實為教學目標。
	2. 能辨別自然環境和人為環境的差別。		
	3. 能培養在日常生活中敏銳的觀察力。		
	4. 從觀察中學會判斷事物的差異。		

另外，薛慶友（民92）分析光復、南一、康軒、翰林等版本社會學習領域國小第三冊教科書，發現各版本教科書所呈現的能力指標內涵甚為多元分歧，差異甚大，部分內涵則與能力指標所涵蓋的概念不相符合；在教學中為確實達成能力指標的內涵，仍有待教師在教學內容與評量方式上，自行增刪修改，始能成為適當的教學活動。

伍、能力指標是基本學力測驗與學習成就測驗的依據

教育部已明白宣示，九十四學年度的基本學力測驗，將以能力指標為命題依據，而盡量以各版本教科書雷同的教材內容為題材，換言之，以教科書為材料去評量學生是否具備能力指標所要求的能力表現。由於這項測驗成績攸關升學，教師掌握能力指標的專業能力、教材是否與能力指標密切相關，勢必引起教師、家長與學生的關切。另外，為檢視新課程實施成效，教育部必然會實施抽測性質的學習成就測驗，那麼教師會不會解讀能力指標以及理解方向是否正確，將決定整套課程目標與理念是否被落實。但是從文獻探討得知，社會學習領域教師對於能力指標的解讀能力，諸如理解能力指標的主要概念知識、能力指標之間的統整關係、應用能力指標自行設計課程的狀況等，尚未出現完整的研究報告。

陸、不能讓社會學習領域變成無知、缺德課程

由於未對於社會學習領域能力指標的性質提出充分的說明，導致教師以傳統認知、技能與情意之目標觀念，去理解能力指標，由於對能力指標的屬性認知錯誤而造成兩大誤解：九年一貫課程是「無知」與「缺德」課程，意即忽視知識學習，情意的能力指標比例太少。因為在能力指標的敘述中往往看不到知識內涵，或找不到所謂「情意的」

能力指標。其實這是錯誤的認知，能力指標經過解讀與課程轉化，就能產出豐富的學習內容，此點在第二章已詳細說明。

第二節　社會學習領域能力指標解讀方法之評析

壹、解讀方法文獻探討

如何從解讀（translate）課程標準或能力指標的過程，產出為教學所需用於實現課程標準或指標的課程要素，國外可供參考的示例如本章第一節所說，都是在課程標準或課程綱要中提供類似「使用說明」的原則，但如何自行詮釋、理解與應用的方法，文獻上相當少見。Douglas E. Harris 與 Judy F. Carr（1996）共同發展之「標準取向」（standards-based）模式，主張從課程標準、能力指標展開的課程要素，「應該」包括重要知識與技能、教學活動與評量的依據，但是並沒有說明該「如何」解讀、產出這些課程要素以供選擇。

一、能力指標細項分析

九十一年一月二十九日台北市教師研習中心舉辦「九十學年度國小九年一貫課程教學活動設計研習班」，與會教師以「能力指標細項分析」方式解讀能力指標。基本上，這種方式是「抽象目標→具體目標」的思維，大致上採將「能力指標」視為上位目標，分解成幾項具體目標。例如「1-1-2（生 1-1-2）描述住家與學校附近的環境。」細分為「會說出家裡的地址」、「會說出上學中經過的路名及景物」、「會說出住家房子的外貌」、「能說出住家與學校附近的公共設施」等。

表 3-2-1　社會學習領域第一階段（1-2）能力指標具體行為細項（節錄）

生活	分段能力指標	具體行為細項
認識周圍環境	1-1-2（生 1-1-2）描述住家與學校附近的環境。	會說出家裡的地址 會說出上學中經過的路名及景物 會說出住家房子的外貌 能說出住家附近的公共設施 能說出學校附近的公共設施

採用細項分析的方式解讀知識內涵比較具體、明確的能力指標相當適用，但用在比較抽象的能力指標可能性如何有待考驗。不過最大的問題是在邏輯上似乎有一個盲點：能力指標是一種課程目標，將它分解成細項教學目標，是在目標層次上進行轉換，並沒有觸及知識內涵的解析。以「抽象目標→具體目標」的觀念解析「能力指標」，符合一般教師所理解的行為主義教學目標的觀念，可是容易迴避能力指標之中的「重要概念性知識」，且見不到「學習內容」與「教學歷程」；再者以傳統「行為目標」的觀念看待「能力指標」，大有商榷之處，如果新課程追求的目標與舊課程性質相同，那麼課程改革豈不變成只是形式上的改革？

二、動詞與受詞雙核心解析

幾乎所有能力指標的撰寫格式都一樣：動詞開頭後面是一段敘述性的文字，可簡化成「動詞」＋「受詞」的格式，社會學習領域的能力指標也不例外。曾朝安（民 90）針對綜合活動學習領域提出一種「解析式分析法」，他將能指標的動詞、受詞各別予以分析，並將動詞（活動）、受詞（場所）交錯形成所有教學目標與教學活動，之後再進行必要的選擇（見表 3-2-2）。這種方法在教學活動與活動場所的掌握十分具體，不過在教學內容方面似乎沒有顧及。

表 3-2-2　曾朝安「能力指標解析式分析」表

能力指標	認識世界各地的生活方式 了解多元社會中生活所應具備的能力
動詞→活動	受詞→場所
可操作的活動 ⇩	操作場所 ⇩
訪問	姐妹校
參觀	圖書館
蒐集	旅遊活動
體驗	各國在台使館辦事處
上網	網站
討論	國際活動（事件、露營、競賽）
教學轉化活動設計建議	
教學活動名稱	教學目標
1. 拜訪外國通	經由訪問外國友人、相關文化深入了解外國文化與生活方式。
2. 有朋自遠方來	調查居住在台灣的外國朋友，以了解其生活適應狀況及文化差異。
3. 主播台（專題報導）（旅遊小書）	經由報導雜誌的資料蒐集，能製作專題報導，或製作旅遊小書。
4. 城市小遊俠	參觀異國風味商店及建築，以了解異國文化特色。
5. e 點靈（資訊搜尋競賽）	透過網際網路搜尋外國文化與生活方式等資料。

資料來源：改寫自曾朝安（民 90）。

李坤崇（民 92）進一步將曾朝安的分析法發展成核心交錯分析法，動詞與受詞各先做細項分析，再進行交叉配對（如表 3-2-3），不過將「受詞」部分改成「學習內容」分析。這種方法以綜合領域能力指標為例，在學習活動與活動內容的掌握似乎很具體，如果用於處理社會學習領域比較抽象的能力指標，例如 4-4-5 探索生命與死亡的意義；7-4-2 了解在人類成長的歷程中，社會如何賦予各種人不同的角色與機會等能力指標，是否適用有待考驗。

表 3-2-3　李坤崇「雙核心交錯分析」表

能力指標	規劃適合自己的休閒活動，並學習野外生活能力
動詞：規劃、學習	受詞：適合自己的休閒活動、野外生活能力
動詞細項分析 規劃：探索、準備、規劃、執行、分享。 學習：教導、練習、角色扮演、分享、省思。	受詞細項分析 適合自己的休閒活動：活動性質、活動類型、活動裝備、活動時機、活動指點。 野外生活能力：野外的食、衣、住、行、危機預防、危機處理等能力。

核心交錯分析

動詞

規劃：探索（辨識）、準備、規劃、執行、分享

學習：教練、練習、角色扮演、分享、省思

活動性質（正當與否）

活動類型（靜態、動態）

活動裝備、時機、地點

食（野炊、辨識動植物）

衣

危機預防

行（指南針、旗語）

住（搭帳篷、繩索）

危機處理（急救）

受詞

適合自己的休閒活動

野外生活能力

台北縣鷺江國小（高新建，民91）的「生活課程能力指標分析模式」，將能力指標內涵分成「能力」、「核心概念」、「概念要素」與「評鑑指標」（見表3-2-4）。就能力指標知識內涵的掌握而言，出現層次發展，有利於深度思考，用以解讀知識內涵很明確的能力指標頗有參考作用，但是仍以下問題：⑴若用來處理未明白標示概念性知識的能力指標，例如；「7-4-5 舉出政府非因特定個人使用而興建某些工程或從事某些消費的例子。」其可行性有待驗證；⑵ 直接將動詞「辨識」當作「能力」基本上仍是「行為主義」的教學目標觀念，也未能充分顯現「能力」的含意，且跳過教學過程直接導向評量，評量的結果到底是靜態知識？還是能力？有待考察；⑶明顯的，因為缺乏檢驗機制，能力指標的後半段「並能應用模型代表實物」似乎被忽略了。

表 3-2-4　生活課程能力指標分析表（節錄）

能力指標：1-1-1 辨識地點、位置、方向、並能運用模型代表實物。					
能力	核心概念	概念要素	評鑑指標		
			指標 1	指標 2	指標 3
辨識	地點	家的位置	能說出住家附近的明顯建築物或商店。	能說出住家的路（街）名。	能完整說出住家的地址。
		學校的位置	能說出學校附近的明顯建築物或商店。	能說出學校的路（街）名。	能完整說出學校的地址。
	方向	家的方向	說出住家的樓層。	說出住家附近明顯建築物的方向。	說出家在學校的方向。
		學校的方向	指出自己的座位。	指出自己教室在學校的方向。	說出學校在家的方向。
	位置	家到學校的路線	從家裏走到學校。	說出家到學校路線的路名。	畫出平面圖（從家到學校的路線）

三、歸納法與參照法

梁蕙蓉（民92）提出兩種社會學習領域能力指標解讀方法：歸納法與參照法。歸納法是將能力指標的相關概念提列出來，例如7-4-1、7-4-2、7-4-4、7-4-7 可列舉出共同概念——「生產」（見表3-2-5）。這個方法可以看出能力指標的關聯意義，有利於能力指標的統整，但是從「應用」的角度來看，解讀能力指標是為了掌握其中的知識內涵（主要概念），以及找到適用之教材，此一方法反而往更抽象層次發展，似乎與教學應用愈加脫節。至於「參照法」是將能力指標與九十年公布的「基本學力指標」或者是舊教材的內容相對照。從詮釋理解的觀點來看，這種方法對理解能力指標是必要的，但是面對社會學習領域新出現的學習內容，如「演化與不變」、「科學、技術與社會」、「全球關聯」等，無法從舊教材與學習指標找到相參照的材料，這種方法也就無能為力了。

表3-2-5　梁蕙蓉「能力指標相關概念歸納」表（節錄）

主題	國中（第四學習階段）
生產	7-4-1 分析個人如何透過參與各行各業與他人分工（就業），進而產生整體的經濟功能。 7-4-2 了解在人類成長的歷程中，社會如何賦予各種人不同的角色與機會。 7-4-4 舉例說明各種生產活動所使用的生產要素。 7-4-7 列舉數種金融管道，並分析其對個人理財上的優缺點

資料來源：摘自梁蕙蓉（民 92）。能力指標之解析與教學轉換。中等教育，54(4)，76。

四、知識類型（向度）與知識歷程雙向交叉解讀法

「知識類型（向度）與認知歷程雙向交叉解讀法」由林世華（民93）根據 Anderson 等人（Anderson & Krathwohl, 2001）最新修正之

Bloom認知領域教學目標分類架構，將「能力」（ability）的成分區分為「知識」＋「認知歷程」，知識則分成四個類型（向度）：事實知識（factual knowledge）、概念知識（conceptual knowledge）、程序知識（procedural knowledge）、後設認知知識（metacognitive knowledge）；認知歷程則修改成：記憶、了解、應用、分析、評鑑、創造等六種認知歷程。每一個知識向度或認知歷程又可再細分幾個次類別或具體項目，例如所謂「概念知識」可細分成分類和類別的知識、原則與通則化的知識、理論、模式和結構的知識，知識的四個向度共細分成十一項；「了解」的認知歷程就包含說明（interpreting）、舉例、分類、總結、推論、比較與解釋（explaining），六種認知歷程共細分成十九項，每一個次類別或項目都有明確的定義。

「知識類型（向度）與認知歷程雙向交叉解讀法」以能力指標的動詞為認知歷程，能力指標的名詞為知識內容形成雙向分析主軸，而以能力指標的形容詞與副詞（表現水準）為輔。為了符應Bloom認知領域教學目標分類架構，動詞方面先排除整體動詞（如：發展、建立）與表現動詞（如：列出），再進行以下步驟：

1. 依字面意義解釋——依據分段能力指標的敘述，區分動詞／名詞。
2. 分析動詞：動詞的定義、性質（表現動詞或指標動詞），以及意圖了解學生認知、情意或技能哪一類表現水準。
3. 分析名詞：定義、內容、範圍。
4. 以Anderson等人最新修訂認知的教育目標為藍本，將能力指標的認知歷程與知識類型歸類，但不分析知識內涵與教材。其分析結果如表3-2 6所示。

以上示例並未針對能力指標知識內涵進行任何分析，實際只確定能力指標內容之「知識向度」與「認知歷程」。根據相同解讀模式，若針對能力指標所標示之認知能力（包含知識類型與認知歷程）進行分析，將得到表3-2-7之結果。

表 3-2-6　能力指標之知識類型（向度）與認知歷程雙向交叉解讀法參照示例

認知歷程	動詞	能力指標內容	知識類型（向度）
「了解」之認知歷程的「舉例」	舉例說明	6-4-4 舉例說明各種權利（如兒童權、學習權、隱私權、財產權、生存權、自由權、機會均等權、環境權及公民權等）之間可能發生的衝突。	「概念知識」中的「原理和通則知識」

資料來源：林世華（民93）。

表 3-2-7　能力指標之知識類型（向度）與認知歷程雙向交叉解讀示例

<table>
<tr><td colspan="7">6-4-4 舉例說明各種權利（如兒童權、學習權、隱私權、財產權、生存權、自由權、機會均權、環境權及公民權等）之間可能發生的衝突。</td></tr>
<tr><td rowspan="2">認知歷程
知識向度</td><td colspan="6">認知歷程向度</td></tr>
<tr><td>記憶</td><td>了解</td><td>應用</td><td>分析</td><td>評鑑</td><td>創造</td></tr>
<tr><td>事實知識</td><td></td><td>說出各種權利的名稱及其含義
舉出權利衝突的事例
區分出不同的權利內涵與特性
歸納各個權利衝突事件的主要原因
推論權利衝突的可能結果
比較不同權利之間優先順序
解釋引起權利之間互相衝突的因果關係</td><td></td><td></td><td></td><td></td></tr>
<tr><td>概念知識</td><td></td><td>說明權利與義務的相對關係
……</td><td></td><td></td><td></td><td></td></tr>
<tr><td>程序知識</td><td></td><td>說出解決權利衝突的方法與程序
……</td><td></td><td></td><td></td><td></td></tr>
<tr><td>後設認知知識</td><td></td><td>評斷自己探討權利衝突問題的學習策略
依據正當程序，爭取與維護自己的權利
……</td><td></td><td></td><td></td><td></td></tr>
</table>

上述之能力指標解讀方法為學習成就評量之目的而設計，教師在應用上必須注意以下問題：

㈠以 Bloom 的教育目標分類觀點看待能力指標的性質，以動詞區分能力指標，嚴重誤解社會學習領域能力指標的意義，實際上每一條能力指標都是認知、情意與技能的綜合表現。即使動詞是「描述」，學生的表現可能是描述現象，也可以描述心中的感覺情，這項能力的表現水平可因教師的教學與評量狀況而應用不同的方式進行描述。

㈡如果以動詞區分能力指標的表現，將因為紙筆測驗無法評量情意表現，被劃為情意的能力指標將摒除於基本學力測驗學測的命題之外，在「考試領導教學」的帶動下，勢必狹化教學內涵與課程目標的實踐。

㈢從教學的角度而言，此法直接針對認知能力之評量需要而解讀，能力指標的內涵被狹化為認知能力（知識＋認知歷程）的學習成果，容易忽略能力之中的情意因素。

㈣從課程發展的觀點而論，此法直接導向評量，略過教學活動與教材之思考，假設此法能通行，豈不形成「考試領導教學」的弔詭！

貳、詮釋解讀方法說明

綜合以上分析，可以發現能力指標解讀沒有一定的方式，各有其目的、功能和局限，只要預留教師解讀的空間，歧異與多元就不可避免，也是課程改革樂於見到的景象。但是，解讀能力指標如何確保原先課程規劃的精神、目標與理想的延續、解讀結果的正確性，以及如何形成共識，是解讀方法必須克服的困難。

因此，筆者採取現象學（Phenomenology）（蔡美麗，民 79）與詮釋學（Hermenentics）（嚴平譯，民 81）的觀念與解讀方法（interpretive reading），擬訂六項原則作為建置「詮釋解讀法」的框架，以「先理解能力指標、再掌握主要概念性知識、以便選擇適當教材與教學活動」的邏輯順序提出「詮釋解讀法」，其方法之建構要點如下：

一、解讀方法的建構框架與限制

(一)採取闡釋的立場。解讀之首要任務與目的在於落實社會學習領域課程理念與課程目標，故採取「闡釋」而不是「批判」的立場，以能力指標之所述為依據，先追求不扭曲或誤解其原意的理解，再追求能加以充實的解釋。

(二)掌握概念性知識為主要目的。將能力指標視為能力導向的課程目標，培養能力應以知識學習為基礎，故詮釋解讀法以具體掌握能力指標內含的主要概念性知識為主要目的，包含陳述性知識（重要概念）與程序性知識（技能或方法），以作為後續教學設計之依據。

(三)導向教學應用。基於課程設計與教學之需要而進行能力指標之詮釋解讀。換言之，讓能力指標指引教學內容之選擇，掌握能力指標的主要概念性知識之後，據以選擇教學內容、設計教學活動，動詞代表能力表現，這應該是經過教學歷程而後達成，故解讀重點不是能力指標的動詞，而是動詞後面表述的內容。

(四)以正確理解為起點。正確理解為解讀能力指標的必要條件，故解讀方法包含可供檢驗理解正確性要件，與形成解讀共識的機制與方法。

(五)將協同教學團隊納入形成共識的機制中。呼應九年一貫課程的教學新型態，即團隊的、協同的教學型態與精神。在解讀過程中納入團體參與機制，以擴大共識及檢視解讀正確性的條件。

(六)保留教師自主空間。呼應九年一貫課程以「賦權增能」調動教師專業自主的改革理念，詮釋解讀法的方向在協助教師更清楚理解能力指標，掌握能力指標的概念性知識，以供教材選用與教學活動設計之參考。故解讀方法旨在為教師尋找劈材破竹的缺口，解讀結果意在形成可供討論與繼續發展的內容，而不是已經「完全」、「充分」的成果。從詮釋學的觀點而言，解讀能力指標不只是拷貝、拓印原作者的語言，而是在理解的基礎上做更豐富的發展。教師解讀能力指標，如演員在詮釋角色，他必須理解劇本，加上自己的角色詮釋，才能成功的演出，感動觀眾；如牧師傳道，他必須先理解、依據聖

經教義，加上自己的詮釋，才能感動信徒。同樣的，教師正確理解能力指標的含義之後，加上自己的解釋以掌握能力指標的主要概念性知識，再基於「應用」之目的與原則，找尋可用之教材，設計教學活動。至於能力指標之「充分」的意義唯有在教師的對話中才能充分解開，「完全」的意義則永遠都在發展中。

二、解讀步驟與檢驗方法

詮釋解讀法主要操作程序為「理解」→「解釋」→「應用」三個步驟。解讀的過程則納入「呈現」、「檢證」、「溝通」的機制，以避免曲解能力指標的意義或遺漏能力指標的重要內涵。

㈠理解——呈現「能力指標說明」

解讀能力指標的第一步驟必須先確定是否理解能力指標的意思，而能以自己的語言說明之乃具體的檢驗指標，若不能以自己的言詞表述能力指標的含義，則不宜進行該條能力指標之解讀。所以，必須先呈現「能力指標說明」，檢視「能力指標說明」是否理解正確，與能力指標與的含義是否相符，乃詮釋解讀能力指標的第一步，其正確性則必須具備三項要件：

1. 與能力指標的語義相似；
2. 邏輯相符；
3. 具「包覆性」——說明所指涉之內涵不少於能力指標原指涉之內涵。

呈現能力指標說明的另一功能是提出進行對話的基礎，這時候能力指標的含義存在於每一位教師對它的理解，歧差在所難免，應透過某種公開的方式，讓教師團隊共同參與能力指標的討論，以便從語義、邏輯關係及包覆性檢視詮釋內容的正確性並建立共識，這項驗證工作在後續的詮釋步驟一樣不可或缺。當然，請教專家或原作者也是可行的方式，但並非必要的方式，因為解讀不只是「銘印」原作者的意思，更允許創發的解讀。

㈡「解釋」——處理「主要概念性知識」

理解與解釋相生，根據解讀者前面經過檢視的之理解與共識，就能力指標敘述之含意與邏輯關係，以「揭示法」或「加註法」列舉出該能力指標之主要概念性知識，並進行必要的「概念分析」，使能力指標原本陌生、遙遠、模糊的含義概念性知識顯現出來，成為熟悉的、可理解、更加清晰的概念性知識。

1. 揭示法：能力指標已明白標示概念性知識者，如其所示列舉之。

   例如：「1-4-4 探討區域的人口問題和人口政策。」其中「人口問題」與「人口政策」乃此能力指標所指示之概念性知識，如能力指標所示列舉之。

2. 加註法：能力指標之敘述未直接標示概念性知識者，由詮釋者就能力指標本身被人理解的含意與邏輯關係，加註某種概念與邏輯關係，使其意思更加清晰。

   例如：「7-4-6 舉例說明某些經濟行為的後果不僅及於行為人本身，還會影響大眾，因此政府乃進行管理或干預。」前段所述乃「外部效果」與「社會成本」之概念，後段則指政府介入管理與管理的「公權力」且扮演「經濟調控角色」。

3. 概念分析法：將前兩種方法所掌握之基本概念，進行概念內涵分析。

   例如：「人口問題」概念，其內涵至少包括人口結構、人口遷移與人口分布；「人口政策」至少包括計畫生育或移民政策等。「6-4-5 探索民主政府的合理性、正當性與合法性。」合理性、正當性與合法性則建立在：民意施政、主權在民、法治精神、責任政治、分權制衡、多數決與妥協等原則上。

㈢「應用」——選擇適當的教材與教學活動

根據前兩個步驟的能力指標解讀結果，選擇適當的教材與教學活動，這是從能力指標出發的主動意向，不同於決定教材與教學活動之

後再尋找「對應」能力指標的思維。

參、能力指標解讀之基本格式說明

表 3-2-8　社會學習領域能力指標詮釋解讀基本格式示例

能力指標	能力指標說明	主要概念性知識	教材與教學活動示例
3-4-1 舉例解釋個人的種種需求與人類繁衍的關係。	列舉某種個人的需求而且能解釋這種需求與人類繁衍的關係。顯然這種個人需求必須具有普遍性，且必須透過社會系統獲得滿足，才能見到這種需求與人類繁衍的關係。	個人需求（如生理需求、安全需求、隸屬與愛的需求、自尊需求與自我實現的需求等）。 社會系統（如家庭生活、社會活動、經濟活動與政治活動等）。 人類繁衍（生存、生計、生活、生命之安全、充實與發展）。 個人需求與人類繁衍的關係。	以「家庭」為例，一般人都有生育與養育的需求，而發展出婚姻制度、家庭制度，進而促成人類全體生命的延續。

詮釋解讀法之實作以「3-4-1 舉例解釋個人的種種需求與人類繁衍的關係。」為例（見表 3-2-8），說明如下：

一、「能力指標說明」中「列舉某種個人的需求而且能解釋這種需求與人類繁衍的關係。」是以自己的言詞重新表述能力指標的語義，如其所示的揭示「個人需求」與「人類繁衍」兩項主要概念。語義上相同且能完全包括此條能力指標所含蓋的範疇。至於「顯然這種個人需求必須具有普遍性，且必須透過社會系統獲得滿足，才能見到這種需求與人類繁衍的關係。」則屬於解讀者的「加註」詮釋，因為在個人需求與人類繁衍之間至少得思考兩種因素：一是這種個人需求應該是大多數人的共同需求；二是這種個人需求的滿足一定是透過某種「社會系統」完成，如家庭生活、社會生活、政治活動、經濟活動等，才有可能建立起個人需求與人類繁衍的關係。當然，加註的解釋出現多樣性的結果是必然的，但這屬於共識之上的創見，是新課程樂見的結果。

二、「主要概念性知識」根據理解與解釋列舉「個人需求」、「社會系統」、「人類繁衍」、「個人需求與人類繁衍的關係」等四項主要概念性知識，括弧內如（家庭生活、社會生活、政治活動、經濟活動等）、「人類繁衍」（生存、生計、生活與生命的保障、充實與發展）等則為經過概念分析後的內涵。

三、「教材與教學活動參考示例」的檢選，須視其開展出的學習內容在意涵、性質、邏輯關係等，是否與「能力指標說明」以及「主要概念性知識」之描述相符，做正確性判斷與適切性的選擇。這一欄只簡單列出以「一般個人都有生育與養育之需求」為參考示例，並未做詳細說明，是基於教師手邊有多種版本的教材，熟悉教學活動設計的專業能力，能舉一反三的假設。詳細的教材與教學活動設計將是在能力指標的概念性知識被掌握之後的工作。

四、能力指標前面所使用的動詞「列舉」代表這條能力指標所要求的能力表現水準，本解讀法不處理它是因為這項能力將在何種狀況下表現出來，得視教師的教學與評量而定，多了這層因素的考量，「列舉」就不單純是記憶，例如在參與討論人類的生存繁衍問題時，學生列舉恰當的個人需求為例，論證自己的見解，這時候「列舉」也可以是高層次的思考，因此詮釋解讀法不處理能力指標的「動詞」部分，而是透過第二章「能力表徵課程發展模式」，以導引知識去「應對」重要問題的課程設計觀念，達成能力指標所要求的能力表現水準與內涵。

肆、詮釋解讀法之實驗過程

為驗證「詮釋解讀法」的可行性，筆者利用九十二學年暑假利用在政治大學開辦之「九年一貫社會學習領域教師增能在職進修班」的授課機會，帶領歷史班二十九人、地理班二十五人、公民班四十五人共九十九位教師，選擇比較抽象的第四階段能力指標進行詮釋解讀方法之實驗。在筆者的指導下，各班皆採分組方式進行兩週八小時的講解、實作與檢討，然後每一組都分配包含九大主題軸各一條能力指標進行解讀。約兩週之後，各組都能順利的提出合乎原則的詮釋解讀結果，詮釋解讀方法的有效與可行性獲得初步成功。（第四階段能力指標解讀成果請查看網址：mind.hfu.edu.tw/1_9/curriculum/curriculum.htm）

二〇〇三年十月十七、二十四日對南投縣國中社會學習領域輔導團進行兩次共十二小時的解讀方法與實作訓練課程。一個月後，南投縣國中社會學習領域輔導團根據這套方法，自行將第四階段能力指標解讀完畢。二〇〇四年二月三、六日，於三峽國立教育研究院的「社會學習領域深耕種子教師研習活動」中，與會教師也學習這套解讀方法，並已將解讀成果上網（網址：www.treasure.cgjh.tcc.edu.tw/~dzen/social），方法之有效與可行性再次獲得印證。

第三節　社會學習領域第四學習階段能力指標解讀結果

壹、第一軸「人與空間」能力指標解讀結果

一、概述

人與空間第四階段能力指標共八條，其中所指涉的主要學科概念、因果或互動關係十分明確。1-4-1、1-4-5、1-4-7、1-4-8 同時包含「公民

實踐活動」。

二、解讀結果

1-4-1 分析形成地方或區域特性的因素，並思考維護或改善的方法。

〈能力指標說明〉

預期學生能夠：分析形成地方（區域）特性的因素，並能思考、提出維護或改善的方法。

主要學習內容：主要學習內容至少包括地方（區域）特性，構成地方（區域）特性之因素，以及維護或改善地方（區域）特性的方法。地方（區域）特性的形成因素，大致可分為自然因素與人文因素，及兩者的交互作用；並導向環境保護及永續經營的思考和行動。

〈主要概念性知識〉

地方（區域）特性（例如環境的特色）。

自然環境的特色：自然景觀、特殊地形與地質、特殊氣候條件、好發天然災害等。

人文環境的特色：聚落型態、產業活動、生活方式、傳統民族文化、民俗活動等。

維護與改善方法。

環境保護方面的措施。

永續利用的措施。

〈教材與教學活動參考示例〉

1. 台灣的小黃河——「基隆河」的整治。

2. 關山社區營造。

3. 中國綠色長城計畫。

1-4-2 分析自然環境、人文環境及其互動如何影響人類的生活型態。

〈能力指標說明〉

預期學生能夠：從各種生活型態的特徵中，發現生活型態其實是人與自然環境、人文環境交互作用的產物。

主要學習內容：至少包括自然環境因素、人文環境因素、兩者的互動關係，及其如何影響人類生活型態的形成。

〈主要概念性知識〉

自然環境因素包括：位置、地形、地質、氣候、水文、天然災害、天然資源、植被、生態系統等。

人文環境因素包括：人口、傳統文化、交通、產業、聚落型態（城市或鄉村）等。

生活型態：表現在經濟活動、城鄉差異、生活習慣等方面之特徵。

自然環境、人文環境對生活型態的影響：人類在利用、適應、改造與保護自然環境四方面的各種作為。

〈教材與教學活動參考示例〉

1. 溫帶草原氣候區與游牧生活。
2. 台灣的集村與散村的聚落分布型態等。
3. 愛斯基摩人的極地生活方式。

1-4-3 分析人們對地方和環境的識覺改變如何反映文化的變遷。

〈能力指標說明〉

預期學生能夠：從文化的變遷當中，分析出人們的環境的認識與感覺的改變。

主要學習內容：包括地方的社區建設、經濟建設、環保設施、文化設施等及其改變情形，並探討當地人們對於這些改變的感想。

〈主要概念性知識〉

環境識覺的改變：包括對於生活環境、自然環境的認識與感覺的改變。

文化的改變：經濟活動、生活方式、風俗習慣、教育文化、環保觀念等方面之改變。

〈教材與教學活動參考示例〉

例如鄉土采風（地方人士對本地自然與人文環境變遷之認知與感覺，進而了解當地文化變遷）。

1-4-4 探討區域的人口問題和人口政策。

〈能力指標說明〉

預期學生能夠：探討生活所在區域的人口問題和人口政策。

主要學習內容：包括人口問題與人口政策這兩項概念，以及如何探討的方法。

〈主要概念性知識〉

人口問題：人口數量、人口結構問題、人口分布問題、人口遷移問題等。

人口政策：計畫生育、養育、教育、養老、移民等。

〈教材與教學活動參考示例〉

1. 鄉村人口外流、老化；城市人口成長太快造成交通、教育、垃圾、治安……等問題的惡化。
2. 人口成長與經濟發展的關係等。

1-4-5 討論城鄉的發展演化，引出城鄉問題及其解決或改善的方法。

〈能力指標說明〉

預期學生能夠：了解鄉村聚落如何演變成都市，其及過程中所衍生的相關問題，並能參與討論問題的解決方案。

主要教學內容：包括都市化概念（成因與過程）、都市化的相關問題與問題解決之道等。

〈主要概念性知識〉

都市化過程。

都市化的相關問題：交通問題、教育問題、治安問題、垃圾處理問題、人口擁擠問題、空氣污染、城鄉差距問題等。

〈教材與教學活動參考示例〉

例如以某一大都市，或者以本地市鎮為例，分別從人口密度、交通、產業、文教資源、污染、垃圾、犯罪率等方面，了解其都市化的過程，以及與周緣鄉村的互動關係及城鄉差距等問題。

1-4-6　分析交通網與運輸系統的建立如何影響經濟發展、人口分布、資源交流與當地居民的生活品質。

〈能力指標說明〉

預期學生能夠：了解交通網與運輸系統（包括海、陸、空運輸系統，還有資訊網路系統）的功能及其所帶來的影響（包括經濟發展、人口分布、資源交流與當地居民的生活品質等方面）。

主要學習內容：包括交通網與運輸系統及其功能、經濟發展、人口分布、資源（人員與物質）與生活品質等。

〈主要概念性知識〉

交通網與運輸系統的種類及其功能。

經濟發展。

人口分布。

資源交流。

生活品質。

〈教材與教學活動參考示例〉

1. 高鐵通車後，對行經地區的人口分布、經濟發展、資源交流與生活品質的影響。
2. 北宜快速道路通車後，對行經地區的人口分布、經濟發展、資源交流與生活品質的影響。
3. 高容量資訊網路鋪設完成之後所帶來的效益。

1-4-7 說出對生活空間及周緣環境的感受，願意提出改善建言或方案。

〈能力指標說明〉

預期學生能夠：覺察生活周遭環境問題，說出心中的感受，並提出改善建言。

主要學習內容：建議以「生活機能」的觀念區分各種生活空間，並從生活機能去感受生活空間及其周邊環境的問題。

〈主要概念性知識〉

生活空間：家庭生活的空間、運動或娛樂的空間、學校、其他公共空間等。

生活空間與周緣環境所形成的生活機能：便利、安全、舒適、美觀與否等問題。

〈教材與教學活動參考示例〉

例如列舉社區環境之優缺點，並改善或發展建議。

1-4-8 評估地方或區域所實施的環境保育政策與執行成果。

〈能力指標說明〉

預期學生能夠：根據某些事實或數據，評估環保政策的實施與執行成效。

主要學習內容：應包括環保政策、環保措施、環保成果。

〈主要概念性知識〉

環保政策：台北市垃圾處理費隨袋徵收、環保署限用垃圾袋等環保政策等。

環保措施：資源回收、垃圾分類、噪音控管、水土保持、污水處理、生態保育等。

環保成果：例如空氣與水質改善、噪音降低、垃圾減量、水土流失減少、資源循環利用、生態豐富化、景觀美化等。

〈教材與教學活動參考示例〉

1. 台北市垃圾處理費隨袋徵收。

2. 環保署限用垃圾袋等環保政策等

貳、第二軸「人與時間」能力指標解讀結果

一、概述

本軸能力指標為了平衡本國歷史如何切割？台灣主體性如何反應在新課程中？等有關課程意識型態的爭議，故能力指標之敘述不同於其他各軸，基本上在指示學習範圍，並未直接指示核心概念。能力指標「2-4-1 認識台灣歷史（如思想、文化、社會制度、經濟活動與政治興革等）的發展過程。」、「2-4-2 認識中國歷史（如思想、文化、社會制度、經濟活動與政治興革等）的發展過程，及其與台灣關係的流變。」、「2-4-3 認識世界歷史（如思想、文化、社會制度、經濟活動與政治興革等）的發展過程。」、「2-4-4 了解今昔台灣、中國；亞洲、世界的互動關係。」分別指示學生應學習台灣歷史、中國歷史與世界歷史，因此必須從台灣、中國與世界歷史系統中去選取重要題材（如思想、文化、社會制度、經濟活動與政治興革等），培養學生掌握歷史學科基本概念的能力。

二、解讀結果

至於第二軸 2-4-1、2-4-2、2-4-3、2-4-4 等四條能力指標所指涉的歷史學科之基本概念，綜合本課程綱要附錄二《九大主題軸及其內涵》（教育部，民 92）、英國與美國（Kendall & Marzano, 2000）等國歷史學科課程綱要及學者的研究（林淑慈，民 90），至少包括：

㈠演變與持續的軌跡：改革與革命、循環與前進等。

㈡時序或時代意義。

㈢結構：構成重要史實的人、事、地、物、典章、制度、組織等之因素，及因素之間的互動關係。

㈣因果關係：歷史解釋的因果與互為因果的關係。

㈤史觀（歷史解釋）：應用史料與方法，佐證、考證、論證重要歷史的意義。

「2-4-5 比較人們因時代、處境、角色的不同，所做的歷史解釋的多元性。」特別強調需培養學生理解「歷史解釋」的多元性與「解釋歷史」的能力；「2-4-6 了解並描述歷史演變的多重因果關係。」則特別強調「歷史演變」的因果關係。另外，能力指標 2-4-1、2-4-2、2-4-3 與 2-4-1 都提到與台灣的關係，又特別以括弧將思想、文化、社會制度、經濟活動與政治興革等並列，在在顯示以台灣觀點學習歷史以及希望以「整體史」的觀點看待歷史發展的用心。

〈教材與教學活動參考示例〉

配合學生程度，選擇重要歷史經驗，以適度的時空尺度加以呈現，例如在文化交流的議題之下，討論「雍正禁教」的因果、演變與影響。

參、第三軸「演化與不變」能力指標解讀結果

一、概述

本軸指示課程內容在於培養學生理解人類社會是一個開放系統，每一個社會雖然具有明顯的組織結構與界限，但都不能避免與外界交互作用，在情境互動與自我調適的過程，呈現一種動態的演化現象。短期來看人們為自己的社會發展訂定目標，但放到較大的時間尺度來看，沒有人能預設它的發展方向。第四學習階段能力指標所指涉的主要概念，包括：個人的主要需求（例如滿足生存、生計、生活與生命等方面的需求）、社會發展（例如經濟、文化、政治、科技與社會等方面的發展）、異質性組合（能包容不同能力、價值觀、意見、意識型態等等之團體或社會組織，將歧異與多樣現象視為豐富的、能促進社會進化的元素）、同質性團體（強調服從一元化價值觀與權威、為

團體利益而壓抑個人權利的團體或社會，將歧異與多樣化現象視為麻煩，得設法去除的團體或社會，北韓這個國家是典型的例子）、多元化社會（指具有共同命運、利害關係或法治基礎且能提供各種群體或文化充分發展機會的社會，一般民主國家大都具有多元化社會的性質）、自我調適（即團體、組織或社會系統面對外界情境變化所形成的挑戰，能調整自己的組織、策略或目標以成功的回應外在的挑戰並獲得進一步的發展，例如商鞅變法或現代某些企業的轉型與多角化經營成功的事例）。

二、解讀結果

3-4-1　舉例解釋個人的種種需求與人類繁衍的關係。

〈能力指標說明〉

預期學生能夠：列舉某種個人的需求而且能解釋這種需求與人類繁衍的關係。顯然這種個人需求必須具有普遍性，且必須透過社會系統獲得滿足，才能見到這種需求與人類繁衍的關係。

主要學習內容：包括個人需求、社會系統與人類繁衍等概念，以及個人需求與人類繁衍的關係。

〈主要概念性知識〉

個人需求（如生理需求、安全需求、隸屬與愛的需求、自尊需求與自我實現的需求等）。

社會系統（如家庭生活、社會活動、經濟活動與政治活動等）。

人類繁衍（生存、生計、生活、生命等方面的保障、充實與發展）。

〈教材與教學活動參考示例〉

以「家庭」為例，一般人都有生育與養育的需求，人類社會發展出婚姻制度、家庭制度，進而促成人類全體生命的延續。

3-4-2 舉例說明個人追求自身幸福時，如何有助於社會的發展；而社會的發展如何庇護個人追求幸福的機會。

〈能力指標說明〉

預期學生能夠：舉例說明個人追求自身幸福或自我實現時與社會發展之間互為因果的關係。

主要學習內容：包括自我實現、社會發展等概念，以及兩者之間的互動關係。

〈主要概念性知識〉

自我實現。

社會發展（如生活水準提高、經濟進步、文化發達、言論自由、教育品質提升、社會安全與福利增加等）。

自我實現與社會發展之互動關係

〈教材與教學活動參考示例〉

1. 現代創業有成的人物（王永慶、林懷民、張忠謀等）其事業發展與台灣社會發展的關係。
2. 現代婦女與古代婦女社會地位之比較。

3-4-3 舉例指出人類之異質性組合，可產生同質性組合所不具備的功能。

〈能力指標說明〉

預期學生能夠：舉例說明異質性組織有其優於同質性組織的功能。

主要學習內容：包括異質性組合及其功能、同質性組合及其功能、同質性組合與異質性組合之比較。

〈主要概念性知識〉

異質性組合（能包容不同性質、才能、價值觀，視差異與多樣性為有價值之元素的組織或團體，較具創新與調適能力）。

同質性組合（強調性質相近、服從一元化權威與價值觀、排斥異己，視差異為麻煩的組織或團體，較具凝聚力）。

〈教材與教學活動參考示例〉

1. 登月探險計畫：整合數學、太空科學、化學、心理學等，才能將人送入太空、登上月球。

2. 回教文明的興衰：一切以可蘭經為本的伊斯蘭文明，終不敵文藝復興後比較多元發展的西歐文明。

3. 以家庭為例，說明異質性組合具有同質性組合無法產生的功能。

3-4-4 說明一個多元的社會爲何比一個劃一的系統，更能應付不同的外在與內在環境。

〈能力指標說明〉

預期學生能夠：說明多元的社會系統比劃一的系統更能應付各種內、外在環境的挑戰之原因，主要是因為多元的社會具有共存共榮的基礎，又保有自我調適、革新與創新的特質。

主要學習內容：包括多元的社會、多元化過程、多元化社會。

〈主要概念性知識〉

多元的社會：在共同的法治基礎上，各族群與文化都能得到適當之發展的社會。

多元社會的功能：自我調適、革新與創新的特質。

〈教材與教學活動參考示例〉

1. 正面教材：冷戰時期民主陣營戰勝共產極權陣營。

2. 反面教材：納粹與法西斯在第一次大戰後乘勢崛起。

3-4-5 舉例指出某一人類團體，因有重組之可能性，且被論功行賞，所以日漸進步。

〈能力指標說明〉

預期學生能夠：以事例說明某一團體因為進行重組、革新成功，因而更趨茁壯。

主要學習內容：團體或組織的重組、革新。

〈主要概念性知識〉

團體或組織的重組與革新

〈教材與教學活動參考示例〉

1. 正面教材：英國君主制度的改造、美國透過憲法修正案使民主憲政運作更成熟。

2. 反面教材：清末自強運動與百日維新失敗。

3-4-6 舉出歷史或生活中，因缺少內、外在的挑戰，而使社會或個人沒落的例子。

〈能力指標說明〉

預期學生能夠：從歷史或生活中舉例說明一個國家或團體因為缺乏內、外之挑戰而無法因應挑戰導致衰弱、敗亡的道理。

主要學習內容：挑戰與回應（重要的改革與變法的歷史或生活經驗）、缺乏內憂外患之下沒落的原因。

〈主要概念性知識〉

挑戰與回應（重要的改革與變法的歷史或生活經驗的經驗）

因缺乏內憂外患之下沒落的原因：流於安逸、自大、缺乏危機意識、忙於內鬥、忽視內外情勢變遷等。

〈教材與教學活動參考示例〉

1. 中國歷史由盛轉衰的事件。

2. 西方文明由盛轉衰的史實。

3. 國營事業往往績效不彰的原因。

4. 個人因玩物喪志以致身敗名裂的事例。

肆、第四軸「意義與價值」能力指標解讀結果

一、概述

本軸 4-4-1、4-4-2 著重在透過理性辯證的過程，培養學生能夠在不同的情境下，內省自己的價值觀、道德行為與道德信念，以及能以理性態度維護自己之價值選擇與判斷，宜透過具價值衝突、兩難困境的課程設計與教學達成之。4-4-3 則需要了解道德、宗教及藝術的基本內涵與功能，才能了解其他人類價值與行為的影響。道德至少包括社會所建立之「不得作為」的戒律、「不忍作為」之良心與「有所不為」之操守；宗教至少包括教義、儀式與信仰；藝術則需知其理念、風格、特徵與美感之所在。4-4-4 主要涉及永續發展倫理，至少應認知人與自我、人與他人、人與社會、人與自然應建立和諧、平衡、共存共榮的關係，包括人類慾望的節制、不做「竭澤而漁」的行為，不以犧牲下一代權利為滿足現代人需要之代價等。4-4-5 探索生命與死亡的意義，必須對生命價值有所省思，故須了解生命的價值或為生命繁衍、或為自我實現、或為造福人群等，始得其意義之領悟。

二、解讀結果

4-4-1 想像自己的價值觀與生活方式在不同的時間、空間下有什麼變化。

〈能力指標說明〉

以「公民實踐」為主的能力指標。

預期學生能夠：認知個人的價值觀與生活方式往往應時空環境之改變而隨之調整，進而知道自我反省。

主要學習內容：個人生活方式與價值觀。

〈主要概念性知識〉

個人生活方式（含生活環境、生活習慣、生活態度、謀生方式等）。

個人價值觀（如審美觀念、生活目標、自律原則等）。

〈教材與教學活動參考示例〉

1. 道德兩難困境的教學活動。
2. 工商社會與農業社會之生活方式與價值觀之不同。

4-4-2 在面對爭議性問題時，能從多元的觀點與他人進行理性辯證，並爲自己的選擇與判斷提出好理由。

〈能力指標說明〉

以「公民實踐」為主的能力指標。

預期學生能夠：在面對議性問題時，以多元的觀點與他人進行理性辯證，並為自己的選擇與判斷提出好理由。

主要學習內容：有討論價值的爭議性議題，多元觀點、理性辯證。

〈主要概念性知識〉

多元觀點：正面與反面、肯定與否定、自己的與他人的。

理性辯證：就事論事、合乎邏輯、有根據、情緒表現得宜。

〈教材與教學活動參考示例〉

以核四爭議為題，讓學生進行分組辯論。觀察以下表現：

1. 能以多元觀點論述所爭議的問題。
2. 能為自己的主張提出適當的理由。
3. 能提出可以讓對方考慮接受的修正意見。

4-4-3 了解道德、藝術與宗教如何影響人類的價值與行爲。

〈能力指標說明〉

預期學生能夠：了解道德、藝術與宗教之基本要素及其作用，進而了解人類價值與行為如何受到道德、藝術與宗教影響。

主要學習內容：道德、宗教與藝術的構成要素與作用（對人類價

值與行為的影響）、道德、藝術與宗教的交互作用。

〈主要概念性知識〉

道德之基本要素及其作用。

藝術之基本要素及其作用。

宗教之基本要素及其作用。

道德、藝術與宗教的交互作用。

〈教材與教學活動參考示例〉

1. 清水祖師廟之考察活動（從宗教建築藝術，了解宗教信仰的內涵，及其對人民日常生活的道德行為與價值觀之影響）。
2. 十字軍東征、回教與基督教的衝突原因。

4-4-4 探索促進社會永續發展的倫理。

〈能力指標說明〉

預期學生能夠：探索人與人、人與社會、人與自然的互動關係、了解「社會永續發展的倫理」的意義。

主要學習內容：永續發展的倫理。

〈主要概念性知識〉

永續發展的倫理：包括人與人之間的永續互動關係如誠信。

均衡發展：經濟開發與生態保育的平衡。

人與自然的和諧。

群族之共存共榮。

資源的永續利用。

不以犧牲下一代的權利為代價來滿足現代人的需求。

〈教材與教學活動參考示例〉

探討近年來台灣經常發生土石流的人為因素，並針對人的問題提出改善建議。

4-4-5 探索生命與死亡的意義。

〈能力指標說明〉

預期學生能夠：透過對生與死的認識與省思，進而覺知個人的生命與死亡對己、他人與群體的意義。

主要學習內容：生命的自然現象、死亡的意義、生命的重要歷程、生命的價值。

〈主要概念性知識〉

生命的自然現象：求生存、繁衍與發展、不可逆、趨向死亡等。

生命的重要歷程。

死亡的意義。

生命的價值：生命的繁衍、自我實現、造福人群等。

〈教材與教學活動參考示例〉

例如以偉人傑士、生命鬥士與平凡人的生命歷程為例，透過閱讀、討論、體驗與關懷活動，反思如何開創自己的生命價值與意義。

伍、第五軸「自我、人際與群己」能力指標解讀結果

一、概述

本軸核心概念包括自我、人際關係與群己關係。5-4-1 重點在分享；5-4-2 有兩個概念性知識：學習型組織與終生學習；5-4-3 主要概念是「角色」及受人格特質、社會制度、風俗習慣與價值觀等影響，而形成個人扮演「多重角色」、「角色衝突」；5-4-4、5-4-5 屬於公民實踐的能力指標，前者強調個體做決定與負責任的觀念，後者強調在人際、群己、群體互動關係的基本原則：理性溝通、相互尊重與適當妥協。

二、解讀結果

5-4-1 了解自己的身心變化，並分享自己追求身心健康與成長的體驗。

〈能力指標說明〉

預期學生能夠：了解自己的身心變化，尤其是青春期的變化，並能與他人分享追求身心健康與調適身心的方法。

主要學習內容：青春期、身心健康的方法、身心調適的方法。

〈主要概念性知識〉

青春期。

身心健康的方法。

身心調適的方法。

〈教材與教學活動參考示例〉

1. 青少年成長故事書籍閱讀、討論。
2. 學生生活經驗分享與指導。

5-4-2 從生活中推動學習型組織（如家庭、班級、社區等），建立終生學習理念。〈能力指標說明〉

預期學生能夠：在生活中推動或參與學習型組織，建立終生學習的理念與態度。

主要學習內容：學習組織、如何推動學習型組織的方法、終生學習理念的實踐方法與態度。

〈主要概念性知識〉

學習型組織（不斷吸收新知，永保創新與發展活力的團體）。

推動學習型組織的方法。

終生學習的實踐方法與態度。

〈教材與教學活動參考示例〉

建立或參加各種學習型組織，如班級讀書會或各種追求身心成長的社團。

5-4-3 分析個體所扮演的角色，會受到人格特質、社會制度、風俗習慣與價值觀等影響。

〈能力指標說明〉

預期學生能夠：透過分析而發現個人的角色扮演會受到人格特質、社會制度、風俗習慣與價值觀、個人因素與社會因素的影響，可能會衍生多重角色扮演、角色衝突等問題。

主要學習內容：角色、角色扮演、角色衝突、影響角色扮演的個人因素、影響角色扮演的社會因素。

〈主要概念性知識〉

角色。

角色扮演（角色行為）。

角色衝突。

影響角色扮演的個人因素：人格特質、角色認知等。

影響角色扮演的社會因素：社會制度、風俗習慣、社會價值觀、角色期望等。

〈教材與教學活動參考示例〉

1. 孫中山從學醫救人到革命救國的改變。
2. 分析、比較個人在家庭、同儕與班級之間的角色扮演。
3. 請教自己的父母如何從為人子女的角色轉換成為人父母的角色。

5-4-4 在面對個體與個體、個體與群體之間產生合作或競爭的情境時，能進行負責任的評估與取捨。

〈能力指標說明〉

以「公民實踐」為主的能力指標。

預期學生能夠：在面對個體與個體、個體與群體之間產生合作或競爭的情境時，能用負責任的態度，去評估自己的角色、決定自己的行為，這其中涉及角色認知與道德倫理。

主要學習內容：人際關係、群己關係、角色認知、道德倫理。

〈主要概念性知識〉

人際關係。

群己關係。

角色認知：個人的權利、義務、能力與責任。

道德倫理。

〈教材與教學活動參考示例〉

討論園遊會活動工作分配，如採購、布置、宣傳、善後工作等。

5-4-5 分析人際、群己、群體相處可能的產生衝突及解決策略，並能運用理性溝通、相互尊重與適當妥協等基本原則。

〈能力指標說明〉

以「公民實踐」為主的能力指標。

預期學生能夠：分析各種衝突的原因，應用理性溝通、相互尊重與適當妥協等基本原則，建立解決衝突的策略。

主要學習內容：認知一般衝突的原因、一般衝突解決的策略。

〈主要概念性知識〉

一般衝突的原因：目標、理想與價值觀的衝突；利益衝突、遂行權利的行為衝突等。

一般衝突解決的策略：降溫、理性溝通、尊重與包容、妥協等原則。

〈教材與教學活動參考示例〉

1. 學生衝突事件分析。

2. 情緒管理教學活動。

3.「停一停、想一想、試一試」教學活動設計。

陸、第六軸「權力、規則與人權」能力指標解讀結果

一、概述

本軸能力指標內涵重點在於從國家、政治制度與司法系統等制度層面探討權力、權利（含人權）的動態運作原則，所指涉之概念性知識及其因果與互動關係之敘述相當明確。比較抽象的 6-4-5 關於民主政府之合理性、正當性與合法性，應先了解民主政府的權力來源及民主政治的運作制度與基本原則，包括：民意導向、依法行政、責任政治、分權制衡、妥協（服從多數與尊重少數）等重要概念。

二、解讀結果

6-4-1 以我國為例，分析權力和政治、經濟、文化、社會型態等如何相互影響。

〈能力指標說明〉

預期學生能夠：以我國為例，分析權力的取得、分配與運用，與政治、經濟、文化、社會型態等因素所形成的社會結構，存在著交互作用的關係。

主要學習內容：權力、政治型態、文化型態、經濟型態、社會型態及其交互作用。

〈主要概念性知識〉

權力：權力的作用、如何取得、分配與運用。

政治型態。

文化型態。

經濟型態。

社會型態。

權力和政治、經濟、文化、社會型態等的交互作用。

〈教材與教學活動參考示例〉

以民進黨與國民黨之間的政治權力的消長為例，了解權力結構與社會結構的改變之間的關係。

6-4-2 以歷史及當代政府爲例，分析制衡對於約束權力的重要性，並推測失去制衡時權力演變的可能結果。

〈能力指標說明〉

預期學生能夠：了解權力的制衡觀念與制度，並分析若權力缺乏制衡時，擁有權力者可能走向專制、獨裁與腐化的結果。

主要學習內容：權力制衡的觀念與制度。

〈主要概念性知識〉

權力制衡的觀念：權能區分、三權分立、中央與地方均權。

權力制衡的制度：例如行政、立法、司法三權分立、公民投票、創制與複決。

〈教材與教學活動參考示例〉

從歷史和當代政府的紀錄，了解制衡權力的重要性，例如：

1. 英國光榮革命，發展出三權分立，樹立現代民主政治的典範。

2. 明太祖廢宰相，自領六部，造成君權獨裁的惡果。

6-4-3 說明司法系統的基本運作程序與原則。

〈能力指標說明〉

預期學生能夠：說明司法系統中的相關法律、機構、制度及其運作的程序與原則。

主要學習內容：司法制度、法律體系、司法運作程序、司法運作原則。

〈主要概念性知識〉

司法制度：法院體系、三級三審。

法律體系：憲法、法律、命令。

司法運作程序：訴訟程序、權利救濟程序、上訴。

司法運作原則：正當程序、獨立審判、無罪推定、罪刑法定等。

〈教材與教學活動參考示例〉

以倒會（民事訴訟）、恐嚇取財（刑事訴訟）和勞工爭取權益（權利救濟）等事例，學習各種司法運作程序與原則。

6-4-4 舉例說明各種權利（如兒童權、學習權、隱私權、財產權、生存權、自由權、機會均等權、環境權及公民權等）之間可能發生的衝突。

〈能力指標說明〉

預期學生能夠：了解各種權利的意義，遂行權利的正當行為，並從中了解各種權利行為之間可能發生衝突。

主要學習內容：各種權利（如兒童權、學習權、隱私權、財產權、生存權、自由權、機會均等權、環境權及公民權等）、權利行為規範、權利衝突解決方法。

〈主要概念性知識〉

權利：兒童權、學習權、隱私權、財產權、生存權、自由權、機會均等權、環境權及公民權等。

權利行為規範。

權利之間的衝突。

權利衝突解決方法。

〈教材與教學活動參考示例〉

透過權利衝突的爭議性議題，例如「大眾運輸司機罷工與大眾行的權利」，討論權利衝突問題。

6-4-5 探索民主政府的合理性、正當性與合法性。

〈能力指標說明〉

預期學生能夠：從民主政府的運作過程及其結果，探討民主政府權力的取得、應用、被監督與負責任的合理性、正當性與合法性。

主要學習內容：民主政治的運作制度與運作原則、民主政府的合理性、正當性，與合法性。

〈主要概念性知識〉

民主政治的運作制度：政黨政治、憲政制度、分權制衡（權能區分、三權分立）、人民參政制度（選舉制度、公民投票等）。

民主政治的運作原則：主權在民、民意政治、法治精神、責任政治、妥協原則（多數尊重少數、少數服從多數）。

民主政府的合理性：民主政府值得信賴、值得維護、值得期待的理由。

民主政府的正當性：民主政府被人民接受、承認與擁護的權力來源或基礎。

民主政府的合法性：民主政府取得權力與應用權力的法理依據。

〈教材與教學活動參考示例〉

1. 以美國獨立運動為例，分析其建國精神與政治制度的正當性。
2. 以台灣民主化過程的成果與缺失為例，提出改進的意見。

6-4-6 分析國家的組成及其目的。

〈能力指標說明〉

預期學生能夠：分析國家的組成因素及組成國家之目的。

主要學習內容：國家組成條件、國家組成目的。

〈主要概念性知識〉

國家組成條件：政府、主權、人民、領土。

國家組成目的：保障人民的安全、權利與幸福？或成為宰制人民的機器？

〈教材與教學活動參考示例〉

比較民主先進國家與極權落後國家的組成要素，及其人民的處境。

柒、第七軸「生產、分配與消費」能力指標解讀結果

一、概述

本軸第四階段能力指標的核心概念是「經濟行為」，主要內涵包括生產、分配與消費三個向度，而且都包括個體經濟行為與總體經濟行為兩個層次。這八條能力指標的敘述大致分兩種方式：⑴ 7-4-1、7-4-2、7-4-5、7-4-6 等四條能力指標為經濟活動現象之描述，所指涉的經濟學概念並不明顯，需要加註某些概念才能呈顯其涵義，留下較大的詮釋解讀空間；⑵ 7-4-3、7-4-4、7-4-7、7-4-8 等四條能力指標則分別明確的指向國際貿易、生產要素、金融與資源分配等特定的經濟學概念。

二、解讀結果

7-4-1 分析個人如何透過參與各行各業與他人分工，進而產生整體的經濟功能。

〈能力指標說明〉

預期學生能夠：從個人參與經濟活動，分析個體經濟活動（如就業與創業、生產與消費），如何在講求分工與合作的經濟體系中，對總體經濟成果的貢獻。

主要學習內容：個體經濟活動、經濟分工與合作、總體經濟成果。

〈主要概念性知識〉

個體經濟活動：就業與創業、生產與消費、機會成本、投資報酬。

經濟分工與合作：供給與需要、勞務與商品、比較利益法則。

總體經濟成果：經濟成長、國民生產毛額。

〈教材與教學活動參考示例〉

1. 便利商店與我的日常生活。

2. 完成「一日之所需，百工斯為備」學習單。

3. 分析個體經濟活動的互動關係。

4. 分析個人生產與消費在整體經濟系統中的作用。

7-4-2 了解在人類成長的歷程中，社會如何賦予人不同的角色與機會。

〈能力指標說明〉

預期學生能夠：了解社會自有一套教育與選拔人才的機制，而個人也基於自利的原則，選擇社會所提供的機會與角色，進而建立個人的生涯發展觀念。

主要學習內容：學校教育、社會分工、生涯發展。

〈主要概念性知識〉

學校教育。

生涯發展。

社會分工。

〈教材與教學活動參考示例〉

1. 周朝封建制度下的貴族、平民與奴隸的社會階級、經濟關係與人才選拔方式。

2. 「台灣阿誠」或「日本阿信」等現代社會的奮鬥事例。

7-4-3 了解在國際貿易關係中，調節進出口的品質與數量，會影響國家經濟發展。

〈能力指標說明〉

預期學生能夠：具備國際貿易的基本觀念與常識，了解進出口貨物與勞務的質量與國家總體經濟發展之間的關係以及政府在國際貿易活動中所扮演的角色。

主要學習內容：國際貿易、經濟成長、政府調控措施。

〈主要概念性知識〉

國際貿易：比較利益法則、順差與逆差。

經濟發展：經濟成長率、國民生產毛額、國民所得、產業結構等。

政府調控措施：關稅、保護措施、優惠措施等。

〈教材與教學活動參考示例〉

政府在各個經濟發展階段採行不同的經濟發展策略與國際貿易調控措施，引導台灣經濟發展。

7-4-4 舉例說明各種生產活動所使用的生產要素。

〈能力指標說明〉

預期學生能夠：舉例說明各種產業的生產要素。

主要學習內容：生產要素。

〈主要概念性知識〉

生產要素：土地、資本（含資金與設備）、人力（含勞力與腦力）、技術（含資訊）。

〈教材與教學活動參考示例〉

以三級產業為例，分別列舉其生產要素。

7-4-5 舉出政府非因特定個人使用而興建某些工程或從事某些消費的例子。

〈能力指標說明〉

預期學生能夠：了解政府應用稅收、進行公共建設、公共造財的用途與受益對象。

主要學習內容：稅收、公共支出、公共財。

〈主要概念性知識〉

稅收。

公共支出。

公共財。

〈教材與教學活動參考示例〉

以某一項公共建設為例（如交通設施、成立救難隊、興建文化中

心等），分析其用途與受益對象。

7-4-6 舉例說明某些經濟行爲的後果不僅及於行爲人本身，還會影響大眾，因此政府乃進行管理或干預。

〈能力指標說明〉

預期學生能夠：舉例說明經濟行為不論是生產、分配與消費，都可能帶來外部效果或社會成本，不但影響個人也影響大眾，故必要時政府應動用公權力限制個人的經濟自由。

主要學習內容：外部效果、社會成本、社會安全、經濟調控措施。

〈主要概念性知識〉

外部效果。

社會成本。

社會安全：財富分配不均引發貧富差距過大、缺乏社會保險與救濟制度等。

經濟調控措施：課稅、管制物價、禁運、禁售等手段。

〈教材與教學活動參考示例〉

1. 限制野生動物及其製品進口。
2. 取締維害環境與破壞生態的生產活動。
3. 抵制或禁售剝削勞力的商品。
4. 查輯走私、盜版（維護經濟秩序）、開放大陸投資是否危及國家整體安全等。

7-4-7 列舉數種金融管道，並分析其對個人理財上的優缺點。

〈能力指標說明〉

預期學生能夠：認識一些金融管道，以及利用這些金融管道理財可能產生的利潤與風險。

主要學習內容：金融管道、利潤與風險。

〈主要概念性知識〉

金融管道：投資的、儲蓄的與避險的金融管道。

利潤與風險。

〈教材與教學活動參考示例〉

設計「我家大掌櫃」教學活動，摸擬家庭財務分配與理財方式，並檢討它們的利潤與風險。

7-4-8 解析資源分配如何受到權力結構的影響。

〈能力指標說明〉

預期學生能夠：從資源分配的狀況（如政府預算、家庭收支等），發現權力結構在其中的影響。

主要學習內容：資源分配、權力結構。

〈主要概念性知識〉

資源分配：政府預算、家庭收支。

權力結構。

〈教材與教學活動參考示例〉

1. 檢視家庭角色與家庭財務支配之間的關係。
2. 政黨輪替後的「重南輕北」狀況的改善。

捌、第八軸「科學、科技與社會」能力指標解讀結果

一、概述

本軸第四學習階段能力指標基本上是描述科學、科技與社會之間交互作用的關係，主要分為三方面：

一、分析科學技術的發明或發展與人類價值、信仰、態度之間的關係（8-4-1, 8-4-2）。

二、評估社會規範（專業倫理、道德、法律）對科技應用的關係（8-4-3, 8-4-4, 8-4-5）。

三、了解科學技術之應用引發社會問題與環境問題的解決（8-4-6）。

基於社會學習領域課程屬性以及與生活經驗結合之考量，分析科學技術之發明、發展與人類價值、信仰、態度之間的關係，建議從科學與科技應用所引發之重要議題著手，例如環境問題（環境、生態破壞等）與社會問題（例如生物複製、墮胎、侵犯穩私權）。

科學、科技對人類社會演進的影響，包括歷史上的重要科技發明如辨別方向的方法、印刷術等對人類社會發展的重要影響，當代與未來重要科技如運輸、能源、通訊、資訊、醫藥、營建、基因工程、奈米科技、衛星遙測等之應用，可能造成的社會衝擊。討論這類問題應對科技應用之善果（更有效率、安全、適舒、便捷、豐富、健康等）與惡果（破壞環境與生態、自我毀滅、侵犯人的穩私與人性尊嚴、物慾高漲等）有所了解，進而討論可能對人類的價值、信仰、態度可能造成的影響，例如對人類社會的生存、生命、生活與生計各層面，包括社會結構、宗教信仰、生活態度（如綠色消費）、人際互動關係、生命價值、權利、環境意識、倫理與道德觀念等。

科技應用如何規範管理與問題解決，大致分兩部分：一是對於科技應用已造成之問題，大都必須依賴不同專業領域的科學技術的交流與整合加以克服、解決（如物種保護與復育），思考其解決方法，則涉及社會制度、法律程序與科技應用等因素，以獲得優質方案、策略的選擇。二是思考應對科技應用如何加以專業倫理、道德、法律等加以有效的管理、規範，以防患未然並促進科學科技的正向發展，造福人類與萬物的問題。

二、解讀結果

8-4-1　分析科學技術的發明與人類價值、信仰、態度如何交互影響。

〈能力指標說明〉

預期學生能夠：分析科學技術的發明與人類價值、信仰、態度之間的關係。

主要學習內容：科學發明與人類價值、信仰、態度的交互影響。

〈主要概念性知識〉

科學技術的發明的影響：新方法、新工具、新觀念。

人類價值、信仰、態度對科學技術的影響：形成社會需求、形成酬償制度、型塑思維模式等。

〈教材與教學活動參考示例〉

1. 因需要而發明的事例，如網罟、錢幣、交通工具等。

2. 因發明而改變人類之觀念的事例，如天文學而改變人的宇宙觀。

8-4-2 分析人類的價值、信仰和態度如何影響科學技術的發展方向。

〈能力指標說明〉

預期學生能夠：從科學技術發展方向，發現人類的價值、信仰和態度在其中的影響。

主要學習內容：科學技術發展方向、人類的價值、信仰和態度的影響。

〈主要概念性知識〉

科學技術發展方向：例如發展重工業或民生工業、生物科技或環保科技。

社會價值、信仰和態度影響：形成社會需求、形成酬償制度、型塑思維模式。

〈教材與教學活動參考示例〉

1. 中國天人合一思想下的倫理道德學說特別發達。

2. 印度追求超越現世苦難，故超現實的心靈哲學造詣特別高。

3. 西歐重視思辯與理性，故後來在自然科學的成就特別輝煌。

8-4-3 評估科技的研究和運用，不受專業倫理、道德或法律規範的可能結果。

〈能力指標說明〉

預期學生能夠：了解若科技研究與應用不受專業倫理、道德或法律規範，可能為人類社會帶來正面與負面的衝擊。

主要學習內容：科技研究的正負面影響、社會規範（含專業倫理）。

〈主要概念性知識〉

科技研究的正負影響：

1. 善果（例如帶來安全、健康、便捷、效率、舒適、豐富與進步等）。
2. 惡果（例如帶來破壞、毀滅、貪婪、野心、侵犯穩私等）。

社會規範：道德觀念（例如社會責任）、專業倫理、法律等。

〈教材與教學活動參考示例〉

例如生物複製技術可能在社會倫理、道德與法律上的爭議。

8-4-4 對科技運用所產生的問題，提出促進立法與監督執法的策略和行動。

〈能力指標說明〉

預期學生能夠：從某種科技運用所產生的社會衝擊，去構思如何對科技應用加以立法監督及有效的執法策略。

主要學習內容：立法程序與監督執法的策略和行動。

〈主要概念性知識〉

立法程序。

執法監督。

〈教材與教學活動參考示例〉

1. 核能應用的管制與監督。
2. 保障智慧財產權以獎勵科學研究、發明與創作。

8-4-5 評估因新科技出現而訂定的有關處理社會變遷的政策或法令。

〈能力指標說明〉

預期學生能夠：針對某些新科技評估其可能造成的社會衝擊，試擬處理問題的政策或法令。

主要學習內容：新科技影響下的「社會變遷」、立法程序。

〈主要概念性知識〉

新科技影響下的社會變遷：人口結構改變、社會倫理改變、人際互動方式改變、生活方式與生活水準改變、價值觀改變等。

立法程序。

〈教材與教學活動參考示例〉

1. 壽命延長、人口結構老化所衍生的社會問題與對策。
2. 代理孕母如何規範？
3. 網路犯罪如何防範？

8-4-6 了解環境問題或社會問題的解決，需靠跨領域的專業彼此交流、合作和整合。

〈能力指標說明〉

預期學生能夠：了解環境問題或社會問題成因複雜，其解決方案往往涉及社會、經濟、政治、法律與科技因素，故需要跨領域的專業彼此交流、合作和整合。

主要學習內容：重要環保問題或社會問題、科際整合觀念。

〈主要概念性知識〉

環境問題。

社會問題。

科際整合觀念：多面向問題思考、不同專業領域的互相印證、參照與合作。

〈教材與教學活動參考示例〉

1. 溫室效應問題的產生與解決。
2. 三峽大壩工程及其相關問題（移民、生態、文化資產的保存維護等）。

玖、第九軸「全球關聯」能力指標解讀結果

一、概述

本軸第四學習階段能力指標基本上是以國際觀與全球視野，強調人類社會是「互動」且「互賴」的關係。隨著科技發達與全球化趨勢的來臨，人類社會這種互動且互賴的關係也愈加明顯，所帶來的新遠景也引發新的衝突與危機，國際觀與全球視野是面對這種全球情勢不可或缺的認知與態度。

二、解讀結果

9-4-1 評估各種關係網路（如交通網、資訊網、人際網、經濟網、政治圈、語言等）的全球化對全球關聯性所造成的影響。

〈能力指標說明〉

預期學生能夠：評估各種關係網路的全球化，造成全球互賴關係加深所帶來的影響。

主要學習內容：各種關係網絡、全球化、全球互賴關係。

〈主要概念性知識〉

各種關係網路。

全球化（兩項特徵：普遍性或具有穿透國界的影響力）。

全球互賴關係。

〈教材與教學活動參考示例〉

1. 航空交通發達之下的影響、網路通訊發達之下的影響等。
2. 台灣 921 大地震為何引起世界的關切？

9-4-2 說明不同文化之接觸和交流如何造成衝突、合作與文化創新。

〈能力指標說明〉

預期學生能夠：了解文化交流所引發之衝突、合作與文化創新的原因。

主要學習內容：文化交流（方式與途徑）、文化變遷（文化衝突的原因、文化融合的原因、文化創新的原因）。

〈主要概念性知識〉

文化交流：意義、方式與途徑。

文化衝突。

文化融合。

文化變遷：創新或消失。

〈教材與教學活動參考示例〉

1. 青少年的哈日、哈韓風。
2. 蒙古西征與十字軍東征促成東西文化交流。
3. 雍正禁教的原因與影響等。

9-4-3 說明強勢文化的支配性、商業產品的標準化與大眾傳播的廣泛深入如何促使全球趨於一致，並影響文化的多樣性和引發人類的適應問題。

〈能力指標說明〉

預期學生能夠：了解強勢文化透過商品傾銷與大眾傳播的宣傳，已經形成全球化的影響，同時有扼殺在地文化（文化多樣性）的危機，並引導學生思考如何因應之道。

主要學習內容：強勢文化、弱勢文化、文化支配性、媒體、大眾傳播、在地化（文化多樣性）。

〈主要概念性知識〉

強勢文化（比較先進、功能強大、勢力龐大等）。

文化支配性（掌握發展之技術、規格與傳播通路等）。

弱勢文化（人數少、發展條件薄弱、容易被忽視或傷害等）。

標準化、規格化。

大眾傳播。

媒體。

全球化。

在地化（具本土特色者、多樣性）。

〈教材與教學活動參考示例〉

1. 探討美國速食文化，如何結合國家強大的經貿實力、大眾傳媒，滲透世界各地，導致各國傳統飲食文化的改變。
2. 在好萊塢電影強力的放送下，國片乏人問津該怎麼辦？
3. 全球化強調無貿易壁壘與障礙，這對我國經貿有何影響？

9-4-4　分析國際間衝突和合作的原因，並提出增進合作和化解衝突的途徑。

〈能力指標說明〉

預期學生能夠：從某些國際衝突和合作事件，分析其原因，並提出促進合作與解決之道。

主要學習內容：國際組織、國際衝突、國際合作。

〈主要概念性知識〉

國際組織：宗旨、功能。

國際衝突：經貿衝突、政治衝突等。

國際合作：經貿合作、政治合作、文化交流等。

〈教材與教學活動參考示例〉

1. 區域經濟整合（如歐盟）。
2. 禁止販賣保育類動植物、國際救災（紅十字會）。
3. 美伊戰爭、蓋達組織與西方世界的對抗等。

9-4-5 舉出全球面臨與關心的課題（如環保、飢餓、犯罪、疫病、基本人權、經貿與科技研究等），分析其因果並建構問題解決方案。

〈能力指標說明〉

預期學生能夠：列舉全球共同關心的課題，分析其原因、我們必須關心的理由，並思考思考解決之道。

主要學習內容：重要的全球性課程的研討、全球互賴關係。

〈主要概念性知識〉

全球性問題。

全球互賴關係。

〈教材與教學活動參考示例〉

例如環保、飢餓、犯罪、疫病、基本人權、經貿與科技研究等問題。

9-4-6 討論國際組織在解決全球性問題上所扮演的角色。

〈能力指標說明〉

預期學生能夠：就某全球性問題，討論國際組織所扮演的角色。

主要學習內容：國際組織的角色與功能。

〈主要概念性知識〉

國際組織。

國際組織的角色與功能：調停、仲裁、制裁、整合等。

〈教材與教學活動參考示例〉

聯合國、WHO、WTO、綠色和平組織等國際組織的宗旨與功能。

9-4-7 關懷全球環境和人類共同福祉，並身體力行。

〈能力指標說明〉

以「公民實踐」為主的能力指標。

預期學生能夠：將視野與焦點放在對全人類的關懷，而不局限於

個人或國家的範疇，以實踐行動關懷人類的共同福祉。

主要學習內容：關懷全球性的環境問題、共同福祉的實踐行動（含國際交流）。

〈主要概念性知識〉

全球性環境問題的維護與關懷行動。

國際性的生態、人權、安全、健康、和平等問題的關懷與維護行動。

〈教材與教學活動參考示例〉

例如設計參與關心野生動物濫捕、非洲飢民、戰區兒童等教學活動。

第四節 解讀方法與結果之調查分析

壹、研究抽樣

為了解社會學習領域教師對能力指標解讀結果正確性的接受度，乃綜合、修訂研究者及九十二年暑期進修教師分組解讀結果，製成問卷三百份，以台北縣、市、桃園縣、宜蘭縣等縣市國中社會學習領域教師為研究對象，以隨機抽樣方式，進行解讀方法與結果問卷調查。總共回收二百零一份，有效樣本一百八十九份，回收率六十三%。歷史教師六十八人、地理六十三人、公民五十八人（見表 3-4-1）。

表 3-4-1　研究樣本學歷與學科專長分配表

學科專長／學歷	歷史科	地理科	公民科	總數
大學畢業	19	29	19	67
準碩士	34	23	21	78
碩士	15	11	18	44
總數	68	63	58	189

一、問卷填答方式

受試者被要求針對問卷中每一條能力指標逐條標解讀結果，以及每一軸的整體解讀解結果的正確性，表示其同意程度。每一條能力指標解讀結果分為三個分項：能力指標說明、主要概念性知識（含陳述性知或程序性知識）、教材／教學活動示例。每一分項有四個同意程度選項：不同意、部分同意、相當同意、完全同意。每一軸的整體解讀結果分為三個項目：「能力指標說明參考價值」、「主要概念知識參考價值」、「教材與教學活動示例參考價值」，評分組距由 0-1 代表「完全不同意」到 9-10 代表「完全同意」。

為配合研究對象的學科專長，問卷填寫範圍有所區別（見表 3-4-2）：地理科專長者，填寫第一軸「人與空間」；歷史科專長者，填寫第二軸「人與時間」；公民科專長者，填寫第五軸「自我、人際與群己」、第六軸「權力、規則與人權」、第七軸「生產、分配與消費」。因為第三軸「演化與不變」、第四軸「意義與價值」、第八軸「科學、技術和社會」、第九軸「全球關聯」，對三種學科專長教師而言都屬於陌生的主題軸，故一併列為解讀結果同意程度的調查對象。故第一軸填答者 63 位，第二軸填答者 68 位，第 5、6、7 軸填答者 58 位，第三、四、八、九軸填答者一百八十九位。

表 3-4-2　各主題軸問卷填答與學科專長配對表

主題軸／問卷／學科專長	第一軸人與空間	第二軸人與時間	第三軸演化與不變	第四軸意義與價值	第五軸自我、人際與群己	第六軸權力、規則與人權	第七軸生產、分配與消費	第八軸科學、技術和社會	第九軸全球關聯
地理科	63		63	63				63	63
歷史科		68	68	68				68	68
公民科			58	58	58	58	58	58	58

貳、解讀結果被同意程度問卷調查結果

一、各軸解讀結果整體同意程度

各軸解讀結果整體同意度，以受試者對問卷中所列舉之各軸解讀結果的整體參考價值評分判定之，10 分為滿分，代表完全同意。由表 3-4-3 可知受試者對於各軸「能力指標說明」部分的評分平均最低為第一軸「人與空間」6.92，最高為第七軸「生產、分配與消費」平均 8.00；「主要概念性知識」的參考價值，最低為第二軸「人與時間」6.43，最高為第五軸「自我、人際與群己」平均 8.27；「教材與教學活動示例」參考價值為最低為第二軸「人與時間」7.34，最高是第五軸「自我、人際與群己」8.37。從平均數看來，各軸解讀結果整體接受度屬中上趨近高度接受。

表 3-4-3　第 1-9 軸第四階段能力指標整體解讀結果同意度之平均數與標準差

統計項目 \ 主題軸		第一軸人與空間	第二軸人與時間	第三軸演化與不變	第四軸意義與價值	第五軸自我、人際與群己	第六軸權力、規則與人權	第七軸生產、分配與消費	第八軸科學、技術和社會	第九軸全球關聯
能力指標說明參考價值	N	63	67	188	188	58	58	58	188	188
	平均數	6.9206	7.0149	6.9894	7.2287	7.9828	7.9828	8.0000	7.3457	7.6170
	標準差	1.5482	1.6283	1.7459	1.7415	1.3441	1.3700	1.3700	1.7375	1.6874
主要概念知識參考價值	N	63	67	188	188	58	58	58	188	188
	平均數	7.4603	6.4328	6.9149	7.3351	8.2759	8.1379	8.1897	7.4681	7.7128
	標準差	1.2804	1.8605	1.7003	1.6960	1.0562	1.3822	1.3822	1.6848	1.6906
教材與教學活動示例參考價值	N	63	67	188	188	58	58	58	188	188
	平均數	7.682	7.3433	7.4096	7.7181	8.3793	8.2069	8.0862	7.8298	8.0106
	標準差	1.4236	1.6565	1.8318	1.6221	1.0732	1.2391	1.2391	1.7437	1.6546

二、各條能力指標解讀分項共識程度分析

表 3-4-4 是各軸每一條能力指標解讀分項同意程度次數分配及其百分比統計結果。在第四學習階段總共五十七條能能力指標一百七十一個分項中，解讀分項結果無「不同意」反應者八十八項，占總分項的 51.46%，出現「不同意」的分項共八十三項，占 48.54%。不過，「不同意」的次數比率很低。不同意出現最多的，「能力指標說明」方面是 1-4-3，為三人次占 4.8%；「主要概念性知識」方面是 6-4-2，為二人次占 3.4%；「教材與教學活動示例」方面是 3-4-4，為十次占 5.3%、7-4-7，為三人次占 5.2%。

從「共識程度」的觀點來看，若將該分項解讀結果之「相當同意」與「完全同意」兩項的百分比相加高於 70%者劃為「高度共識」的解讀結果，低於 70%者劃為「待形成共識」的解讀結果，前者有一百四十七項占 85.97%，後者二十四項占 14.03%。

「待形成共識」的二十四項中，以主題軸區分，第三軸「演化與不變」十項最多，其原因可能有二：詮釋解讀仍不夠詳實，或者是因為「演化與不變」屬新生課題為舊課程所沒有，教師較為陌生無從判斷。以解讀項目來看，「教材與教學活動示例」有十二項，可能這部分比較是發散式的思考，而且是詮釋解讀的最後步驟，歧異性比較大。

表 3-4-4　社會學習領域四階段能力指標解讀分項共識程度次數分配表

主題軸／統計項目		第一軸 人與空間	第二軸 人與時間	第三軸 演化與不變	第四軸 意義與價值	第五軸 自我、人際與群己	第六軸 權力、規則與人權	第七軸 生產、分配與消費	第八軸 科學、技術和社會	第九軸 全球關聯	合計
能力指標說明	N	8	6	6	5	5	6	8	6	7	57
	待形成共識	1	0	2	1	0	0	0	1	0	5
	高度共識	7	6	4	4	5	6	8	5	7	52
主要概念知識	N	8	6	6	5	5	6	8	6	7	57
	待形成共識	1	0	4	1	0	0	0	1	0	7
	高度共識	7	6	2	4	5	6	8	5	7	50
教材與教學活動示例	N	8	6	6	5	5	6	8	6	7	57
	待形成共識	3	2	4	1	0	1	1	0	0	12
	高度共識	5	4	2	4	5	5	7	6	7	45
合　計	N	24	18	18	15	15	15	24	18	21	171
	待形成共識	5	2	10	3	0	1	1	2	0	24
	高度共識	19	16	8	12	15	14	23	16	21	147

㈠質化方面的分析

從參與解讀教師的意見反應，則有以下發現：

1. 參與解讀工作的教師普遍覺得比較了解能力指標的知識內涵，以及教材應用與教學活動設計的方向感。
2. 在看到解讀結果之後，都會發覺教材的編寫方向與能力指標確實有落差。

3. 教師們雖然覺得大多數的能力指標在理解上並不困難，但呈現能力指標說明時，往往發現自己的理解在邏輯上與能力指標不一致，以及包覆性不夠的問題。在提示之後，都能根據本文所提出三項檢驗準則加以改正。
4. 某些概念性知識與因果關係確實沒把握，例如演化、永續發展的倫理、學習型組織、民主政府的合理性、正當性與合法性、全球化等。
5. 因為第二軸能力指標2-4-1、2-4-2、2-4-3屬於學習範圍的描述，在解讀上覺得比較難以掌握其中的概念性知識。研究者參照林淑慈（民90）與Kendall與Marzano（2000）關於歷史學教育的基本核心概念之建議，故這三條能力指標之概念性知識皆為「時序」、「變遷」、「因果關係」、「結構」與「歷史解釋」。問卷調查的結果六十八個樣本只各出現一「不同意」。
6. 對於「3-4-4 說明一個多元的社會為何比一個劃一的系統，更能應付不同的外在與內在環境。」不表認同者頗多，因為事實上多元的社會不一定比一個劃一的系統更能應付不同的外在與內在環境。
7. 在教材與教學活動舉例時，往往發現對概念知識理解不確實。
8. 「意識型態」仍然對能力指標之理解有影響，在教材與教學活動舉例時，隱約浮現。

參、結論與建議

一、結論

㈠國中教師能力指標的課程解讀專業能力有待建立，以免影響課程目標之實現。

㈡能力指標解讀有助於強化教材與能力指標的連結。

㈢社會學習領域能力指標經過詮釋解讀，能更清晰掌握每一條能力指

標的涵義、主要概念性知識，以及教材與教學活動之應用。

㈣本研究所提出之「詮釋解讀法」經過實驗與問卷調查證實方法可行，且對國中社會學習領域教師的參考價值在中上程度。

㈤整體而言，詮釋解讀法得到的各分項解讀成果，共識度高。雖然有八十四個分項出現「不同意」，但次數比率都很低。

㈥解讀解結果分項屬於「高度共識」者一百四十七項占85.97%，「待形成共識」的有二十四項占14.03%。

㈦待形成共識項目第三軸「演化與不變」最多十項，其原因可能有二：解讀不夠精確，或者是因為「演化與不變」屬新生課題為舊課程所沒有，教師較為陌生無從判斷。

㈧以解讀項目來看，「教材與教學活動示例」有十二項，可能這部分比較是發散式的思考，而且是詮釋解讀的最後步驟，歧異性比較大。

二、建議

㈠因應九年一貫社會學習領域課程之需要，教師之養成教育、進修或研習應設法提升其能力指標的解讀與課程轉化能力。

㈡對社會學習領域能力指標基本屬性之理解，課程、教學與評量不一致，恐怕對課程實踐造成不利的影響，教育部應盡速促成對話、溝通。

㈢任何解讀的結果都不是最後的結果，充分的意義與共識永遠在發展之中。

㈣對於共識性比較低的部分，應再做詮釋，並進一步研究其原因，或許是解讀方法不當？或許是能力指標本身表述不夠清楚？

社會學習領域能力指標之統整與教學活動設計

第三章討論能力指標解讀方法及其結果，目的在協助教師能從能力指標出發，具體的掌握能力指標的重要知識內涵，以作為教材與教學活動設計之藍本，至少讓教師們更清楚該如何應用手邊的教材，以及調整教學活動，使得能力指標所指示的學習內容更確實的被落實在教學中。不過，為了符合社會學習領域課程追求簡化、類化、意義化的理念，當教師有能力進行能力指標逐條轉化之後，應以統整的觀點，著眼於能力指標之間的關聯意義，不能只停留在進行逐條轉化的層次上，以免社會學習領域課程勢必成為支離破碎的課程，況且分散在各軸的能力指標，存在某種關聯意義，因此在掌握各條能力指標之後，必須進行能力指標的整合，始能建構有系統的課程大綱。其方式大致如下：

第一節 能力指標統整方法

壹、能力指標主題化

能力指標之統整的第一種方法是將含義夠豐富的能力指標主題化，形成有統攝作用的核心，統整其他相關的能力指標。例如將「1-4-1 分析形成地方或區域特性的因素，並思考維護或改善的方法。」這條能力指標主題化，形成探討各地區之特性的課程主題，以「區域特性」為核心，結合重要生活經驗或議題，形成課程主題，可以統攝若干能力指標，包括 1-4-2、1-4-3、1-4-7、1-4-8、4-4-1、4-4-2、4-4-4 等，其主要概念性知識都可以指向「區域特性」，那麼我們可以規劃從「關山社區營造」到「中國綠色長城計畫」的一系列教學單元所構成的課程計畫（見如表 4-1-1），導引學生將習得的知識用以「應對」一系列的課程。

表4-1-1　能力指標1-4-1主題化統整相關能力指標

<table>
<tr><td colspan="2">主題化的能力指標
1-4-1 分析形成地方或區域特性的因素，並思考維護或改善的方法。
相關的能力指標
1-4-2 分析自然環境、人文環境及其互動如何影響人類的生活型態。
1-4-3 分析人們對地方和環境的識覺改變如何反映文化的變遷。
1-4-7 說出對生活空間及周緣環境的感受，願意提出改善建言或方案。
1-4-8 評估地方或區域所實施的環境保育政策與執行成果。
4-4-1 想像自己的價值觀與生活方式在不同的時間、空間下有什麼變化。
4-4-2 在面對爭議性問題時，能從多元的觀點與他人進行理性辯證，並為自己的選擇與判斷提出好理由。
4-4-4 探索促進社會永續發展的倫理。</td></tr>
<tr><td colspan="2">以「區域特性」為核心的系列教學單元之一——關山社區營造</td></tr>
<tr><td>知識內涵</td><td>主要學習問題</td></tr>
<tr><td>自然環境的特色：自然環觀、特殊地形與地質、特殊氣候條件、好發天然災害等。
人文環境的特色：聚落型態、產業活動、生活方式、傳統民族文化、民俗活動等。
維護與改善方法：
環境保護方面的措施。
永續利用的措施。
環境覺識的改變。
文化的改變。
環保政策、環保措施、環保成果。
個人生活方式與價值觀的變化。
多元觀點。
理性辯證。
永續發展的倫理：
人與人的互信。
人與自然的和諧。
經濟開發與生態保育的平衡。
群族的共存共榮。
資源的永續發展。
不以犧牲下一代的權利為代價來滿足現代人的需要。</td><td>1. 關山社區人文環境特色為何？
2. 關山社區自然環境特色為何？
3. 關山社區自然環境與人文環境如何形塑關山社區的特色？
4. 社區的環境覺識為何？環保措施有哪些？
5. 環境保育與環境特色如何影響社區生活型態？
6. 關山社區營造重點為何？
7. 關山居民如何營造與規劃社區的未來？</td></tr>
</table>

試以表 4-1-1 內容發展網狀結構之課程設計如圖 4-1-1。

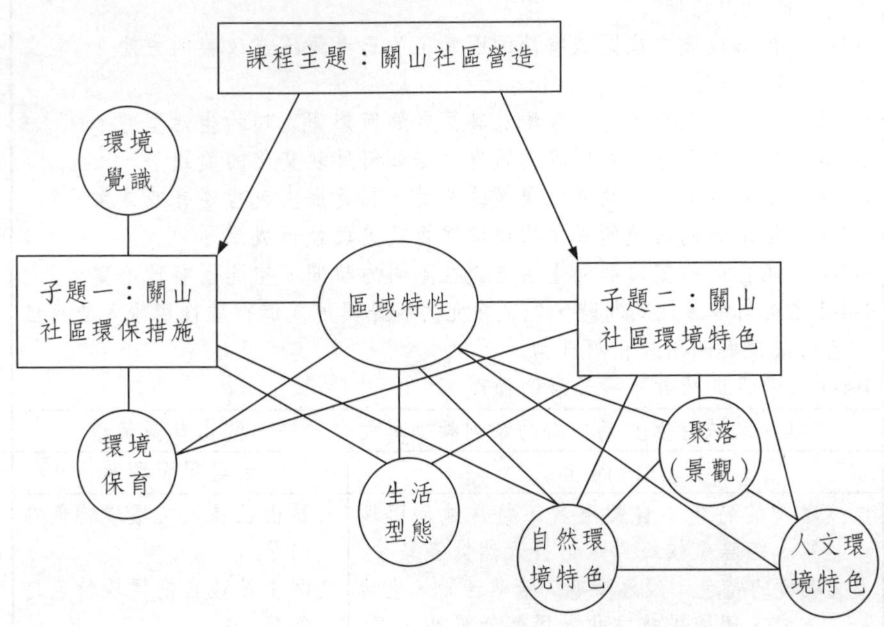

*說明：連結線代表一項主要學習內容所關涉之核心概念的連結關係。

主要探討的問題

1. 關山社區人文環境特色為何？
2. 關山社區自然環境特色為何？
3. 關山社區自然環境與人文環境如何形塑關山社區的特色？
4. 社區的環境識覺為何？環保措施有哪些？
5. 環境保育與環境特色如何影響社區生活型態？
6. 關山社區營造重點為何？
7. 關山居民如何營造與規劃社區的未來？

 圖 4-1-1　能力指標之網狀結構與課程設計——以「關山社區營造」為主題

貳、重要概念的網狀關係統整法

能力指標之間的「關聯意義」為重要的學習內容，進行能力指標之轉化，教師應注意能力指標之間的「網狀關係」，跨越主題軸的界限，發現能力指標之核心概念間的「關聯意義」。例如「7-4-3 了解在國際貿易關係中，調節進出口的品質與數量，會影響國家經濟發展。」、「9-4-1」評估各種關係網路（如交通網、資訊網、人際網、經濟網、政治圈、語言等）的全球化對全球關聯性造成的影響。」、「9-4-3 說明強勢文化的支配性、商業產品的標準化與大眾傳播的廣泛深入如何促使全球趨於一致，並影響文化的多樣性和引發人類的適應問題。」、「9-4-4 分析國際間衝突和合作的原因，並提出增進合作和化解衝突的途徑。」、「9-4-5 舉出全球面臨與關心的課題（如環保、飢餓、犯罪、疫病、基本人權、經貿與科技研究等），分析因果並建構問題解決方案。」、「9-4-6 討論國際組織在解決全球性問題上扮演的角色。」等六條能力指標中之「國際貿易」、「國際衝突與合作」、「全球化」、「強勢文化」與「環保、生態問題」等主要概念之間形成一種交互影響的網狀關係，適合將這些知識導向「全球關聯——經濟發展與生態保育的平衡」主題之探討。在這個主題下，可以探討的問題如下：

一、各國透過經貿發展經濟卻造成環境與生態的破壞，兩者之間如何取得平衡？

二、經貿強國挾其強勢文化推動全球化，衝擊經貿弱國（弱勢文化）的傳統產業與文化，引發的衝突，國際組織如何發揮功能，化解衝突？

三、國際貿易在「比較利益法則」下，經貿強國與經貿弱國之間如何形成相互依存的關係？

四、經貿強國如何對經貿弱國的環境與生態造成掠奪與破壞？

五、國際間形成哪些國際性組織以處理國際間的經濟合作與貿易衝突？

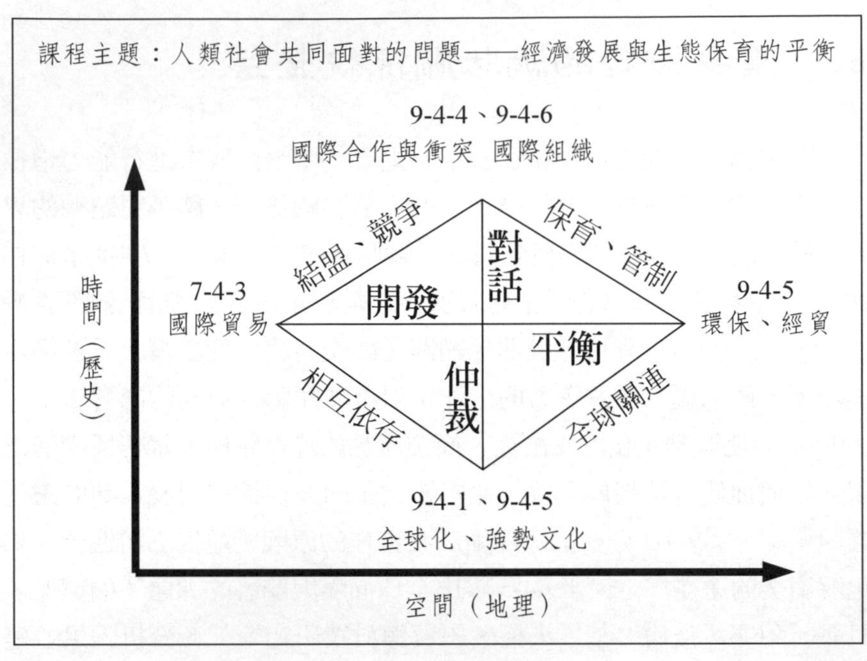

圖 4-1-2 核心概念之網狀關係

六、國際組織在促成經貿與環保平衡的工作上，做了哪些努力？

以上探討的問題可以發展出一個或一系列有關「全球關聯」的主題式教學設計，直接指向六條能力指標且統整相關知識的統整型課程，其主要相關能力指標、主要概念性知識與主要學習問題如表 4-1-2。

參、上位概念統整法

第三種統整能力指標的方法是以一種統觀理解的思考，掌握能夠統攝相關能力指標的「上位概念」或課程主題。例如表 4-1-3 所列舉之能力指標皆可置於「國際關係」的概念下。

表 4-1-2　核心概念之網狀關係統整 7-4-3 等相關能力指標

<table>
<tr><td colspan="2">7-4-3 了解在國際貿易關係中，調節進出口的品質與數量，會影響國家經濟發展。
9-4-1 評估各種關係網路（如交通網、資訊網、人際網、經濟網、政治圈、語言等）的全球化對全球關聯性造成的影響。
9-4-3 說明強勢文化的支配性、商業產品的標準化與大眾傳播的廣泛深入如何促使全球趨於一致，並影響文化的多樣性和引發人類的適應問題。
9-4-4 分析國際間衝突和合作的原因，並提出增進合作和化解衝突的途徑。
9-4-5 舉出全球面臨與關心的課題（如環保、飢餓、犯罪、疫病、基本人權、經貿與科技研究等），分析其因果並建構問題解決方案。
9-4-6 討論國際組織在解決全球性問題上所扮演的角色。</td></tr>
<tr><td colspan="2">課程主題：全球關聯——經濟發展與生態保育的平衡</td></tr>
<tr><td>主要概念性知識</td><td>主要學習問題</td></tr>
<tr><td>國際貿易：比較利益法則、經貿衝突、經貿合作。
經濟發展：經濟成長率、國民生產毛額、國民所得、產業結構等。
政府調控措施：關稅、保護措施、優惠措施等。
強勢文化（比較先進、功能強大、勢力龐大等）
文化支配性（掌握發展之技術、規格與傳播通路等）。
弱勢文化（人數少、發展條件薄弱、容易被忽視或傷害等）。
標準化、規格化。
全球化。
在地化（具本土特色者、多樣性）。
國際衝突：經貿衝突、政治與外交衝突、軍事衝突等。
國際合作：經濟、政治、軍事與外交方面的合作等。
全球性問題：經貿、環保等。
全球關聯。
國際組織的角色與功能：調停、仲裁、制裁、整合。</td><td>1. 各國透過經貿發展經濟卻造成環境與生態的破壞，兩者之間如何取得平衡？
2. 經貿強國挾其強勢文化推動全球化，衝擊經貿弱國（弱勢文化）的傳統產業與文化，引發的衝突，國際組織如何發揮功能，化解衝突？
3. 國際貿易在「比較利益法則」下，經貿強國與經貿弱國之間如何形成相互依存的關係？
4. 經貿強國如何對經貿弱國的環境與生態造成掠奪與破壞？
5. 國際間形成哪些國際性組織以處理國際間的經濟合作與貿易衝突？
6. 國際組織在促成經貿與環保平衡的工作上，做了哪些努力？</td></tr>
</table>

 表4-1-3 以「國際關係」為上位概念統整相關能力指標

8-3-3 舉例說明人類為何需要透過立法來管理科學和技術的應用。 9-3-3 舉出國際間因利益競爭造成衝突、對立與結盟的例子。 9-3-4 列舉全球面臨與關心的課題（如環保、飢餓、犯罪、疫病、基本人權、經貿與科技研究等），並提出問題解決的途徑。 9-3-5 列舉主要的國際組織（如聯合國、紅十字會、WTO 等）和其宗旨。 9-4-1 評估各種關係網路（如交通網、資訊網、人際網、經濟網、政治圈、語言等）的全球化對全球關聯性造成的影響。 9-4-4 分析國際間衝突和合作的原因，並提出增進合作和化解衝突的途徑。 9-4-5 舉出全球面臨與關心的課題（如環保、飢餓、犯罪、疫病、基本人權、經貿與科技研究等），分析其因果並建構問題解決方案。 9-4-6 討論國際組織在解決全球性問題上所扮演的角色。	
上位概念：國際關係	
主要概念性知識	主要學習問題
國際衝突的原因與類型：領土主權衝突、經濟利益衝突、政治與外交利益衝突、軍事衝突、文化衝突。 國際結盟（依公開或秘密條約所形成的國與國的外交結盟關係）：例如協約國、同盟國、北約組織等。 國際組織（處理某種性質國際事務的常設性機構）：聯合國、WHO、WHO 等。 國際合作：經濟、政治、軍事與外交方面的合作等。 全球性問題：環保、飢餓、犯罪、疫病、基本人權、經貿與科技研究等。 國際組織的角色與功能：調停、仲裁、制裁、整合。	1. 何謂國際關係？ 2. 國與國之間常見的衝突及其原因為何？ 3. 國際條約與結盟如何形成？ 4. 國際組織及其角色、功能為何？ 5. 國與國之間常見的合作及其原因為何？

第二節

從能力指標出發的教學設計——以「演化與不變」主題軸能力指標為例

九年一貫課程各領域以課程綱要的形式出現，以能力指標指示能力表現水準與學習內容選取方向，社會學習領域也不例外。新課程融入一些新的課程理念與目標，其中還包括「追求統整」、「能力導向」，同時也吸納新興學科知識與觀念，擴大社會學習領域的知識取材範圍，第三軸「演化與不變」就是其中之一。這些改變對教師的教學專業能力構成嚴酷的挑戰：⑴能力指標如何解讀，以掌握其中的重要概念性知識；⑵課程設計與教學如何將知識學習導向能力獲得；⑶如何形成統整的學習。其中掌握能力指標的重要知識是根本要務，有知識做基礎才能將學習導向能力的獲得，同時能力指標之間具有某種關聯意義，這是社會學習領域追求統整立場主要原因之一。本示例從第三軸「演化與不變」能力指標出發，結合理論與實務提供合乎社會學習領域課程理念的教學活動設計參考示例。

壹、學習第三軸「演化與不變」的基本理由

第三軸「演化與不變」為何是社會學習領域必須學習的相關知識？基本理由有三：

一、宇宙觀相當程度決定我們對生活世界之演變的基本看法

宇宙觀、人生觀、價值觀構成是人格中的基本信念，宇宙觀影響我們對於宇宙、社會或人間世事之生成變化的基本看法，進而相當程度決定我們對各種事物之存在、運行與變化狀態的解釋以及對錯與好

壞的判斷。例如從牛頓時代，因為他提出運動三大定律，儼然掌握宇宙行星的運行規律，從此型塑人們的宇宙觀，把宇宙當成一具大時鐘，宇宙運行如同精確的機器，穩定、恒常、規律、周而復始，連帶使得世人對於人類社會各層面的運作狀況，冀求相似的秩序，如果出現與預期目標、標準、程序不一致的事物，可能會被視為異數、異常或異類，是不能容忍而必須「處理掉」的麻煩。晚近混沌理論興起（Prigogine, 1980; Prigogine & Stengers, 1984, 1980; Gleick, 1987; Hayles, 1990），從科學的角度證實宇宙應該是一種具有「耗散結構」（dissipative structure）特性的開放系統，系統的動態演變過程中，固然見其穩定的結構與秩序，但也充滿不穩定的擾動、變異的因子使系統趨向失衡、失序乃至於崩解或凸顯（emergence）新的結構與秩序，這個過程是非線性、不可測的變化。新的科學理論改變了傳統的機械式宇宙觀，也同時提供對於人類社會變遷重新思考的機會，第三軸「演化與不變」吸取這方面的知識，就整套課程所構成的知識系統而言，它是代表本課程的基本宇宙觀。誠如課程綱要關於分段能力指標的〈說明〉所言，「人類所熟知的世界是一個三度空間的世界，而時間可以被視爲生活世界的第四個向度，故第一軸『人與空間』與第二軸『人與時間』構成了人的座標系統。宇宙萬物的變化皆發生在此一座標系統當中，但變化之中又有穩定與規律之處，因此，第三軸『演化與不變』構成了基本的宇宙觀，此一宇宙觀自然會影響人類對自我、社會、政治、經濟、文化與整體生活世界的看法。」（教育部，民92）。

二、反應學術發展的新趨勢

課程內容理應隨學術發展加以更動。近年來自然科學關於混沌（chaos）、複雜系統、開放系統、動態平衡、演化等主題的研究成果頗豐，應用也愈來愈廣，社會科學也同時受到影響與啟發，以複雜、動態、共同演化等觀念取代傳統的簡單、線性與機械的觀點，來看待人類生活世界的演進，使我們能夠以新的觀點重新檢視社會各層面的動態現象，新課程刻意將這些觀念納入，其實在反映學術發展的新趨

勢。

三、使課程與教學內容符應後現代社會現象的需要

多元、充滿變異與挑戰等後現代現象，已成為當代社會的現實。而以台灣的社會現狀及可預知的未來，學生仍然必須面對文化多元、價值觀分歧、訊息多變、生態環境被嚴重破壞的世界。而個人主義、人本主義、民主主義等思想，還會繼續左右人們選擇社會所產生的各種現象，這將決定社會不間斷的演化方向。因此學生需要具備演化觀念，以認知社會變遷過程中的種種現象與動態的規律，接受異質性、差異性的價值，培養互相尊重、理解、包容的態度以及理性判斷與選擇的能力。

貳、第三軸「演化與不變」能力指標的基本概念補充說明

各主題軸能力指標的主要概念性知識在第三章已有所條陳，但是從主題軸能力指標出發之課程設計，在進行課程轉化時，教師仍可以視需要而有所增益或補充，可能是為了彰顯主題軸之間的關聯意義，也可能是因為能力指標未能充分表達主題軸的內涵。這裡以第三軸為例，說明從主題軸能力指標出發的課程設計時，為彰顯主題軸之間的關聯意義，以及增補能力指標之不足，所做的補充說明。

根據第三章的能力指標詮釋解讀方法，大致可以掌握「演化與不變」能力指標的基本概念性知識如表 4-2-1。

但是第三軸「演化與不變」是社會學習領域課程中的新內容，在課程轉化的過程中除了掌握能力指標之外，有必要進一步理解所謂「演化」與「不變」的概念，大致可從二方面著手：一是社會學習領域課程研究小組的詮釋，包括原起草人發表的文章，以及課程綱要附錄「九大主題軸內涵」；二是根據社會學習領域所主張的課程理念——「追求統整」，從學理做必要的補充。

表 4-2-1　第三軸「演化與不變」能力指標及其中之主要概念性知識

第三軸「演化與不變」能力指標	能力指標的主要概念性知識
3-2-1 關懷家庭內外環境的變化與調適。	家庭內外環境的變化。 適應（調整自己）。
3-3-1 依自己的觀點，對一組事物建立起分類和階層關係。	事物分類觀念、階層觀念（互相包含與被包含、上位與下位等關係）。
3-3-2 了解家庭、社會與人類世界三個階層之間，有相似處也有不同處。	家庭、社會、世界三個層之間的相似與相異之處（例如組織成員、感情基礎、分化狀況等）。
3-3-3 明瞭不能用過大的尺度去觀察和理解小範圍的問題，反之亦然。	適當的尺度（例如空間、時間等）觀察與理解問題。
3-3-4 分辨某一組事物之間的關是屬於「因果」或「互動」。	因果關係。 互動關係。
3-3-5 舉例指出在一段變遷當中，有某一項特徵或數值是大體相同的。	特徵（變遷過程中變化較小的外形、性質、成分或規律等）。 數值。
3-4-1 舉例解釋個人的種種需求與人類繁衍的關係。	個人需求（如生理需求、安全需求、隸屬與愛的需求、自尊需求與自我實現的需求等）。 社會系統（如家庭生活、社會活動、經濟活動與政治活動等）。 人類繁衍（生存、生計、生活、生命等方面的保障、充實與發展）。 個人需求與人類繁衍的關係。
3-4-2 舉例說明個人追求自身幸福時，如何有助於社會的發展；而社會的發展如何庇護個人追求幸福的機會。	自我實現。 社會發展（如生活水準提高、經濟進步、文化發達、言論自由、教育品質提升、社會安全與福利增加等）。 自我實現與社會發展之互動關係。

（下頁續）

（續上頁）

3-4-3 舉例指出人類之異質性組合，可產生同質性組合所不具備的功能。	異質性組合（能包容不同性質、才能、價值觀，視差異與多樣性為有價值之元素的組織或團體，較具創新與調適能力）。 同質性組合（強調性質相近、服從一元化權威與價值觀、排斥異己，視差異為麻煩的組織或團體，較具凝聚力）。 異質性團體與同質性團體之異同。
3-4-4 說明一個多元的社會為何比一個劃一的系統，更能應付不同的外在與內在環境。	多元的社會：在共同的法治基礎上，各族群與文化都能得到適當之發展的社會。 多元社會的功能：自我調適、革新與創新的特質。 同質性的組合。
3-4-5 舉例指出某一人類團體，因有重組之可能性，且被論功行賞，所以日漸進步。	團體或組織的重組與革新。

根據社會學習領域課程研究小組協同主持人以及第三軸起草人之一詹志禹教授（民91）的詮釋，同時參閱課程綱要附錄「九大主題軸內涵」（教育部，民92），發現「演化與不變」主題軸基本上是討論人類社會的演化及其「持續」或「穩定」的規律，可分成兩方面理解其原意，首先是將人類社會當作一種「開放系統」，而開放系統的特徵包括：

一、任何系統都是更大系統之中的子系統，而其本身也都包含一些子系統。

二、系統之間相互依存、互相挑戰與回應的互動關係，是促成系統進步的動力。

三、系統與子系統處於不同階層，各階層之間有相似之處，也有不同之處。

四、系統與子系統可能有不同的需求與奮鬥，但也可能加以整合。

五、系統本身是一種動態結構的複雜體（complexity），具有自我組織（self-organizing）的能力，能因應內、外挑戰，進行分化、整合，這是系統本身的自我調適功能，也是系統發展必要的過程。

其次是以演化觀討論社會系統的變化規律。演化的兩種交互作用的機制：

一、社會系統的演化的可能性來自變異（variation）所產生的多樣性。

二、選擇（selection）尤其是穩定的選擇壓力，是讓變異產生規律、結構、秩序與持續性的機制。如果沒有選擇機制的存在（包括天擇與人擇），那麼，變異或多元也會造成混亂（詹志禹，民91）。

課程研究小組就演化觀念所提出的說明比較偏向以生物學、生態學等自然科學的觀點，然而人類社會的演化實際上是在時間與空間交織的舞台上進行，人類社會演化至今是如此複雜，幾乎任何涉及演化的社會議題，都包含複雜的因素、互動與因果關係，所以理論上第三軸與其他各軸都有某種程度的關聯，但是第三軸仍有許多觀念未見齊備，無法自然的呈現與其他主題軸，特別是與第一軸「人與空間」、第二軸「人與時間」關聯意義。因此參照Paul R. Ehrlich（2000）的觀點，加入「文化宏演化因素」、「文化微演化因素」、「共同演化」、「演化速率不一」等觀念，以充實第三軸的學習內容。

一、「文化宏演化因素」是指對社會演進路線大方向造成的影響因素，通常是屬於地理與自然環境因素，例如地形屏障、資源分布、氣候條件等，而非社會、經濟或政治等因素。

二、「文化微演化因素」是指屬於社會內部交互作用，而在社會發展過程的歷史關鍵時刻，左右社會發展的因素，通常是社會系統內部的政治、經濟、宗教、思想，社會價值觀與風氣或者是個人的觀念與意志等因素。例如如果沒有希特勒與邱吉爾，第二次世界大戰絕對是不一樣的面貌。

三、「共同演化」意即系統中的各個次系統，常常處在一種試圖超越競爭對手的演化競賽的狀態下，其演化方式與方向則因本身的條件及與競爭對手的互動關係而定。例如人類與農作物害蟲是同樣以農作物為食的生物，當人類以大量殺蟲劑對付農作物害蟲時，農作物害蟲則以「短暫的世代時間」、「強大的菌種間基因交

換」，發展出新的毒性與抗藥性。人類社會想要為未來的福祉做出明智的決策，必須具備共同演化的知識，否則創造了眼前的福祉可能為日後帶來無窮的惡夢。例如許多國家為提高漁獲量，大量投資漁撈技術，使得漁獲超出海洋的負載，造成漁業大幅衰退，為了增加漁業產量，變轉向破壞環境且無法永續經營的大規模水產養殖業。

四、「演化速率不一致」意指共同演化的各種宏演化與微演化因素，其演化速率不一致。例如文化演化速率遠快於人類基因的演化速率；人類改變環境的速度，遠快於環境復育的速度；在社會演化的層次上，技術的演化遠快過價值觀、道德倫理與社會組織的變遷。演化速率不一致的現象，造成人類社會的失衡，與所謂的「變異」、「選擇」同樣都是構成演化的動力（Ehrlich, 2000）。

以上四種觀念的補充，「宏演化」觀念使我們對於社會演化問題的探討觸及系統的外在環境因素；「微演化」則觀照內在因素；「共同演化」使演化觀念兼顧內外因素的交互作用；「演化速率不一致」觀念則補強「變異」觀念，並更貼近社會發展失衡的真實意義。

參、主題軸內部統整之教學活動設計示例

課程主題：我家十年來的改變

一、教學活動設計理念

教學活動設計的基本理念是：「從能力指標出發，導向能力獲得」與秉持「統整精神」。

所謂「從能力指標出發，導向能力獲得」強調能力之培養必須以知識為基礎，而「能力」（ability）是指在面對問題或挑戰持，能應用知識，採取有效策略與方法，達成目的或解決問題的行動。這種行動能力不論是靜思或是複雜的操作，都是一種知識、技能與情意的綜合

表現。因此，其教學活動設計採行「應對」（去處理）課程主題的觀念（見圖 2-1-1），意即「從能力指標出發」，先解讀能力指標的主要知識內涵，再將知識之學習導向去「應對」包括思考、探索或解決重要主題或問題，以便達到獲得能力的目標。統整精神則是將學習內容依據課程主題所形成的脈絡與架構，統整組織起來，如此一來課程設計與教學應充分呈現統整精神，以及從知識學習到能力獲得的內容與過程，將九年一貫社會學習領域課程理念與目標，落實於課程設計及教學中。

二、主題軸內部統整教學活動設計步驟

㈠整合主題內相關能力指標，掌握重要知識內涵

從能力指標出發進行課程設計，理論上可以逐條進行，但這容易導致繁瑣，也不符合統整的課程理念，因此從能力指標出發的教學設計，可直接採取統整觀點，將主題軸內若干有明顯關聯意義的能力指標整合起來。表 4-2-3 是以「3-2-1 關懷家庭內外環境的變化與調適。」為核心整合其他能力指標，及其中的主要概念性知識。

㈡提出適當的課程主題並界定學習範圍

1. 擬定課程主題

本軸主要在探討社會的演化，故課程主題基本上從「社會」的範疇尋找適當的課程主題。「家庭」相關議題是社會學習領域重要學習內容，以「關懷家庭內外環境的變化」為核心統整思考，原本可以發展成學期或學年的課程計畫，在此初步以「認知家庭的變遷」為課程主題。

2. 界定課程主題

課程主題若不加以界定，往往涵蓋範圍太大，使教學方向與範圍不夠明確。界定主題的主要工作包括：定義課程主題、確定教學範圍、決定教學對象以及可用時間。「認知家庭的變遷」課程主題配合國中一年級學生的學習需要，因此將主題修訂為「我家十年來的改變」，

表 4-2-2　以 3-2-1 能力指標為核心整合主題軸內的能力指標

相關能力指標	主要概念性知識
3-2-1 關懷家庭內外環境的變化與調適。 3-3-2 了解家庭、社會與人類世界三個階層之間，有相似處也有不同處。 3-3-4 分辨某一組事物之間的關係是屬於「因果」或「互動」。 3-3-5 舉例指出在一段變遷當中，有某一項特徵或數值是大體相同的。 3-4-1 舉例解釋個人的種種需求與人類繁衍的關係。 3-4-2 舉例說明個人追求自身幸福時，如何有助於社會的發展；而社會的發展如何庇護個人追求幸福的機會。 3-4-6 舉出歷史或生活中，因缺少內、外在的挑戰，進而使社會或個人沒落的例子。	一、家庭內外環境的改變與適應。 二、家庭、社會與人類世界三個階層的相似與相異之處。 三、因果與互動關係的觀念。 四、某種社會（或家庭）變遷現象的特徵與數值。 五、個人需求、人類繁衍的需求，以及滿足需求所必須的努力。 六、自我實現與社會發展。 七、挑戰與回應。

使課程主題意思更明確，同時設定一個討論問題的「尺度」。

㈢選擇主要學習問題，分析所指涉的知識與能力指標

在「我家十年來的改變」的課程主題之下，決定主要學習問題，同時分析學習問題所指涉學習內容（知識）以及能力指標，強化教學內容與能力指標的關係，如表 4-2-3。

㈣預期學生的表現與訂定評量標準

當主要學習問題、學習內容（知識）確定之後，教師可以預期學生在某個問題與挑戰上的表現，這時候的表現應強調「能力觀」，意即在面對問題或挑戰持，能應用知識，採取有效策略與方法，達成目的或解決問題的行動。這種行動能力不論是靜思或是複雜的操作，都是一種知識、技能與情意的綜合表現。當然，能力的獲得是從知識的

表 4-2-3　「我家十年來的改變」的主要學習問題、學習內容（知識）與指涉能力指標的關聯意義分析表

課程主題：我家十年來的改變			
主要學習問題	學習內容（知識）	指涉的能力指標	關聯意義
1.家庭的類型、組成因素與功能。	家庭的類型 以規模區分：大家庭、小家庭、折衷家庭。 以血緣關係區分：血緣家庭、無血緣家庭。 以婚姻關係區分：雙親家庭、單親家庭。 以性別區分：異性組合家庭、同性組合家庭。 家庭的組成因素 血緣因素：親子血緣關係。 情感因素：兩個以上個體願意互相關愛的共同生活在一起。 家庭功能：生育功能、養育功能、教育功能、經濟的與心理的功能（愛與親情的需求）。	3-3-2 3-4-1	家庭、社會與人類世界三個階層之間，有相似也有不同之處。 組織家庭是滿足個人需求與人類繁衍所必須的行為。
2.十年來我家的內在環境變化。	家庭內在環境 家庭成員的變化。 家庭成員的成長變化。 家庭經濟狀況的變化。 家人共同生活狀況的變化。 親子、父母與手足關係的變化。	3-2-1 3-3-5 3-4-2	家庭內外環境的改變與適應。 某種社會（或家庭）變遷現象的特徵與數值。 自我實現與社會發展。
3.十年來我家的外在環境變化。	家庭外在環境 家族關係的變化。 社區環境的變化（以人口、交通、共公建設及其周緣環境景觀為主）。	3-2-1 3-3-5 3-4-2	家庭內外環境的改變與適應。 某種社會（或家庭）變遷現象的特徵與數值。 自我實現與社會發展。
4.家庭重大事件的成因。	家庭重大事件的原因 大環境的原因（如社會發展）。 家人的原因（遷居或因為經濟條件變化的關係）。	3-3-4	因果與互動關係的觀念。
5.十年來家庭重大事年的影響與調適。	家庭事件的影響	3-2-1 3-3-4 3-4-6	家庭內外環境的改變與適應。 因果與互動關係的觀念。 挑戰與回應。

學習開始，教師在確定學生已經認知相關知識之後，可設定「學生在※※問題上，應能以※※知識，思考或解決問題」作為學習與評量目標，例如「學生在討論家庭類型時，能應用家庭組成的情感因素的觀念，指出若干種無血緣關係所組成的家庭。」將知識學習至少帶到應用的層次。

㈤組織教學內容，安排教學歷程

決定主要學習問題與學習內容之後，依探討課程主題所形成的邏輯與脈絡，組織教學內容，安排教學歷程。如圖 4-2-1。

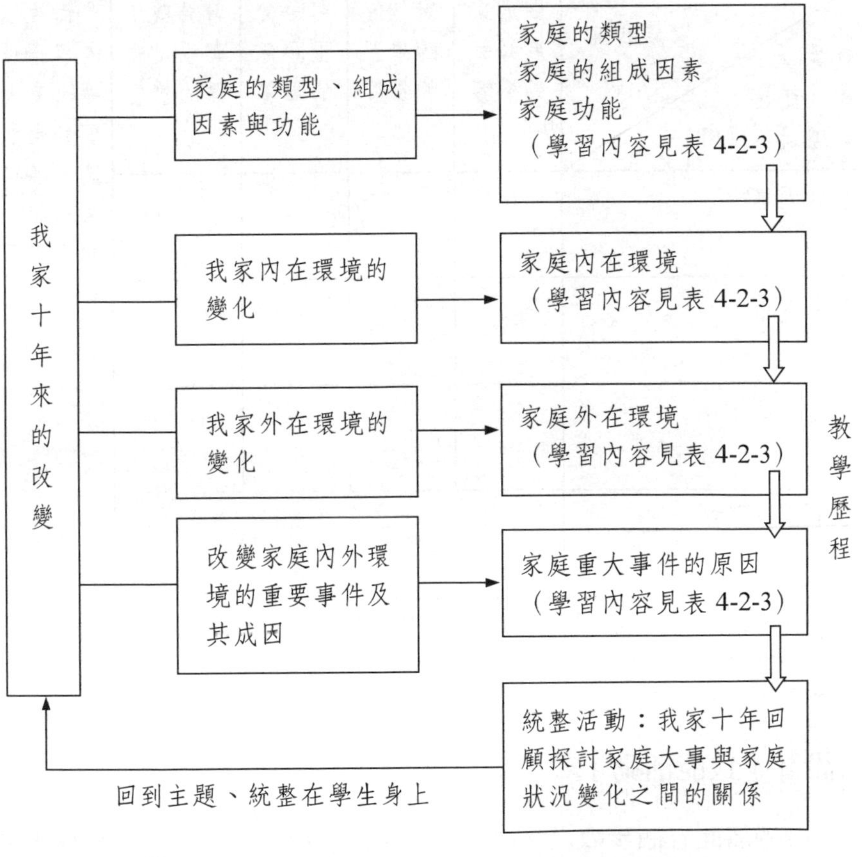

我家十年來的改變

家庭的類型、組成因素與功能 → 家庭的類型
家庭的組成因素
家庭功能
（學習內容見表 4-2-3）

我家內在環境的變化 → 家庭內在環境
（學習內容見表 4-2-3）

我家外在環境的變化 → 家庭外在環境
（學習內容見表 4-2-3）

改變家庭內外環境的重要事件及其成因 → 家庭重大事件的原因
（學習內容見表 4-2-3）

統整活動：我家十年回顧探討家庭大事與家庭狀況變化之間的關係

回到主題、統整在學生身上

教學歷程

圖 4-2-1　「我家十年來的改變」課程架構圖

課程架構中關於「統整活動——我家十年回顧」為教學活動的最後階段，指導學生以家庭大事為核心，按時間排列，簡述其經過，並說明每件家庭大事對於家庭狀況（家庭經濟、個人的學習、父母關係、親子與手足關係的影響。統整活動之目的在於使學生能應用學習過的知識，探討與主題相關的問題，進而獲得統整學習效果，這個教學過程教師應提供某種參考架構，包括方法、格式、學習資源等有鷹架作用（scaffolding）的協助與指導，表4-4-4是提供給學生的「參考架構」。

表4-2-4　「我家十年回顧」統整活動參考架構

家庭狀況 / 我家大事（簡述其經過與原因）	對於家庭經濟的影響	對個人的學習的影響	對於父母關係的影響	對於親子與手足關係的影響	備註
家庭大事一					內容應強調家庭大事發生前後，各項家庭狀況的變與不變。
家庭大事二					
家庭大事三					
十年回顧感言					

附註：統整活動必須尊重學生的穩私權，應允許學生只選擇家庭喜事，並不將作業任意外流。

㈥設計「致能活動」

經過前面五個步驟之後，接下來是教師根據由課程主題延伸出來的「主要學習問題」，選擇適當的教學方式，讓學生在聽講、觀察、模仿、操作、體驗、調查等學習活動中，引導他們應用相關知識去「應對」——處理「主要學習問題」，在面對問題與挑戰的應用過程中，應用知識去思考、推理、做決定、解決問題，將知識轉化成能力，故稱之為「致能活動」（enable activity）。

肆、跨主題之教學活動設計示例

台灣糖業的興衰

一、教學活動設計理念

為了凸顯社會學習領域各主題軸彼此之間具有某種關聯的意義，本文另一個示例採跨主題軸統整設計。其實從「變遷」的觀念出發，第三軸的知識內涵是可以融入其他各軸的概念性知識之中，此外本示例導入「文化宏演化」、「文化微演化」與「共同演化」的觀念，讓學生在學習過程中注意系統內部因素與系統外在環境交互作用。教學活動設計如前一示例，依循「從能力指標出發，導向能力獲得」與秉持「統整精神」的理念。

二、跨主題軸統整教學活動設計步驟

㈠整合跨主題相關能力指標，掌握重要知識內涵

本示例以統整思考的方式，同時思考三條能力指標「1-4-1 分析形成地方或區域特性的因素，並思考維護或改善的方法。」、「1-4-2 分析自然環境、人文環境及其互動如何影響人類的生活型態。」、「2-4-1 認識台灣歷史（如思想、文化、社會制度、經濟活動與政治興革等）的關聯意義，發現這三條能力指標的概念性知識可導引去探討某一項具有台灣本土特色的經濟活動，而以探討這個問題的邏輯或脈絡，統整前面三條能力指標所包含的知識，又因為涉及歷史發展的觀點，「演

化」方面的知識很自然的納入其中（見表 4-2-5）

表 4-2-5 以「台灣經濟活動」為核心整合跨主題軸能力指標

相關能力指標	主要概念性知識
1-4-1 分析形成地方或區域特性的因素，並思考維護或改善的方法。 1-4-2 分析自然環境、人文環境及其互動如何影響人類的生活型態。 2-4-1 認識台灣歷史（如思想、文化、社會制度、經濟活動與政治興革等）的發展過程。 3-4-3 舉例指出人類異質性組合，可產生同質性組合所不具備的功能。 3-4-5 舉例指出某一人類團體，因有重組之可能性，且被論功行賞，所以日漸進步。 7-3-5 了解產業與經濟發展宜考量本土的自然和人文特色。 7-4-3 了解在國際貿易關係中，調節進出口的品質與數量，會影響國家經濟發展。 7-4-4 舉例說明各生種生產活動所使用的生產要素。	自然環境的特色：地形與地質、氣候條件等。 人文環境的特色。 台灣經濟活動演變與持續的軌跡。 台灣經濟活動興衰的組成因素及其間之因果關係或互動關係。 歷史解釋。 異質性組合。 同質性組合。 團體或組織的重組與革新。 國際貿易。 經濟發展。 生產要素：土地、資本（含資金與設備）、人力（含勞力與腦力）、技術（含資訊）。

㈡提出適當的課程主題並界定學習範圍

1. 選定課程主題

關於台灣經濟活動的相關議題何其多，在此以台灣歷史悠久的傳統產業、能反映地方特色，兼顧校本課程、鄉土教育及學生生活經驗等因素，作為選定課程主題的依據，最後選擇「台灣糖業的興衰」作為課程主題。

2.界定課程主題

「台灣糖業的興衰」課程主題的學習範圍以三個方面為主：「甘蔗作物的引進與發展過程」、「台灣適合甘蔗作物的自然環境」，以及「台灣製糖業的出路——台糖公司的源起、發展與蛻變」，使課程主題範圍更明確，同時設定一個統整活動，預期學生能了解台灣製糖業興衰的內外因素，對這項具歷史傳統的產業，有一個概括的理解。

㈢選擇主要學習問題，分析所指涉的知識與能力指標

在「台灣糖業的興衰」的課程主題之下，決定主要學習問題有四：

1.台灣製糖產業發展的重要時期及其意義。

2.台灣的自然環境與蔗糖作物的分布狀況。

3.台灣製糖產業的出路——台糖公司的蛻變。

4.台灣糖業興衰與內外環境的互動關係。

各主要學習問題所指涉學習內容（知識）以及能力指標如表4-2-6。

表 4-2-6　「台灣糖業的興衰——以台糖公司的蛻變為例」
主要學習問題、學習內容（知識）與能力指標分析表

課程主題：我家十年來的改變		
主要學習問題	學習內容（知識）	指涉的能力指標
1.台灣製糖產業發展的重要時期及其意義。	台灣糖業的引進與發展 台灣製糖事業在荷蘭時代、明鄭時代、清領時期、日據時代各時期的蛻變因果及其時代意義。 台糖公司的成立經過及其與蔗農的關係的變化。	2-4-1 認識台灣歷史（如思想、文化、社會制度、經濟活動與政治興革等）的發展過程。 2-4-6 了解並描述歷史演變的多重因果關係。 7-3-5 了解產業與經濟發展宜考量本土的自然和人文特色。

（下頁續）

（續上頁）

2.台灣的自環境與蔗糖作物的分布狀況。	蔗糖的分布與氣候條件 嘉南平原（地形、氣候）與台灣製糖事業的分布（經濟區位） 糖業的人文景觀（水牛、糖廠、小火車）的變遷—從農業生產走向觀光、休閒農業。	1-4-1分析形成地方或區域特性的因素，並思考維護或改善的方法。 1-4-2分析自然環境、人文環境及其互動如何影響人類的生活型態。 3-4-3舉例指出人類異質性組合，可產生同質性組合所不具備的功能。 3-4-5舉例指出某一人類團體，因有重組之可能性，且被論功行賞，所以日漸進步。 3-4-6舉出歷史或生活中，因缺少內、外在的挑戰，進而使社會或個人沒落的例子。 7-3-5了解產業與經濟發展宜考量本土的自然和人文特色。 7-4-4舉例說明各生種生產活動所使用的生產要素。
3.台灣製糖產業的出路—台糖公司的蛻變。	台灣糖業產值的變化情形。 台灣製糖事業衰退的原因： 傳統產業的困境。 替代性產品的出現。 台糖公司的挑戰與回應： 糖業生產要素的轉型利用。 多角化經營。 研究發展。	3-4-3舉例指出人類異質性組合，可產生同質性組合所不具備的功能。 3-4-5舉例指出某一人類團體，因有重組之可能性，且被論功行賞，所以日漸進步。 3-4-6舉出歷史或生活中，因缺少內、外在的挑戰，進而使社會或個人沒落的例子。 7-4-3了解在國際貿易關係中，調節進出口的品質與數量，會影響國家經濟發展。 7-4-4舉例說明各種生產活動所使用的生產要素。
4.「甜蜜的」數字會說話	蒐集光復以後關於台灣糖業變化的數字。 蔗作從業人口的變化。 種植面積的變化。 國際蔗糖價格的變化。 蔗糖在外貿比重上的變化。 蔗糖在台糖公司營業額所占的比例變化。 （以時間為主軸，製成圖表發現各項數字變化之間的關係）。	2-4-6了解並描述歷史演變的多重因果關係。 3-4-3舉例指出人類異質性組合，可產生同質性組合所不具備的功能。 3-4-5舉例指出某一人類團體，因有重組之可能性，且被論功行賞，所以日漸進步。 3-4-6舉出歷史或生活中，因缺少內、外在的挑戰，進而使社會或個人沒落的例子。

㈣預期學生的表現與訂定評量標準

此項教學示例預期學生能：

1. 對台灣糖業在各階段的變化提出多重因果的解釋。
2. 應用自然環境的相關知識了解蔗糖作物在台灣興盛的原因。
3. 應用生產要素、國際貿易，以及其他人文環境的知識說明糖業衰退的原因。
4. 發現製糖產業的現況是外在環境與內在因素交互作用的結果。

㈤組織教學內容，安排教學歷程

決定主要學習問題與學習內容之後，依探討課程主題所形成的邏輯與脈絡，組織教學內容，安排教學歷程。如圖 4-2-2。

㈥設計「致能活動」

致能活動（教學活動）的安排如前一示例之說明，此例特別強調教師應指導學生資料蒐集、將資料轉化成圖表，以及圖表意義的說明，以達到理解相關知識並能加以應用的目標，完成對課程主題的統整學習。

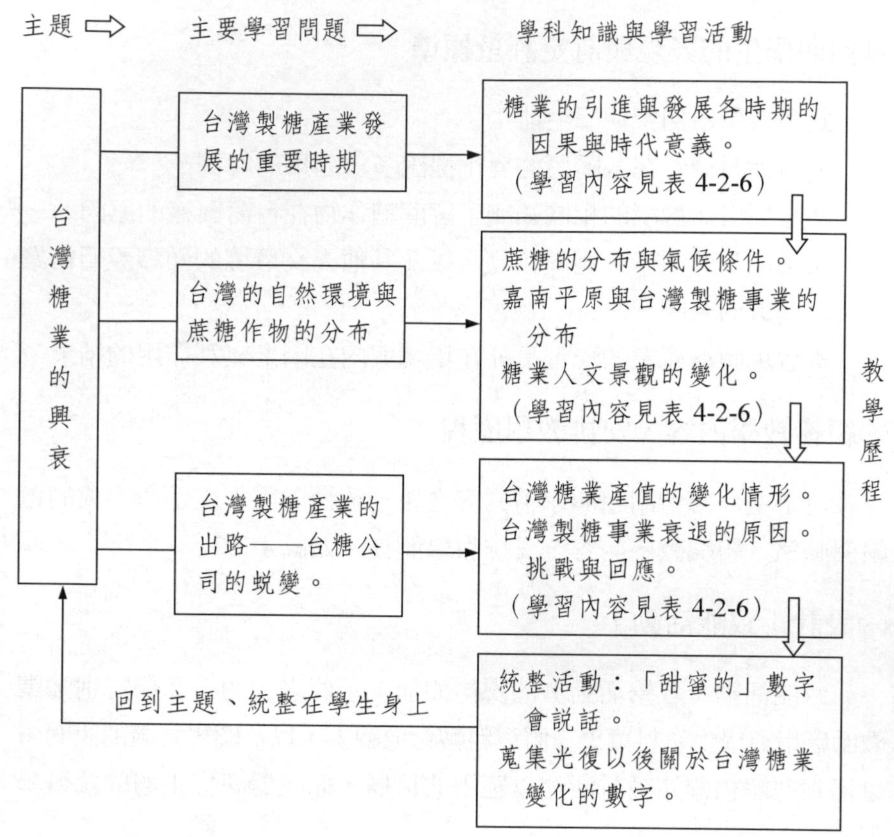

圖 4-2-2 「台灣糖業的興衰」課程架構

5

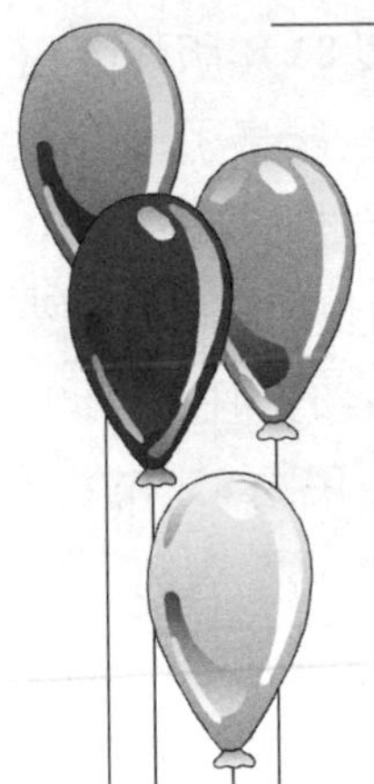

社會學習領域課程統整理論與實務探討

九年一貫課程總綱主張課程必須統整，這項基本方針被反對新課程的人士評為「知識虛無主義」、「沒有理論基礎」，甚至是「罪孽深重」，使得課程理論之應用演變成「課程立場」之爭，實在令人心痛。

事實上，九年一貫課程會走向領域規劃、追求統整精神，其理論基礎──課程統整，是由國立台灣師範大學所引進。民國76年國立台灣師範大學偕同中華民國科際整合研究學會共同舉辦「我國人文社會教育科際整合現況與發展」研討會並出版論文集（國立台灣師範大學，民76），大談「科際整合」在課程與教學上之應用，從此我國國民教育課程改革搭上國際的「科際整合」（interdisciplinary）的潮流，「科際整合」就深深滲入國民教育課程改革的理念中，自1980年代後期逐漸形成「科際整合」觀念下的「課程統整」概念（陳新轉，民90）。黃政傑（民 80b）曾撰文指出；「科際整合與課程統整的概念關係密切」，其至是「一而二、二而一的關係」。

民國80年前後，當時正在蘊釀國民中小學82年與83年版的課程修訂工作，就有意將課程統整理念納入修訂的課程中，結果引發一場激烈的「合科」與「分科」之論辯。「統整」的主張雖然未能在國中課程立足，新增的「認識台灣」還是分歷史、地理與社會三篇，但國小因為「開放教育」的推動，主題式綜合各科學習內容的課程設計，正蓬勃發展，已經為統整取向的課程改革打下灘頭堡。民國85年底行政院教育改革審議委員會公布的《教育改革總諮議報告書》就將「積極統整課程，減少學科之開設」列為課程改革的具體建議之一。民國87年《國民教育九年一貫課程總綱》公布，強調現代國民需具備統整能力，課程應以「生活為中心」，以十大基本能力為課程目標，課程結構規劃為七大領域與六大議題（教育部，民92），這些進步的理念都是新課程必須秉持「統整立場」的內在理由。

經過十多年的蘊釀，「科際整合」的課程理念終於成為規劃《九年一貫課程》核心精神之一，但是落實在實踐層面時，卻出現政策搖擺的困境。實踐原則由「各領域之教學應以統整、合科為原則」（教

育部，民87），以為統整等於合科，合科就能統整，變成「各領域之實施應以統整、協同教學為原則」（教育部，民90），放棄課程形式的規範，改成將統整與協同教學掛鉤，試圖以協同教學模式實踐課程統整，以團隊合作、協同的教學典範，取代長久以來以教師個別單打獨鬥、缺乏整合的教學方式，透過「科際整合」觀念的體現，帶給學生統整學習的效果，立意頗佳。但是「統整、協同教學的原則」實施的結果，卻是讓習於分科教學的國中教師感到困惑，因為協同教學只能偶一為之，不可能經常實施，如何達成課程目標？為協同而協同，為統整而統整，其實是一種併湊的課程；有人覺得焦慮，因為領域排課導致跨科教學，有許多教師因此請長假、辦退休。經過兩年的實驗終於放棄以「協同教學為原則」，代之以更彈性、務實的規定：「學習領域之實施，應掌握統整之精神，並視學習內容之性質，實施協同教學」（教育部，民92）。領域實施原則一變再變，可見對課程統整理論的研究不夠完備，統整觀念有釐清的必要，況且在國中階段分科教學觀念仍然根深蒂固，教材與教學方面的問題都有待解決，以下各節分別就統整觀念、統整型課程大綱、教學觀念等提供說明與示例。

第一節

社會學習領域課程統整觀念的偏差與澄清

觀念決定一個人的作為。由於誤解統整的觀念，使得九年一貫課程的推動困難重重。從目前各國中社會學習領域教材與教學實況看來，統整的精神可以說「名存實亡」，其原因到底是不為、不能或不知，實有檢討之必要。

壹、套用「開放」觀念而忽略「統整」意義

在「開放」觀念下，課程設計常見到設計提出一個具吸引力、「卡通化」的主題之後，就朝「多元」、「創意」教學設計方向思考，似乎既不關心以「主題」統整相關知識的意義，也不問「教材」與「主題」之間的關聯性為何？就將「覺得」相關的教材，直接安置在課程主題之下，因而出現為統整而統整、不協調的連結，形成「多科併列」的「拼湊」現象。

「九年一貫課程」推出之前正是「開放教育」如火如荼的時候，事實上新課程當中諸多教育理念來自「開放教育」的啟發。按「開放」的理念，課程當然要統整（陳伯璋、盧美貴，民84），不能被分化且僵化的學科安排所限，故產生許多「主題式教學活動設計」，表5-1-1是一個按「開放教育」理念設計典型的「主題式教學活動設計」。

從統整的觀點看，表5-1-1網底部分顯然與課程主題無明顯關聯，至少不是以精熟課程主題為學習導向的教學內容，但從「開放」的觀點而論，提供多元、創意且生動活潑的學習內容，這是很理想的課程設計，因為「開放教育」理念上在強調，孩子在「快樂學習」的情境下，達成「自我成長」、「自由學習」、「開發潛能」、「健全人格」的目的，在課程方面主張統整，但是在「開放」觀念的引導下，走向多元、創意、豐富，並使其生活化、活動化的課程設計（陳伯璋、盧美貴，民84）。因此，如果主題內涵、教師創意、學習時間夠豐，主題之下納入七大學習領域、八大智慧的多元化教材是被允許的。但是從「統整」的觀點而言，就不太恰當，因為教師只是在共同主題下，進行本學科的分科教學活動，如音樂區的認識半拍、符號與節奏，並不考慮學習內容能否引導學生認識課程主題：「交通安全」，但是統整的學習則強調精熟課程主題，因為當初之所以採統整設計就是因為課程主題有統整學習之必要。

貳、崇向「多元、創意、快樂學習」，卻沒有「回到主題、統整在學生身上」

由「開放」、「連結」觀念而來的「多科併列＋協同教學」模式，

表 5-1-1　開放教育主題式教學活動設計示例（節錄）

單元名稱：交通安全——停、看、聽	
活動項目	活動內容（摘要）
停一停、比一比	認識交通工具及其功能。 表達對交通警察的敬愛。 音樂區——音樂（認識半拍、符號、節奏）、紙偶戲。 科學區——浮沈與齒輪遊戲。 體能區——火戰車（鑽籠、呼拉圈、跳箱）。 開心區——熱鬧的馬路（看馬路、聽聲音）。 美勞區——製作交通工具、交通號誌。 娃娃區——紅綠燈（扮演司機、行人、警察……等）。 語文區——謎語、聽故事、欣賞圖片。 益智區——交通圖卡配對、實驗遊戲（行船、噴射機）。 玩具區——組合交通工具。 積木區——十字路口造形、街頭模擬扮演。
聽一聽、做一做	製作交通工具。 展覽作品。
看一看、說一說	團體討論——發表行人、乘車安全注意事項。 參觀火車站，分享參觀心得。 交通平安歌。 交通標誌、交通安全搶答比賽。
玩一玩、想一想	交通安全演示活動。 複習歌曲。 紅綠燈遊。

資料來源：摘自陳伯璋、盧美貴（民 84）。

固然使教師易於接受「統整」的觀念，貼近教師的習慣，但也使得教師們說到統整往往從「學科出發」，堅守「學科本位」，故課程設計只考慮到本科教材與主題有關聯，教學方面只關心精熟本科學科知識之學習，而忽略「回到主題」、「統整在學生身上」的學習活動設計，更不必說加強教師之間的互動，做學科的整合，轉化學科知識使它成為學生探索課程主題、精熟課程主題的「資源」與「工具」。其結果課程未見統整、精簡，學生學到的仍然是分科的知識，未必有能力跨越學科界限去統整各科知識，對主題有統整的了解，不但教師覺得累，學生更累。

開放教育的主題式教學設計並不強調教材之間的聯整性（coherence），以及精熟主題、回到主題的學習，而將統整留給學生自己去完成，所以單元名稱「交通安全——停、看、聽」的課程設計就包含以下內容（見表 5-1-1）。「課程統整」就理論層次而言，它追求「知識、生活（社會）與學習者之整合」，其目的在協助學習者認識自我與周遭的世界、生活適應及解決問題，故強調課程對學習者之意義性、適切性與適應性，課程主題最好選自「個人與社會共同關注」的議題；以精熟主題為學習導向，故知識之選擇以協助學習者理解主題為考量（工具性知識觀），以主題所形成的脈絡組織起來（脈絡性），且必須統整在學生身上，故必須提供統整的學習活動。因此從「統整」的觀點而言，學習活動應直接針對主題設計，與主題有明顯的關聯意義；各項教學活動應有「整體性」，形成掌握或精熟主題的課程架構或學習脈絡（陳新轉，民 90；Beane, 1997）。簡言之，開放教育的統整學習基本上留給學生自己去完成，是比較鬆散的。課程統整設計則是教師透過課程設計，提供「參考架構」，有計畫的引導學生去完成統整的學習。所以，由「統整」的觀點來看，前面依開放教育理念所設計的課程示例，就有許多教學活動並不統整而有併湊之病（網底部分）。許多學校與教師進行課程設計時，直接套用開放教育主題式教學活動的觀念與模式，實施之後心中產生「這是統整設計嗎？」主要的問題癥結在此。雖然兩者在形式上都應用「有價值的課程主題」為課程組

織核心設計課程，但兩者理念不同、目的不同，不能將「開放」與「統整」混為一談。

參、「連結即統整」的觀念加上「行政模式」，導致學科並列未統整

教師們一般都將「課程統整」視之為相關學科的橫向連結，以為有連結就是統整，加上學校推動課程統整往往採「行政模式」，要求教師共同參與，將各科課程做「對等的」安排以示公平。於是當主題決定之後，尚未明確界定主題，就直接將分科敘寫的教材拿來放在一起，實際上這往往只是學科並列，並未產生統整的效果。

由於《國民中小學九年一貫課程暫行總綱》（教育部，90）關於各領域實施原則規定「應以統整、協同教學為原則」，使得學校一窩蜂的迎合協同教學模式，且透過行政手段採全校性的主題式教學設計，呈現出「輪形輻輳狀」的課程架構，涵蓋各領域教師一起參與該主題的統整教學活動（如圖5-1-1），結果只見「多科併列」不見「統整」。因為這種課程勢必採取協同教學，雖然合乎規定卻無法經常實施，而更大的問題是教師仍然維持分科教學觀念，其所提供的學習內容只勉

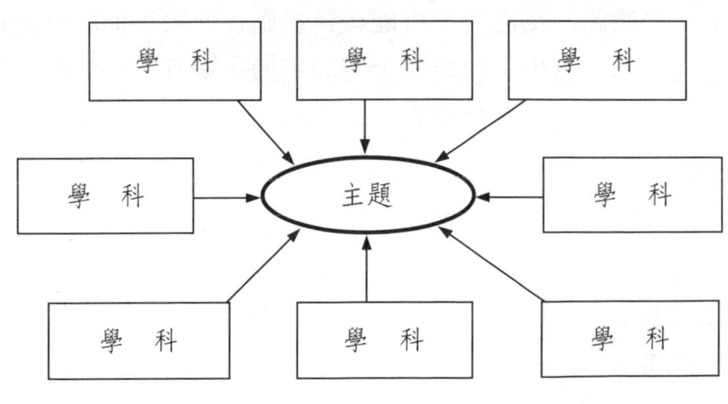

圖5-1-1　輪形輻輳狀之學科並列模式

強與課程主題有某種表面上鬆散的關聯，卻有強烈的「併湊」味道，總是讓教師們覺得「不自然且有違專業」。

全校性的主題教學活動雖然每學期約一次，但仍然是校本課程的重點有其必要性，建議社會學習領域教師們在協同教學時應注意「知識轉化」的觀念，以協同學生充分理解課程主題為考量，將所提供的學習內容做必要的轉化，使教材與主題的關係更直接。同時相關教師們應協同、整合出共同的統整活動或評量，即簡化學習負擔又引導學生獲得統整的學習效果。

肆、採用「多科並列十協同教學」模式，無法經常實施

「多科並列」勢必採「協同教學」，這種觀念已經形成統整設計的主流，否則九年一貫課程的「領域實施原則」不會從八十七年公布時的「以統整、合科」為原則，變成九十年公布的「應統整、協同教學為原則」，到了九十二年在正式的課程綱要中還堅持「掌握統整精神」。九十年的暫行綱要將「統整」、「協同教學」兩者掛鉤實在是一大錯誤，理由是協同教學涉及各科教師在時間、進度與場地的互相協同，這種情況下協同教學形同教師之間互相牽累、互相加碼，排課非常困難，只能偶一為之，不可能經常實施，而將不能經常實施的教學方法訂為原則，邏輯上與現實上皆說不通。況且，協同教學教師很容易流於「學科本位」，只關心自己本科知識的精熟，最後學生得到還是分科的知識，偏偏課程總綱說「各學習領域應以統整、協同教學為原則」。雖然九年一貫課程要統整，統整需要「協同」，但是「協同」的重點在「協同設計」而不是「協同教學」。「協同」要能保持彈性正確的方法是「學科互動」、「知識交流」，最不得已的方法才是人力的協同。

伍、課程發展方法不對，導致教材不統整

「統整」理念提出以來就一直有一種迷思，就是地理教師得去公民科，歷史教師要教地理科，其實這是對課程統整觀念的誤解，但是在選用教科書時，大多數教師喜歡書商提供「統整且領有合格執照合訂本裝」的教科書，果然坐實這項誤解。其實這是倒果為因，因為教材不統整才導致這種荒謬的結果。理論上，統整的課程教師可以個別教學，會出現以歷史為主融入地理的知識，討論某種社會學科的概念會融入歷史或地理學科的知識，而不是讓公民教師去教歷史科、歷史教師去教地理科。至於說到方法不對，提供教材的書商要負很大的責任，筆者曾受兩家書商邀請，對其所寫好的課程綱要（社會學習領域）提出徵詢意見，大致了解出版商整個課程研發程序都是「從學科出發」，找學科專家搭配分科教學表現優良的教師組成課程發展團隊，先將各科教學內容搞定之後才試圖進行統整，因為跨不出學科框限，結果很難不流於拼湊。實際上要發展統整型課程得「從主題出發」，先訂出各領域的重要議題作為課程組織核心（主題），再去統合探索這些主題的相關知識（請參閱本章第二節）。

教材統整除了方法不對之外，其實出版商的生意經才是關鍵，因為要找到懂統整理論的人不難，問題是出版商主要關心的是銷售量。當出版商想到選書的教師都是分科分系育成的，為了迎合教師分科教學的脾胃，即使可以統整也不會冒著「叫好不叫座」的危險。可惜教師們一時不察，學科本位作祟，喜歡挑選自己的學科還在、份量相對不少的教科書，反而將比較統整的教材給打入冷宮。偏偏教師只停留在「選用教科書」的層次，不敢將教科書當參考書，又沒有增、刪、修、改的能力，完全受制於「分科合訂本」的教科書，就這樣自食「公民教師得教地理科」的苦果，並且陷入教材太多、時間不夠的迷思。

陸、研習活動不確實

研習不確實是更叫人心痛的事，教育部只知道投入大量經費讓學校去辦研習，卻沒告知面對新課程的「核心能力」是什麼，美其名「賦權增能」，讓各承辦單位「專業自主」。可是這中間又有多少研習是合乎教師的實際需求？有多少國中小學校長，能先了解自己學校教師面對九年一貫課程的專業需求，再去延聘適當的講師呢？根據筆者的觀察與考察，很多研習根本是以「近親繁殖」——找熟人而不是找專家，「交叉持股」——由幾個學校組成的小圈圈互相展演、觀摩一番了事。既沒目標、沒重點更沒系統，準備了四年（八十七年課程總綱公布到九十一年正式實施），國中階段一開學，還是讓某些教師嚇得請長假，消極抵制九年一貫課程。

柒、學科本位放不下、以「分科」舊思維去面對「課程統整」新觀念

其實，放不下學科本位是統整最大的障礙。第一線的教師因此排斥課程統整，跨不出學科框限，教學觀念難改變，即使課程統整了，也難保繼續以分科教學習慣去處理統整的教材；學科本位放不下，師培機構的教師因此而不願調整課程，很難培養勝任九年一貫課程的師資。有一件事可資證明，到現在教育部規定的「領域教師學分認證」，除了社會學習領域之外，其他各領域都不願意將「領域課程設計」之類的課程列為必修學分，還緊守著「專門學科」不放，完全不考慮新課程的需要，而這種學分認證卻是相關科系的教授決定後再提給教育部核備的。

用舊思維面對新課程就更一言難盡了。最明顯的是消極者仍用「選課本＋教課本」的舊模式去準備課程，沒能體會新課程需要教師改變「課程使用者」的習性，變成「課程設計者」，當然被書商提供的教

材所困而不知所措。積極者仍然習慣分科而陷於統整必須協同教學的迷思中，套用開放教育主題式教學設計、併列七、八種學科或所謂的「多元智慧教材」就當統整。以行為目標的觀念去轉化能力指標，教師還擔心教的不夠多，但是基本知識都不了解如何去統整。最後，仍不能體會，培養能力需要「少教（教基本的不是不教）多學（學生需要統整的學習）」的道理。

第二節 課程統整設計之原則

學者專家關於統整型課程應如何設計的見解，與其如何看待課程統整以及課程統整之目的有密切的關係，大致可分成三種論點：

壹、課程統整設計應符合三項形式要件

一般而言，視課程之「統整性」為一連續向度的學者，他們認為從完全分立到完全統整的課程設計，其實都具有不同程度的「統整性」，故對於課程的統整設計除了合乎定義中的三項「形式要件」：「含義豐富的課程主題」、「打破學科界限」、「形成統整的課程組織」之外，並未堅持其他特別的原則。持這種論點者包括 Jacobs（1989）、Fogarty（1991）、Drake（1998）等人。

貳、課程統整設計應注重提升學習者的思考與理解層次

知識的學習是課程統整不可或缺的基礎。因此強調「知識結構」、重視知識整合的學者，例如 Erickson（1995），他認為課程統整的目的在於提升思考層次，故課程統整設計之學習焦點應放在重要概念及

相應的通則上。各相關學科之學習內容與活動之安排，雖然可分科進行，但以導致較為深度的理解及激發較高層次之思考歷程為目的。他反對沒有進一步構思課程內容中的重要概念與通則為何？就逕行安排各科相關的學習內容與活動，以及協同教學計畫。因為如此一來，課程中所包含的各項論題（topic）或與主題有關的跨學科領域事實和活動，與其說是統整的不如說是協同的，學習仍限於各學科孤立的知識與技能的練習；學生的思考仍維持在片段的事實記憶。

參、課程統整設計必須「回到主題、統整在學生身上」

另外，有學者堅持「實質統整」的理念，認為統整必須統整在學生身上才有意義，如Beane（1997）。這項原則涵括以下要件：

一、師生共同參與

Beane認為課程統整之目的是為了符應學習者的學習與成長需要，協助學生認識自我及其周遭世界，即然如此，那麼課程設計及發展的過程，就不能忽略學生參與的因素。所謂「師生共同參與」重點在於課程設計過程中，融入「學生知識」，包括學生的先備知識、生活經驗、社會文化背景、自我意義、價值觀與世界觀等，其次才是「徵詢學生意見」，這兩項工作前後順序、輕重緩急不宜顛倒。

二、從主題出發

課程之所以需要統整，因為學習者的生活經驗及其面對的世界，有許多重大的問題是無法按學科分割的，故課程設計應該導向精熟主題的學習。而且，主題來自個人及社會共同關注的重要課題，透過主題的精熟學習除了獲得統整的知識，同時促成個人與社會的整合，符應課程統整的理念。因此統整設計應從主題出發，不考慮學科立場，直接思考主題所關涉的重要概念、通則或必須討論的問題，使相關的

學科知識整合在主題所形成的脈絡與情境下，然後再安排必須的學習活動，使習得之知識及能力，皆成為學生精熟主題的工具與資源。

三、回到核心（主題）（back center）

統整的課程應使學習以精熟主題為學習目標，而不是以精熟學科知識為目標。換言之，使學生能用相關學科知識與技能，回去探索主題、了解主題、解決問題。倘若統整設計雖然符合形式要件，卻停留在各學科對此主題有何「貢獻」的思考，主要學習目標仍然是要學生熟悉各學科之重要知識與技能，而沒有回到核心（主題），應用學科知識或技能探究此主題，以獲得完整、深入的理解，則即使是 Jacobs（1989）所謂的「主題統整日」（integrated day），也不過是多科並列課程的變形而已。

綜合前面的討論，我們可以為課程統整設計歸納出"5C"原則如下：

一、統攝性原則（categorical）：課程主題必須內涵夠豐富，能統攝兩種或兩種以上學科知識，有統整學習之價值與必要者。

二、關聯性原則（correlative）：主題之下的各種學習內容，必須與課程主題有明顯的關聯意義，且能提升學習者的思考與理解層次。

三、工具性原則（come back to the theme）：放棄學科本位，將學科知識為學生精熟主題之資源與工具，知識之選擇、組織與教學，以協助學生精熟主題為目的。

四、協同設計原則（coordinative）：各科教師加強學科互動、協同設計，並且在發展課程時，則同步融入「學生知識」（包括學生的先備知識、生活經驗、社會文化背景、自我意義、價值觀與世界觀等），當教師有了具體的構想之後，再加入學生的「意見參與」，使課程設計更符應學生之生活、學習與成長需求為依歸，此為「師生共同參與」之要義。

五、學生統整（建構）原則（construct by student）：課程統整應統整在學生身上，故必須「回到主題」安排學生的統整學習活動，使學生有機會應用相關的學科知識與技能，回去探索主題、了解主題或解決問題的學習活動。以獲得統整學習的效果。

肆、課程統整設計的檢驗指標

從統整觀念與設計原則的探討中，我們可以了解檢視一項課程設計成果是否具「統整性」，不妨以四項「實質要件」加以檢核。

一、統攝與關聯條件

課程主題必須內涵夠豐富，有統整學習之價值與必要；各種學習內容，必須與課程主題有明顯的關聯意義，能提升學習者的思考與理解層次。

二、放下「學科本位」、跨越學框限

統整型的課程，應以主題所形成的脈絡或架構，重組取材自各種學科的學習內容。達成這項實質要件的務實方法，至少可分成兩種途徑達成：「從學科出發」與「從主題出發」。

㈠從學科出發。習於分科教學的教師比較傾向從學科的觀點思考主題的意義，選擇可用之教材，若參與的各科教師能放下學科本位，在維持分科教學之餘，能加強互動，進一步整合各科重要知識，共同安排一項統整的學習活動，使學生能有機會應用各科知識，去探索與主題相近的問題，即如 Jacobs（1989）所言：「刻意應用不同學科的方法及語言，以驗證一項核心主題、議題、問題、單元或經驗」，雖然維持分科協同的教學方式，一樣能以強化學科知識之間的關聯意義，達到統整的意義與效果。

㈡從主題出發。另一種跨越學科框限的理想方法是「從主題出發」，不考慮學科的因素，直接找出主題關涉的重要概念、通則及必要討論的問題等，這種途徑所設計的課程其「統整性」自然比前者高。

三、精熟主題的學習導向

任何一項統整的學習都必須應用基本知識與技能，但不以精熟基本知識與概念為滿足，而是以精熟課程主題為目標，因為採用統整型的課程設計，其原意就是因為課程主題有統整學習的價值與必要。所以課程設計應持「工具性」知識觀，所選用之各種學科知識與技能以協助學習者精熟課程主題為考量，做必要的轉化，成為學習者探索主題的工具或資源，教學活動則應有導向精熟課程主題的學習過程。

四、安排「回到主題」，由學生建構（統整）的學習活動

統整學習的完成是回到主題、統整在學生身上，由學生自行建構完成。所謂「回到主題」意指學習過程或結束，應有統整學習活動，讓學生有機會將先前學習的知識整合起來，去探討一項與課程主題相關或類似的問題，一方面使得學生能確實獲得對課程主題的統整理解，另一方面在課程主題所形成的脈絡下，建構知識之間的關聯意義。

前面所述之四項實質要件可以化成檢視課程設計成果是否統整的參考指標，其中第二可分成兩個層次，總共五項參考指標。課程設計之結果，依其與四項參考指標相符的情況，其「統整性」大致可區分為「不統整」、「似統整」、「半統整」、「準統整」、「真統整」五個等級，如表 5-2-1。但是並不表示統整性愈高愈理想，這需要與課程目標及主題屬性等因素一齊考量。

由表 5-2-1 可見滿足第 1 項要素是統整設計的必要條件，滿足的 4、5 項要素是充分條件，第 2、3 項要素屬於彈性條件，因為這當中涉及課程設計方法的選擇，產生的效果不同。

第三節

課程統整設計步驟

課程統整設計步驟各家見解相當雷同，但詳細程度不一，綜合Jacobs（1989）、Beane（1991）、Fogarty 和 Stoehr（1995）、Meinbach、Rothlein和Fredericks（1995）等人的建議，統整設計的步驟大致上可分成五步驟：「產生主題」、「選擇主題」、「界定主題」、「發展課程內容」、「訂定教學與評量計畫」等幾個程序。

表5-2-1　課程設計「統整性」的五個等級

<table>
<tr><th colspan="2" rowspan="2">類型
指標</th><th rowspan="2">不統整</th><th rowspan="2">似統整</th><th rowspan="2">半統整
學科出發</th><th rowspan="2">準統整
主題出發</th><th colspan="2">真統整</th></tr>
<tr><th>學科出發</th><th>主題出發</th></tr>
<tr><td colspan="2">1. 統攝的主題，各種學習經驗與主題的連結</td><td>缺</td><td>有</td><td>有</td><td>有</td><td colspan="2">有</td></tr>
<tr><td rowspan="2">2. 放下學科本位</td><td>呈現學科間的關聯意義</td><td>缺</td><td>缺</td><td>有</td><td>缺</td><td>有</td><td>缺</td></tr>
<tr><td>直接掌握主題所關涉的概念、通則、必要討論的問題，及其間的關聯意義</td><td>缺</td><td>缺</td><td>缺</td><td>有</td><td>缺</td><td>有</td></tr>
<tr><td colspan="2">3. 精熟主題的學習導向</td><td>缺</td><td>缺</td><td>有</td><td>有</td><td colspan="2">有</td></tr>
<tr><td colspan="2">4. 由學生建構（統整）</td><td>缺</td><td>缺</td><td>缺</td><td>缺</td><td colspan="2">有</td></tr>
</table>

壹、提出構想、目標進而產生課程主題

這個階段從提出設計構想與課程目標到決定課程主題，師生可透過互動、溝通、分享的方式共同參與。所謂「重要的」、「有意義」的課程主題，理論上應以學習者之學習與成長需要為依歸，通常課程主題的選擇與界定，應考量學生之興趣、先備知識、生活適應、生活經驗（直接、間接與未來可能之經驗）、社會文化背景、自我觀念、價值觀與世界觀等。

基本上，教師試圖為某一學習領域提出系列的課程主題，以架構起該學習領域之課程內容，必須有「宏觀」的視野，根據「課程標準」或「課程綱要」，掌握該課程所訴求之目標與理念，從三個方向去構思（陳新轉，民90）：

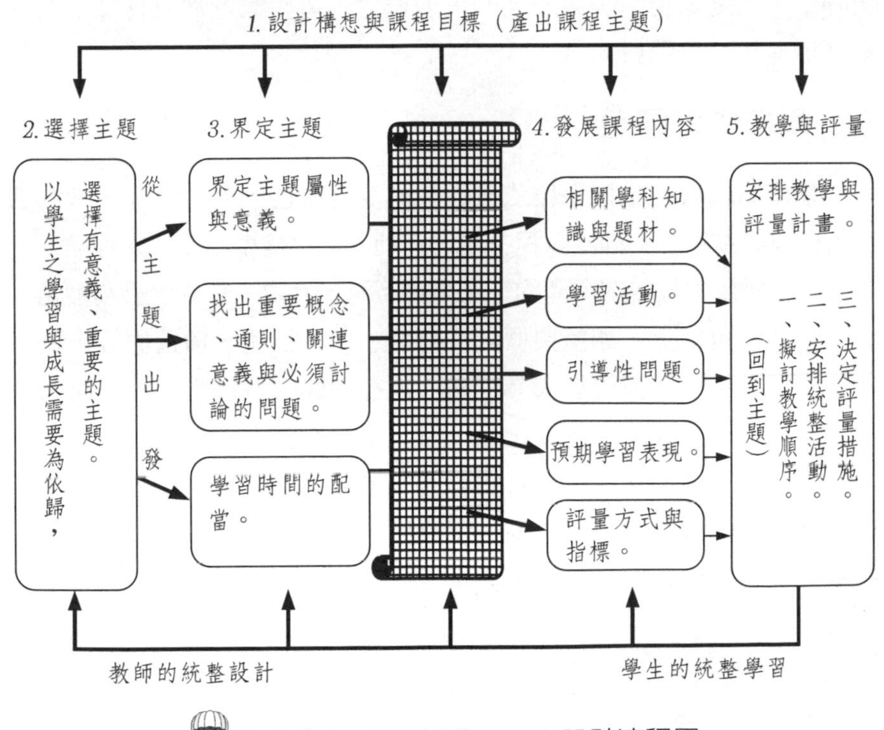

圖5-3-1　統整型教學單元設計流程圖

一、課程目標取向

課程目標取向是根據「課程標準」或「課程綱要」所提示之「基本理念」與「課程目標」，思考學生必須學習之重要課程主題，以及學習這些主題所需之知識與技能。通常目標轉化策略所產出的主題內涵太豐富，必須再轉化出若干「次主題」。

二、知識整合取向

知識整合取向是將「課程標準」或「課程綱要」中所提示的「分段能力指標」或具體內容加以整合，從中提出課程主題。知識整合策略所產出的主題，通常是比較具體的概念或通則。例如從「九年一貫社會學習領域課程能力指標」可以整合出諸如「文化交流」、「全球關聯」、「全球化」等一系列的重要概念，這些概念都包含豐富的歷史、地理及公民學科知識。

三、學校本位取向

學校本位取向是指學校依據學校本身之特色與學生需要，參酌課程目標與基本理念，提出課程主題，以補「課程標準」或「課程綱要」之不足。學校本位取向所產的主題來源廣泛，大致上只要含義夠豐富，能跨兩種學科以上，如重要概念、通則、學習技能、價值觀等，甚至一本書、一件事，都可以成為主題。現在面臨一個隱憂，即主題大多侷限在鄉土、節慶、民俗文化上，窄化了其發展。

課程主題被提出之後，必須經過一番分析、篩選、組合，如果課程主題內涵夠豐富，甚至可進一步發展成全學年的課程「綱要」，作為學校實施課程統整的基本架構。

貳、選擇課程主題

從許多課程主題中選擇有意義且重要的主題是滿主觀的論斷，以「課程統整」追求知識、社會與學習者三者之統整的理念而論，Beane（1990, 1997）的見解應屬中肯，他特別強調課程統整的目的在於協助青少年的「自我意義及社會意義」的追尋，因此他主張課程主題應由師生共同參與決定，取材自「青少年個人所關注與大世界所關注」的交集（1997）。另外，Barab 和 Landa（1997）著眼於協助學生在長期的學習歷程中，獲得完整的知識、技能與觀念，以及轉化的方法。所以他們兩人認為課程主題不論是發現的、自然發生的、虛構的或者是考究的問題，必須具備以下五項要件：

1. 充分的廣度：課程核心能激發學生的想像力，或者要求學生應用超過一種以上之學科知識與技能。
2. 足夠的深度：包含適量的研究問題，可形成發展性的學習活動。
3. 重要性：讓師生認為值得發時間去學習、探究。
4. 適切性：切合課程標準或課程綱要所訂之要求與目標，也讓教師與學生都覺得是合宜的學習領域。
5. 適應性：適應多元的學習風格、智能與文化背景的學生，提供寬廣的學習視野及充分的學習成功的機會。

參、界定課程主題

界定主題是發展課程內容之基礎，這個階段與第一階段可以交錯進行，對課程主題下界定，可以浮現學習的範圍，其結果可能回頭去修訂原先的設計構想與課程目標。

界定課程主題是課程設計關鍵性的步驟，主題界定不清會影響課程範圍、課程發展及統整模式的選擇，其主要處理事項有三件：

㈠確立主題的屬性。

確立課程主題之屬性會影響統整模式之選擇，但主題的屬性不取決於主題名稱，而取決於教師在擬定課程主題時的設計構想與目標。課程主題可分為「論述性主題」與「概念性主題」，如果教師試圖透過統整的方式，強化概念性知識或通則的學習，它就是「概念性主題」，如果教師準備以論題、議題或活動的方式處理，它就屬於「論述性主題」。兩者雖然可以並存，但仍須把握主軸，否則課程發展易生雜亂。教師若只顧著吸引學習者的興趣，而費盡心思將課程主題「卡通化」，卻忽略課程主題界定的必要性，往往會因為「連結即統整」的觀念，導致課程內容太多、太雜的後果。

㈡掌握課程主題所需之概念、通則、知識之關聯意義或必須討論的問題。

課程統整比較自然的設計方法是「從主題出發」，包括界定主題的意義、範圍，仔細思考學習該項主題所必須討論的問題、應用的概念與通則，才能使得課程內容契合對主題統整理解的需要。

㈢學習時間。理論上，學習時間的規劃應以學生達到精熟學習的需要為主要考量，但是從整體課程計畫看來，各主題單元的課程設計不能不考慮該項課程主題在整體課程計畫中所分配的時間，而在學習廣度與深度上做調整。

肆、發展課程內容

第四階段的主要項目包括「相關學科知識與題材」、「學習活動」、「引導性問題」、「預期學習表現」、「評量方式與指標」等。這時候原先訂下的課程目標與構想仍然發生「過濾」與「選擇」的作用，在安排選取之知識、教材及學習活動時，使教師能做必要的選擇與「轉化」，使課程內容能形成「有意義的組織」，使評量、教學與課程呈現「密切配合」（alignment）的關係。

伍、安排教學活動與評量措施

這一階段為課程實施，包括安排教學順序與進度、學生統整活動與選擇評量措施等，最重要的是遵守「回到主題」的原則，使學生獲得統整的學習，能精熟課程主題，方不背離「課程統整」的原意，以及當初的課程目標與設計構想。

第四節 課程統整設計之三種模式與比較

九年一貫課程的領域實施原則幾經調整，已經不再堅持「統整＋協同教學」的原則，但仍須「秉持統整的精神」。因此，如何使課程統整設計跳脫「多科並列＋協同教學」的模式框限，讓課程設計模式及實施方式必須有多元的選擇，是落實「九年一貫課程」的重要課題之一。

課程統整模式若個別來看，實不知凡幾，其實可整合成若干類型。Fogarty（1991）以學科間的關係將十種統整模式分成三類：「單一學科內的統整」、「學科間的統整」、「學習者內在的統整」。Drake（1993, 1998）則依「統整程度」將六種統整模式分成三類：「多科並列統整模式」、「學科互動統整模式」、「超學科統整模式」，並特別著書說明三種統整類型的特徵與功能。本文以 Drake 的分類與說明為基礎，融入課程設計實務經驗與心得，改以「課程設計要領」重新詮釋這三種統整模式之意義、特徵、功能與優缺點。以下示例呈現的重點包括「主題界定」、「課程架構」及「實施方式」。選擇統整模式必須與主題屬性相配合，故每一種模式各舉概念性主題及論述性主題為示例。但是，超學科統整模式重點在於提供「參考架構」，著重學生主動探索，較不易掌握知識之客觀性與嚴謹性，不適合用以處理定義明確之「概念性主題」，故僅列舉論述性主題為例。

壹、多科並列統整模式與示例

所謂「多科並列統整模式」（multidisciplinary approach），是指在課程主題提出之後，從「學科」出發，考慮各學科可應用哪些知識、方法或時間，貢獻於學習這項重要的主題，形成多元學科的視野。各科仍維持明確的學科界限與系統，並不刻意建立學科之間的統整關係，且採行分科教學。不過，這時候分科教學必須有某種協同的關係，且必須加入「學生統整學習活動」，否則不具「統整」之意義。

一、概念性主題之多科並列統整示例

概念性主題之課程統整設計著重概念與通則之理解，使學生能掌握重要的概念性或通則化的知識，提升其認知與思考層次，以免學習流於廣泛而片段之「事實」或「現象」之記憶。理論上，不論是單一學科獨有的或跨兩種學科以上之概念或通則皆可成為課程統整的主題。不過若屬於單一學科特有的概念或通則，實不必大費周章做跨科的統整設計，例如「議會」（assembly）是政治學科特有的概念，「彗星」是天文學的知識，對學生而言，它需要的是清楚的定義與充分的事例，而不是跨學科的連結。一般而言，概念大都具有跨學科的內涵，能「統攝」各種事實或片段知識之作用，最常被當做概念性主題，例如「差異」、「社會控制」、「全球化」、「變遷」、「循環」等。且以〔例1〕「循環現象」為例說明之。

㈠〔例 1〕「循環現象」——概念性主題之多科並列統整模式

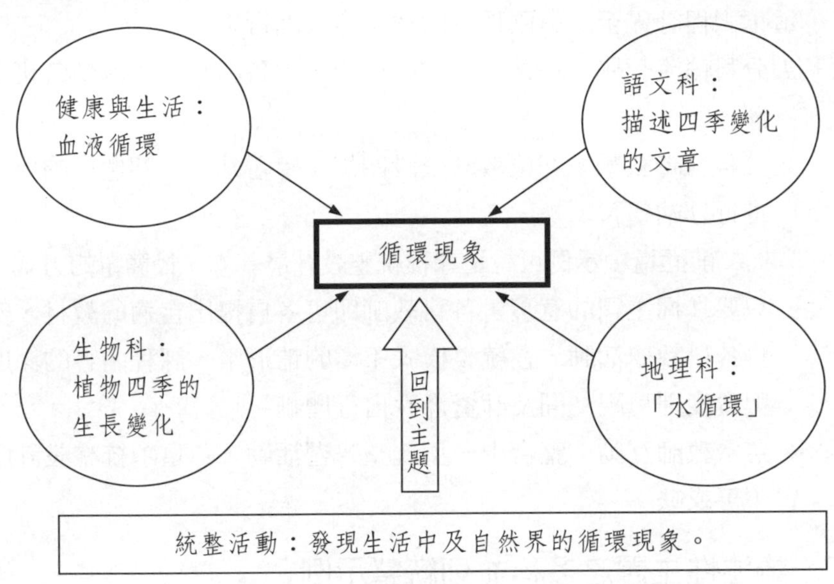

圖 5-4-1　論述性主題多科併列示意圖

㈡選擇課程主題並界定其意義

本示例以「循環」概念為核心，藉以整合分散於各科的知識。所謂「循環」意指「一再重複出現的現象或秩序」。

㈢決定統整模式（架構）

本示例採概念性多科並列統整模式，包含健康與生活、語文、生物、地理等四種學科知識：語文科——描述四季循環現象的文章；地理科——水循環；生物科——植物四季的生長變化；健康與生活——血液循環。最後安排統整學習活動——發現生活中及自然界的循環現象。

㈣實施方式

這項課程計畫至少有兩種協同教學方式進行：

1. 分科輪流教學。在某一學習時段內，由各科教師輪流到各班上課。
2. 分科同時教學。四位教師分設四個「學習站」，四個班的學生進行分站學習。

　　前面這項示例可說是課程統整設計最基本、最簡單的方式，只要掌握主題的意義，各科教師即可各自提出合適的教材，安排各科教學活動，在統整模式不變的情形下，課程內容的深度與廣度則可視時間及師資條件自行增刪。

3. 透過教師互動，整合出一項統整學習活動，為這項統整設計所不可或缺。

二、論述性主題之多科並列統整示例

論述性主題通常以個人及社會所關注的論題為核心，這類論題往往含義豐富，關涉到許多學科知識，一項主題有時候就可以規劃成一學期甚至一學年的課程。不過，這樣的課程雖然能讓學生對某種主題獲得完整且深入的學習，但教學時間有限，除非課程主題確實對學生有特別重大的意義與價值，否則這總不是「經濟的」學習。因此，論述性主題最好能結合各項重要概念，例如「雨林」的論述性主題結合「相互依存」的概念，使得課程設計有一個明確的方向與範圍，各科之學習內容朝向探討雨林中之相互依存現象的方向發展，不但能建立各科教材之間的關聯意義，也不至於使課程內容過於龐雜。

〔例 2〕雨林／相互依存——論述性主題之多科並列統整模式

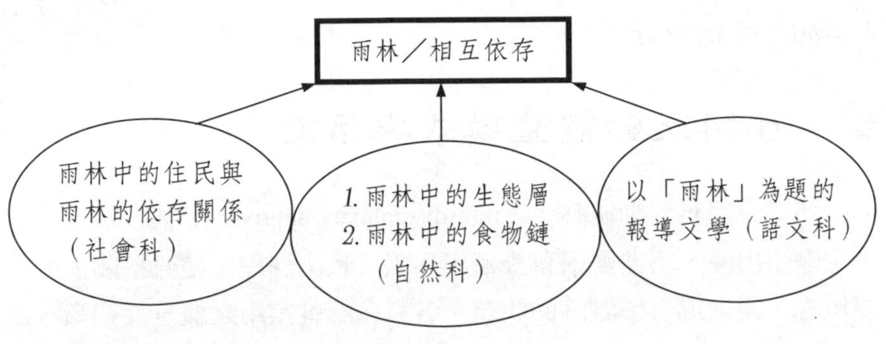

圖 5-4-2　論述性主題＋重要概念之多科併列示意圖

㈠選擇課程主題並界定其範圍

「雨林」對全球氣候的影響及其遭到濫伐的問題，為世人所關心，是有價值而重要的課程主題，可由相關學科教師共同參與選擇。本示例僅列出社會科、語文科及自然科，其實地理科中有關雨林氣候及其分布狀況，為必要的先備知識。

㈡結合主要概念作爲統整課程的核心

為了避免課程發展過於龐雜，故結合重要概念——「相互依存」，使課程發展有定向，基本上，本課程將學習雨林的相關知識，以及雨林中的物種及人類的相互依存關係。

㈢以主題與概念爲核心，發展各科的學習內容

1. 語文科：閱讀以「雨林生態」為題的報導文學。
2. 自然科：教授「雨林的生態層」、「雨林中的食物鏈」等課程內容。
3. 社會科：探討人類或雨林中的住民與雨林的依存關係。

㈣實施方式

如〔例 1〕所示。

貳、學科互動統整模式與示例

所謂「學科互動統整」（interdisciplinary approach）模式，是指從「主題」出發，不理會學科分類與界限，找出課程主題直接關涉的重要概念、通則或必須討論的問題，各科教師就選用之概念性知識、通則及討論問題，進行充分的溝通、交流，建立知識的關聯邏輯或情境脈絡，進而選擇必要的教材，安排學習活動。同時課程設計必須以精熟課程主題為學習焦點，必須回到核心，此即 Beane（1997）所謂的「課程統整」。

一、概念性主題之學科互動統整示例

㈠〔例 3〕「文化交流」課程架構——概念性主題之學科互動統整示例

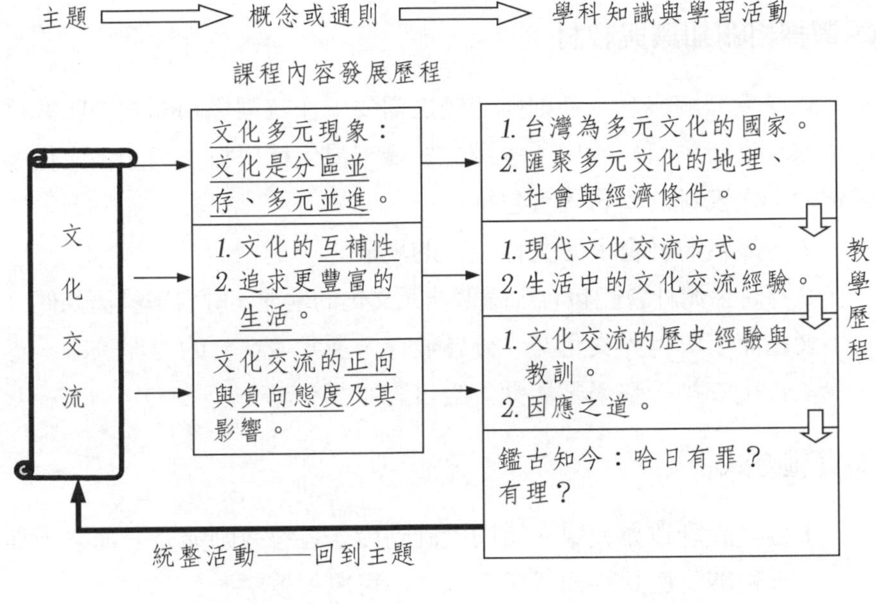

圖 5-4-3　概念性主題課程統整示意圖

㈡選擇主題並界定其意義

「文化交流」乃是不同社會之間的一種人員互訪、物資流通、思想傳播的現象。「文化交流」無論證諸歷史的發展或日常生活經驗，它是相當頻繁的現象與重大的課題。

㈢選擇課程統整設計模式

這項主題採「學科互動模式」設計，直接從主題思考關涉的概念、通則及應該探究的問題，包括：

1. 重要概念：文化多元現象、文化的互補性等。
2. 通則：「文化是分區並存、多元並進」、「文化交流之動機在於追求更豐富的物質與精神生活」之通則。
3. 重要問題：正向與負向文化交流態度所導致的影響。

㈣選擇相關知識與教材

以學生理解概念、通則與問題之需要，作為選擇相關知識與教材之依據，這時候可以看出所選擇之知識來自何種學科。例如「文化多元現象」之安排的學習內容包括：

1. 認識台灣社會多元文化並存的現象。
2. 探討台灣社會能包容、匯聚多元文化的地理、社會與經濟條件。
3. 進而了解世界文化乃「分區並存、多元並進」的道理。
4. 最後安排統整學習活動：哈日有罪？有理？

㈤實施方式

1. 協同設計單獨教學。協同設計階段若各科教師能充分溝通，掌握相關的概念性知識與事例，則可單獨教學。
2. 協同設計協同教學。各科教師若對跨學科的知識沒有充分的把握，可互相支援。

二、論述性主題之學科互動設計示例

㈠〔例 4〕「多元文化的社會」——論述性主題之學科互動統整示例

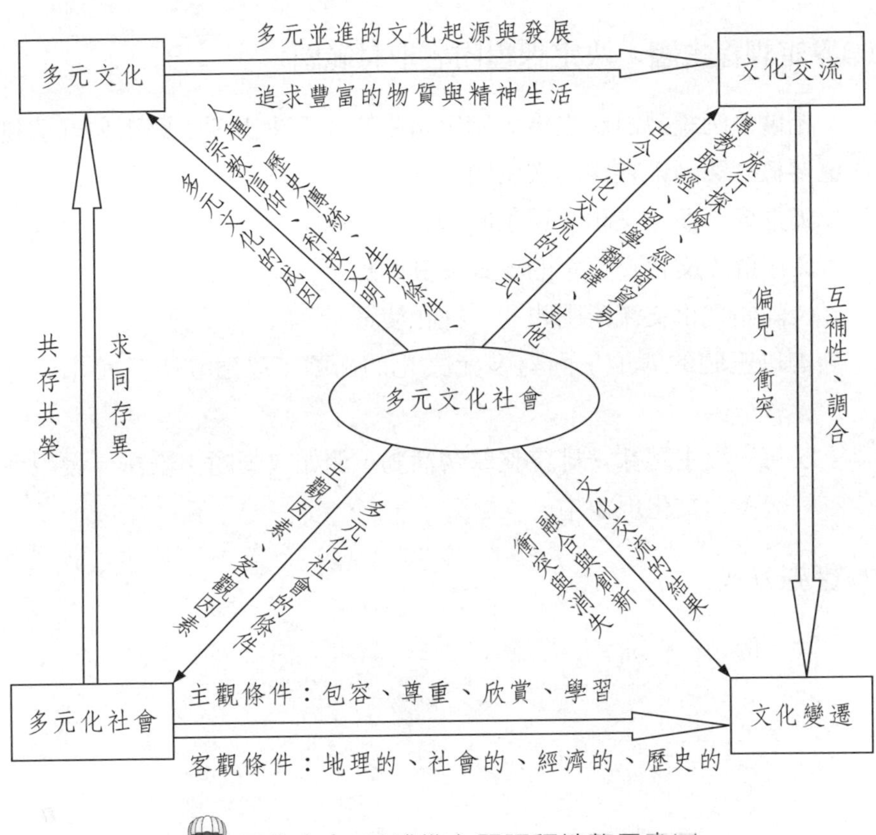

圖 5-4-4　論述性主題課程統整示意圖

㈡提出構想、選擇課程主題

台灣是海洋國家，也是民主、開放而且多族群文化的社會，不但本身具備豐富的人文特色，更由於資訊發達、對外交通便利、人群互動頻繁，成為世界文化交流、匯聚的地方。為了使學生更真實的認識台灣社會及世界的多元文化現象，了解文化交流的意義，體驗多元文化的生活經驗，認知多元文化的衝擊，培養「求同存異」之多元化社會生活態度，經過相關教師的溝通互動，乃提出「多元文化的社會」為課程主題。

㈢界定課程主題，決定課程內容取材範圍

相關教師經過討論之後，確定這項主題至少需要了解下列五項包含重要概念與通則在內的次主題：

1. 形成「多元文化」現象的因素。
2. 了解「文化交流」的方式及其動機。
3. 認知文化交流所引起的「文化變遷」。
4. 以正確的態度，面對多元文化的衝擊，以建立「多元化的社會」。
5. 每一次主題都安排統整學習活動，例如次子題 1 安排「發現台灣多元文化現象」。

㈣實施方式

同〔例 3〕。

「多元文化社會」課程大綱

多彩多姿的世界——多元文化的社會

→ 多元文化

多元文化現象的成因：
「種族」：血統、語文。
「歷史傳統」：歷史淵源、傳統思想、風俗習慣等。
「生存條件」：地形、氣候、資源、謀生方式等。
「宗教信仰」：崇拜對象、儀式、終極關懷等。
「科技文明」：建築、交通工具、生產工具等。
〔統整活動：發現臺灣的多元文化特色〕

→ 文化交流

「文化交流」的方式與誘因：
古今之「文化交流方式」：經商貿易、戰爭、旅行探險、傳教與取經、留學與翻譯等。
「文化交流的誘因」：追求更豐富的物質與精神生活。
〔統整活動：分享文化交流的經驗發現不同文化的「互補性」〕〔鑑古知今：哈日有理？有罪？〕

→ 文化變遷

「文化變遷」：
中西文化交流的「重要歷史事件」。
文化交流的「善果與惡果」：融合與創新、對抗與消失，包括歷史的與現代的。
〔統整活動：發現文化交流的正面與負面態度〕
〔統整活動：發現本土文化的變遷〕

→ 多元化社會

形成「多元化社會」的客觀條件：
「地理條件」：位居海陸交會處，或海路與陸路交通的中途站。
〔統整活動：發現世界上著名的「文化交流」城市或地區〕
「經濟條件」：國際化與自由化。
「社會條件」：開放的、自由的、法治的、共享的價值觀與規範。
形成「多元化」社會的主觀條件：
「多元化社會」：求同存異、共存共榮的社會。其社會成員對於不同文化，需要具備學習、尊重、包容、欣賞的態度。
〔統整活動：台灣是多元化的社會嗎？〕

說明：「」內為重要概念；〔〕內為統整活動

參、超學科統整模式與示例

所謂「超學科統整模式」（transdisciplinary approach），是指將課程主題（通常以人類社會所面臨的重大議題比較合適），直接安置在由教師所提供的某種「參考架構」，可能是一組認知基模、一項行動計畫，一套研究方法、一條學習脈絡或取自現實生活中的情境、脈絡等。超學科統整的重點不在於提示具體、詳實的課程內容，而在於提供「參考架構」，引導學生做超學科的思考，去探索、研究課程主題，強調學生的主動探索與「內在統整」（Brady, 1992, 1995; Drake, 1993, 1998）。

超學科統整之設計，教師必須是「主題專家」，能提供探索問題的脈絡、方向、方法、格式、歷程、學習標準或者是可利用之學習資源；同時必須充分了解學生的先備知識、學習能力。

所謂「參考架構」實不勝枚舉，例如 Brady（1995）的「5W 模式」、Drake（1998）的「故事模式」，一種活動實踐流程、一套研究步驟等，一種真實情境等。篇幅所限，僅例舉「5W 模式」及「活動計畫模式」兩種示例，以供參考。

一、「5W」為參考架構之超學科統整模式

Brady（1995）提出以「實在」（reality）之五大要素：環境（where）、時間（when）、行動者（who）、思想（what）、行動（how），去整合大量、片段的經驗，使它成為整體、連貫的知識與技能的課程統整模式。Brady 認為理解特定經驗，無法脫離「實在」之五大要素及其間之相互關係。學習者可以應用「5W」之架構，學習、探究各種事物或現象，透過 5W 之思考與驗證，學習者才能真正將諸多片段的經驗，組織成為自己的概念或通則，形成可用之能力。

㈠〔例5〕環境議題——熱帶雨林遭到嚴重破壞——5W模式之超學科統整示例

㈡擬訂課程主題

找出一種有價值的、「實在的」的議題、論題或事件等。所謂「實在」是指必然發生的、相生或互斥的、某種條件下及不可測的情形下發生的事件或現象。例如「環境議題——熱帶雨林遭到嚴重破壞」。

㈢提示「5W參考架構」

教師學生說明「5W」各項要素的意義，並將課程主題安置在五大要素所構成的脈絡下。

1. 環境（where）：一個充分掌握現象或事件之各項因素及其中之互動關係的想像場景或情境。從這個角度出發，可以觸及「雨林的分布」、「雨林生態與資源」、「雨林對全球氣候的影響」、「雨林遭到破壞的情形」、「雨林國家的經濟與社會狀況」等問題的探討。
2. 時間（when）：將整個事件或現象安置在一個時間參考架構上。例如亞馬遜雨林之今昔」、「未來的展望」等。
3. 行動者（who）：在上述場景互動的人、事、物，並確認他們之間的關係與動態。例如「誰在破壞雨林」、「雨林生態正在發生的改變」等。
4. 思想（what）：推論或指陳行動者之所以採取有意義之行動的認知思想。例如與雨林相關之住民、破壞者、環保人士的處境、立場、訴求目標、行動方式等。
5. 行動（how）：描述從行動者之認知與思想所產生的具體行動。例如雨林中的住民如何維護自己的權利、環保人士與消費者如何採取有效措施，減少雨林生態的破壞等。

㈣提示知識發展脈絡

超學科統整雖然以學生主動探究、內在統整為訴求，但是對學生而言，如何有條理的探索問題，建構相關知識的脈絡與層次是高難度的挑戰，教師這時候提示知識發展脈絡是必要的。Brady（1995）所提供的概念樹狀圖，相當有參考價值（如圖 5-4-5）。

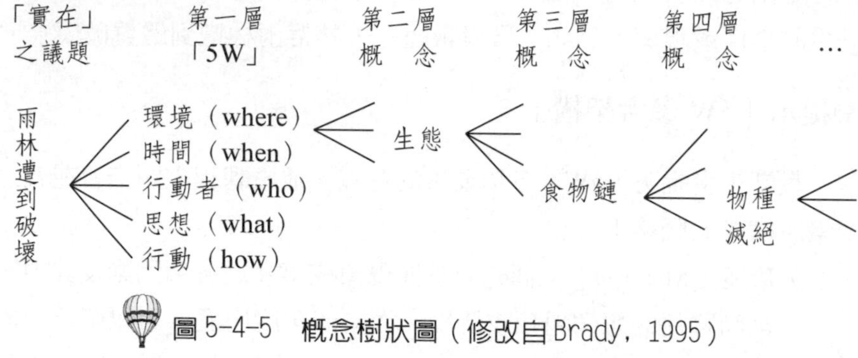

圖 5-4-5　概念樹狀圖（修改自 Brady, 1995）

在「5W」的架構下展開問題的探討時，觸及任何重要概念則可依循 Brady 所提供的概念樹狀圖所開展知識脈絡。例如觸及「環境」概念相關之事件或現象時，則「生態」是重要的因素，「生態」概念下的相關問題中，「食物鏈」是其中的核心概念之一，「食物鏈」本身含有豐富的概念，「物種滅絕」是其中之一支。概念架構可繼續往下展開，開展的層級愈多所包含的知識就愈多。

㈤提出挑戰性問題

為了使學習者能掌握課程主題的重點不至於離題，教師應提示，甚至指定某些必要的概念或研究問題。例如

1. 說明人與熱帶雨林的互動關係。資源開發、探險、研究等。
2. 說明熱帶雨林遭破壞的後果。影響全球氣候、散播病毒等。
3. 注意各項問題的屬性。必然發生的問題、條件性的問題、可預測的問題（相生的或互斥的），或者是不可測的問題。

4.提出問題解決方法。包括手段與程序等。

㈥實施方式

教師為「主題專家」，課程設計與教學的組合視需要而定，彈性很大，可多種選擇。

二、「活動計畫」模式之超學科統整

超學科統整模式除了用在重要議題之外，也可用在「活動」的規劃，大到校慶活動，小到各班、各學習小組或個人的學習都可應用。

以下是一項以「校園服務」為主題的超學科統整，歷經認知、觀察、計畫與組織、執行與評價之歷程，雖然是活動式的課程，但是結構嚴然，確實將知識、方法與價值等重要課程要素融入活動中。

㈠理解服務的正確觀念

首先由教師說明服務的出發點是「關懷他人的需求」，這是利他也是利己的觀念。就利他的角度而言，服務他人必須能設身處地為他人設想，才能做出恰當的服務，而服務的動機可以出自同情、慈悲或其他博愛的心理，但最重要的還是讓學生發現，其實服務他人、能從他人的角度觀察、思考人群社會的需要，是一種對自我成長、開發潛能很有幫助的行為。事實上，許多成功的企業家創業的創意都來自「為他人設想」，如王永慶、比爾・蓋茲等。即使是住家附近的商店，之所以經營成功的首要條件，都是比別人更早發現並提供人群社會的某種需要。但是一般人大都只為自己設想，欠缺關懷他人或提供需求的能力。而這正是未來創業的重要能力，也是正常教育常所忽略的環節。

其次是「行有餘力而為之」，而不是放下自己原有的職責或工作去做所謂的服務。學生在學校的主要任務是學習，不能因為服務而影響學業。

其三說明服務也不能「取代他人該做且能做的事」，除非他人該做卻力有未逮。

㈡主動觀察、發現可服務的標的與對象

服務工人首重自願與主動。一般學校在服務教育上常以「分派」的方式，指定學生做服務性的工作，長久以來學生不知服務的意義與價值為何？年紀稍長就視服務是「傻瓜」行為，能免就免。所以服務工作應化被動為主動，從利己、主動發現、配合同情、同理心與自己的能力，做出成果、獲得成就感，才能讓學生確實覺得服務不但利他而且利己。

觀察校園中可服務的對象與標的包括「可改善者」的標的（既有之事物已經破壞或喪失功能者）、「可充實者」（既有之事物其功能仍可加強者）、「可創新者」（應該有而尚未設置者）。教師指出上述三項觀察與發現校園中可供服務之對象與標的的原則，讓學生實地觀察、體會校園中那裡或哪些人需要服務。

㈢擬訂服務計畫、組織服務團隊

決定服務對象與標的之後，讓學生以分組式組織服務團隊，訂定服務計畫，服務期限以一學期或一學年為單位，在不影響課業學習、人力、財力與物力可及的限度內，擬訂服務工作進行內容、方式與進度，以及預達成的效果（評價）。教師必須審核學生的服務計畫，提醒學生注意服務工作的安全事宜。

㈣執行服務計畫

服務計畫提出之後必須確實執行，時間以一學期或一學年為限，因此服務工作不只作一次，如何維持服務熱誠、效果以及克服服務過程中出現的問題，成為一大考驗，卻也是教導學生「解決問題」的最佳時機。

㈤評價

評價包括教師對學生服務計畫的評價，學生自評以及服務績效的

評鑑。在擬訂時提醒學生就服務對象、預期效果做初步的評估，以提升學生對服務工作的了解。例如有學生想幫教師洗車，另外有一組學生則看到腸病毒正在流行，想提供肥皂給同學洗手。顯然後者比前者服務對象更廣更有意義。至於服務績效則由被服務對象幫忙考核。

以「校園服務」為主題在一套服務計畫實踐過程中，進行「服務觀念」之認知、技能、情意之超學科統整。在教師講解「服務」意義之後，由學生透過「觀察」能主動提出服務的標的與對象，經過「計畫與組織」、「執行」、「評價」等階段，使活動成為培養「公民素

表5-4-1　「校園服務」主題之超學科統整設計

程序	內容	參考架構
認知	服務的觀念與事例	1. 利他（造福人群） 2. 利己（潛能開發） 3. 為他人設想 4. 行有餘力的行為 5. 助人於力有未逮之處
觀察	發現服務標的與對象（以本班教室及校園為範圍）	1. 可改善之事務 2. 可創新之事務 3. 可充實之事務
計畫與組織	時間、人力、設備、進度、安全	1. 不影響學習 2. 能力所及 3. 沒有安全顧慮
執行	1. 維護成果 2. 解決問題	1. 注意程序 2. 講求效率 3. 行事正確 4. 有策略 5. 能持續
評價	1. 預期功能 2. 價值 3. 成效評鑑	1. 效果（服務對象之多寡） 2. 創意（特殊而有價值） 3. 品質（滿意程度）

質」的課程，其中每一個階段都提供「參考架構」，引導學生主動參與其中，其實施方式可由教師個別在各班推動，也可透過學校層級全面推動。

總之，超學科統整之應用，其重點不在於提供課程內容，而在於提供「參考架構」、「學習資源」，引導「學習方向」，強調主動學習。就課程設計而言是最容易、最彈性的一種方式，又可以單獨教學。但是教師必須有扎實的專業知能，充分了解學生的先備能力與知識，且能夠在「參考架構」、「學習資源」，引導學習方面，給學生提供實質的幫助，否則超學科統整容易流於「打混仗」。

肆、三種統整模式之比較

從上述三種統整模式的定義及示例解說中，可以就其中之設計要領、特徵、實施方式與優缺點做一比較（如表 5-4-2 所示）。

課程統整設計不只是課程重新安排，事實上它是課程重整、知識重建的過程。因此，只考慮學科間的連結是不夠的，最重要的是能幫助學生精熟主題，讓知識成為探索主題的資源、工具，讓統整不只是建立在教師的「聯想」，而是統整在學生身上。

統整的課程設計也不是只有「多科並列＋協同教學」一種方式，事實上只要教師清楚課程主題的意義與作用，具備正確的統整設計觀念，把握原則與要領，課程統整就可以有多重變化及實施方式，可以經常實施，且可以避免「拼湊」、「多、雜、累」的問題。

表 5-4-2　三種統整模式之設計特徵、實施方式、優缺點比較表

	多科並列統整	學科互動統整	超學科統整
特徵	1. 從「學科」出發，各科提供適用的教材。 2. 注意各科與課程主題的連結，但不刻意建各科之間的關聯意義。 3.「回到主題活動」，安排「統整學習活動」。	1. 從「主題」出發，直接思考主題關涉之概念、通則、必須討論之問題。 2. 掌握知識的關聯意義。 3. 各科教師必須進行學科知識的交流。	1. 從「主題」出發，教師是主題專家，提供「參考架構」，引導學生探索主題。 2. 學生是主動的「研究者」。
實施方式	協同設計，各自負責本科之教學，但必須在協同的模式下進行。	協同設計，共用一份已統整的教材，可單獨或協同教學。	可單獨或協同設計；可單獨或協同協同教學。
優點	1. 起步較容易。 2. 教師比較能精確的處理重要的學科知識。 3. 對分科傳統衝擊較小，較容易被接受。	1. 能促進教師專業成長，並開闊其視野。 2. 比較能掌握知識的關聯意義。 3. 比較能提高學生的思考層次。 4. 比較能導入後設學習。 5. 統整性高。	1. 容易設計，也容易實施。 2. 容易與生活及社會議題結合。 3. 比較貼近培養「公民素質」之教育目標。 4. 比較能激起學習的主動性。 5. 統整性高。
缺點	1. 統整性不高。 2. 容易出現拼湊、多、雜、累的現象。 3. 必須透過協同教學，同時牽涉多位教師，無法經常實施。	1. 起步的難度高。 2. 需要大量的「時間資源」共同設計。	1. 容易破壞知識的嚴謹性與客觀性。 2. 對學生的學習能力要求高，不是大多數學生所能勝任。 3. 不易掌握學習品質，容易流於打混仗。

九年一貫社會學習領域統整型教學計畫與教學活動示例

單一、零散的課程主題無法實現「課程統整」的目的，能夠建立學校「整體課程計畫」，使各科形成更密切的關聯性，或將許多課程主題，編組成全學年甚至是一個階段的課程計畫，才算完成實施課程統整的「基礎建設」。同時，「整體課程計畫」擬訂的過程是教師了解個別教學計畫，以及教師相互溝通、協調、建立共識的過程，教師除了掌握自己的教學計畫之外，也有助於各領域或各科之間進一步統整或協調，使它更具「一體性」（coherence）。因此，建立全校學年課程計畫可說是實施課程統整的「樞紐」（Kovalik & Olsen, 1997; Jacobs, 1997）。

筆者曾任教國中多年，擔任過「公民與道德」、「認識台灣歷史篇」、「認識台灣地理篇」、「認識台灣社會篇」等科目教師，九年一貫課程總綱於民國八十七年公布時，即思考將來社會學習領域課程如何統整的問題，在學校曾多次利用時間嘗試小單元的統整教學，民國八十九年完成「課程統整理論性之研究及其對九年一貫社會學習領域課程綱要（草案）之啟示」論文取得博士學位，之前曾根據統整理論完成國民小學六年級社會科「我們的地球村——多元化的社會生活」總共十二節課的課程設計。民國九十年完成「人類的社會 7~9 年級統整型課程計畫」。建構社會學習領域課程計畫總是一項大工程，非一人之力可以完成，這個過程承蒙多位國中教師的協助，以及黃炳煌教授、鄧國雄教授、彭明輝教授、陳國華教授、宋佩芬教授等人，給與修正意見始能完成。

第一節

社會學習領域課程計畫之發展過程

本教學計畫仍依據新課程追求統整之立場所做之嘗試，其準備工作與設計過程如下：

壹、建立課程統整的共識

以社會學習領域三學年的課程計畫為例，基本上是一種團體互動協商的歷程。社會學習領域教師共同參與的過程中，應該先建立以下共識：

一、放下學科本位，建立課程統整的正確觀念

學科本位意識是進入統整領域最大的障礙，教師一方面放不下學科的「身分認同」，讓自己從「某一科」教師變成「某一領域」的教師，也往往不能認同與自己原先所認知的學科形式不相符的課程編排。但是「社會學習領域」的意義不是科目的集合名詞或學科名稱，它的性質是一種「跨學科的學習範圍」，其學習目標是希望整合相關學科知識而教學之，讓學生能用以探討人類社會的演進、精熟重要社會議題、適應生活中的重要經驗。所以，規劃統整型的課程絕對不能流於各科對等安排的思考，教師應該抱持提供重要學科知識、價值與技能，讓課程發展小組根據重要課程主題重新組織，未來社會學習領域教師所接觸的教材是「應用相關學科的知識於課程教學中」的教材，才不致變成讓教師們「一人教三科」或「一本分三科，每人教一科」的教材。

二、根據領域分配節數規劃課程，跳脫爭節數的思維

目前國中階段社會學習領域每週分配的授課節數大都以最低比例約三節課排課，與舊課程授課節數相比大約每週少一到二節，但各版本教材以及教師心目中重要的、必須學習的內容並未減少。因此都覺得時間不夠用，常常透過各種機會向教育部要求增加時數。從課程設計的觀點而言，這種現實的觀念卻是不切實際的期望，因為每一個領域、每一種學科都覺得時間不夠，如果都以增加授課節數來解決問題，最後整套課程勢必超過學生的負荷。根本解決之道是教師改變爭取各

領域授課節數的思維，考量學生的學習負擔，在學校總體課程計畫中所分配的授課節數範圍內，規劃課程、精選教材。

三、熟悉能力指標，回歸能力指標

規劃社會學習領域課程計畫必須先熟悉能力指標意義與作用，因為社會學習領域教師的基本教學任務是確保能力指標被實現。而回歸能力指標則有多重作用：

1. 進行課程規劃過程，當各科教師面臨「時間太少，要學習的內容太多」的情況，難免有一番取捨課程內容的爭議，此時應以達成能力指標為討論的基礎，避免流於學科本位的爭論。
2. 其次是能力指標有指示學習方向與教學內容的作用，熟悉能力指標也比較能使教師提出的課程大綱與教學內容符合其規範。
3. 其三是回歸能力指標，確定學生達成能力指標的指示為基本教學任務，才能消減在「一綱多本」的時空環境下，覺得自行設計的課程內容不夠多的焦慮。
4. 熟悉能力指標，回歸能力指標，有助於提升教師的課程設計專業能力，擺脫教科書的束縛。

四、建立「協同設計、單獨教學」的共識

由於社會學習領域課程是統整取向的課程，學校在課程實施政策上的規劃不論是「分科協同」或「合科協同」，都必須一改過去「專業自主其實是單打獨鬥」的教學方式與習慣，而在課程設計階段共同參與，針對課程目標、課程主題等這些屬於「課程組織核心」的部分形成共識，在教學過程中進行學科互動，強化學科知識交流，精減教學與評量的分量，且能收到統整學科的效果。「人類的社會」7到9年級課程計畫採「合科統整」設計，課程內容採主題統整的設計，將跨學科的知識統整在課程主題之下，教學以「協同設計、單獨教學」為原則，協同教學為例外，使課程實施能落實在平時的教學活動中。教師遇到跨學科知識時，可透過「學科互動與知識交流」的方式，完成

教學準備，應用於教學過程中。

貳、蒐集資料、列舉社會學習領域基本的課程要素

蒐集資料、列舉社會學習領域的基本課程要素，包括基本概念、命題、技能、價值與教學目標與評量方式等，主要來自三方面：

一、教師對於分科教材的掌握

教師們所擁有的專業知能是發展新課程的重要基礎之一，但不能被舊經驗所限制。因此，發展統整型社會學習領域課程，需要教師們重新條列國中公民科、地理科與歷史科舊教材中的主要學科知識。但是希望他們能擺脫原來的教材編排框架、順序與意思的敘述，以便作為知識重組工作，使成統整的教學內容。

二、參考文獻與學者專家的意見

第一章第二、第三節所列舉的文獻，都是很好的參考示例。

三、解讀能力指標，掌握主要概念性知識，與舊教材之學科知識互相參照、取捨

能力指標是發展課程的重要依據，根據它所指涉的教學內容，當有不同於舊課程的內容，兩者互相參照對於教材的取捨應用有莫大的幫助。

參、初步整合各自列舉之基本課程要素

各科教師都各自完成自己所掌握的課程要素，包括重要觀念、概念、通則、技能、價值、經驗（可用於教學的各種觀察、調查、操作與體驗之活動）與素材，並加以初步的排列，然後互相交換，接下來

教師扮演課程計畫「編輯者」的角色，一方面了解其他教師的課程計畫，一方面找出重複、遺漏、不銜接之處，以及可以進一步整合的課程內容與評量。

肆、領域會商、產出課程主題

領域會商由領域全體教師共同參與，主要目的有二：統攝前一步驟列舉的課程要素，其次是產出「課程主題」。產生「課程主題」的途徑來自幾方面：

一、發現各科主要概念、命題之間的關聯意義

例如「氣候」、「資源分布」與「胡人南下牧馬」、「五胡亂華」等概念相結合，可以導向討論人類在環境、資源之應用、控制與競爭方面的競爭與合作的課程主題，在這項主題之下又可以統攝其他相關概念，例如「大遷徙」（含中古歐洲）、「多民族的競逐」（宋與遼夏的關係、宋與元金競合關係）、「殖民主義與帝國主義」、「當代的移民潮」、「華人的遷徙」、「貿易戰」、「區域合作」等。但是發現關聯意義的過程，必須注意「凝聚成主題」與「時空尺度」兩項因素，否則容易形成漫無邊際的自由聯想。

二、從社會學習領域「課程目標」出發

課程目標提到「了解本土與他區的環境與人文特徵、差異性及面對的問題」、「了解環境保育和資源開發的重要性」、「培養對本土與國家認同、關懷與世界觀」、「培養民主素質等」，因此選取「多元文化」、「環境保育」、「民主法治」等相關的主題是恰當的。

三、人類社會重要事物、社會關注的重要議題、生活中的重要經驗取材

就社會學習領域課程屬性而言，這是一種幫助學生了解人類社會

如何演變與運作的課程。因此直接從人類社會重要事物、社會關注的重要議題、生活中的重要經驗選擇課程主題。例如人類社會必有某種經濟活動、不斷的回應各種內、外環境的挑戰，顯然這類題材都可作為課程主題。

伍、選擇課程主題

透過領域協商，教師們通常能提出很多課程主題，眾多課程主題必須經過一番「再統整」的討論。由於課程主題將成為組織課程內容的核心，既能反應社會學習領域的課程特性，符應課程目標，而且一個主題代表社會學習領域課程內容的一個面向，故課程主題本身的意涵必須夠豐富，才能具有「統攝」跨學科知識，以及發展出整學期甚至是一整學年的教學單元，而不覺得牽強的功能。因此在選擇課程主題之前，先決定選擇的原則是必要的。本課程計畫經過討論之後決定以下列原則作為選擇課程主題的依據：

㈠能符合課程目標。

㈡屬於人類社會恆常、普遍與具體存在之重要事務。

㈢能與九大主題軸能力指標所指涉之學習內容相呼應。

㈣能透過歷史、地理及社會科學之基本概念性知識（含概念、命題或通則）加以學習、理解者。

第二節

社會學習領域統整型課程計畫示例

根據前一節所定之原則，由教師共同決定選取六項主題，代表人類社會的六種重要事務，初步勾勒代表社會學習領域課程內容的六個面向：

1. 自我、群己關係與生命關懷。

2. 文化起源、傳播與變遷。
3. 生活環境與經濟活動。
4. 社會、政治與權力。
5. 科技發明及其影響。
6. 人類的挑戰與回應。

壹、社會學習領域課程六種學習內容主旨說明

「社會學習領域 7~9 年級課程計畫」，以六項取自人類社會的重要事務作為組織課程內容的主題，形成探討人類社會演進的六個面向，各種主要學習內容的要主旨說明如下：

一、自我、群己關係與生命關懷

人是群居的社會動物，社會中之個人乃具自我意識之個體，追求自我實現是每個人的基本需求與權利，與他人共營社會生活是個人的基本生存方式之一。一切社會行為的根源，來自個體求生存與發展的動機，透過人際互動與社會機制，使個體的需求成為人類社會發展的動力。故學生應學習了解自我、充實自我，體認自我實現必須透過群己與人際互動關係，而關懷他人及關心人類全體之福祉，是創造生命價值與充實生命意義的必要手段與條件。

二、文化的起源、傳播與變遷

文化反映社會群體與自然的關係、歷史傳統、思考方式、行為模式及價值取向。學生應了解任何社會文化之源起以及生成變化過程與結果，皆有其獨特性與相似性。人類追求更豐富的物質與精神生活為促使文化發展、傳播與交流的共同原因，但是文化傳播與交流的過程可能帶來衝突、調和的局面，而影響文化興衰變遷，則可能涉及內外環境變化的複雜因素。

三、生活環境與經濟活動

經濟活動是人類社會最頻繁的活動；解決生計問題是人類共營社會生活的基本目的之一。學生應了解為了取得生存空間、生活資源，人類發展出多樣的生活方式，反映人與自然的互動關係；創造許多生產、交易與分配方式，以及分工、合作、競爭的關係。

四、社會、政治與權力

任何社會皆有管理眾人之事的組織與制度、控制個人與團體的規範，以及決定資源與利益分配的權力運作方式，進而形成能夠自保與向外發展的命運共同體。學生應認知人類社會基本的社會與政治制度、合法結構（威權機構、法律、社會規範）、權力運作方式（威權與統治、權利與義務、社會控制、社會正義與正當程序）等概念及其演變，以及從社區、國家和世界範疇去驗證自己的權利、義務，與即將擁有的公民的權利、責任與社會參與的角色。

五、科技發明及其影響

人類的演化不同於生物演化之處，在於人類數萬年來經歷了一場「人造環境」的適應，從人類在科學、技術的發明與應用發展過程中，是另一個了解人類社會演進的途徑。學生應了解人類具有文、工、技、藝等多樣的創造才華，在不斷克服自然環境造成的不便、超越生理的局限，以及修正人造器物與制度之缺陷的過程中，促進人類社會的演變，這場演變「人擇」的意義大於「天擇」，而且隨著科技文明的進步，情況會愈來愈明顯。

六、人類的挑戰及其回應

人類社會之生存與發展其實是「挑戰與回應」不斷循環向前的歷程。適度的挑戰與妥善的回應，帶來社會文明的興盛，而缺乏內外挑戰或回應失當者，往往導致衰敗。學生應該關懷當代人類社會共同面臨的挑戰，了解來自人類本身對自己所造成的危害，知古鑑今，以擘畫未來。

貳、六種主要學習內容與社會學習領域四個層面知識的關係

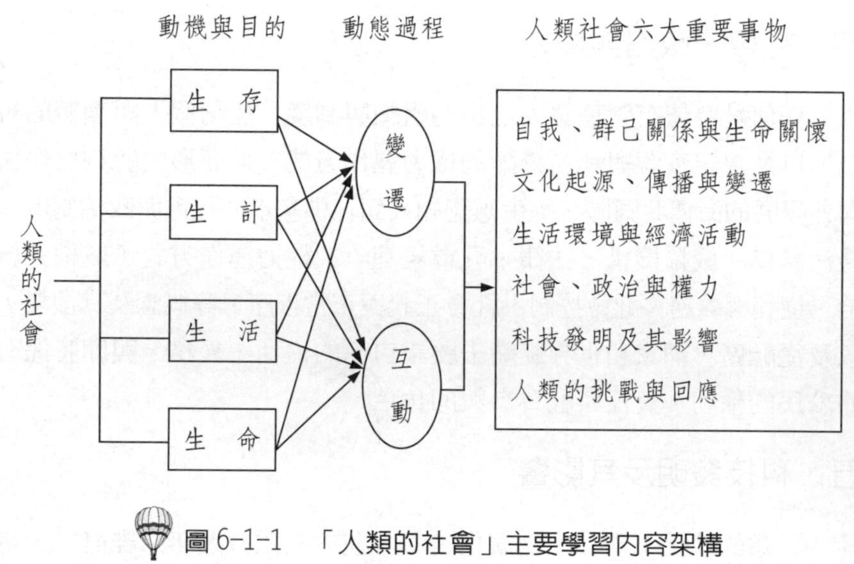

圖 6-1-1　「人類的社會」主要學習內容架構

人是社會性動物，為求個體與群體之生存與發展，而共營社會生活，發展出複雜的社會型態。綜觀人類各種複雜的社會活動，其動機與目的皆指向生存、生計、生活與生命四個層面。

一、生存層面

為求生存，人類的社會活動基本包含三件大事：

1.「維護安全」。人類必須克服來自自己、他人、社會與自然的危害。

2.「取得資源」。發展自我與人際關係、擴充團體力量及善用自然資源。

3.「永續發展」。建立人與自己、人與人、人與社會、人與自然的和諧關係。

二、生計層面

生計層面的社會活動，主要表現在「經濟活動」上，謀求物質生活的滿足，進而追求舒適及更豐富的生活。從經濟活動可以看出：

1. 人類為滿足物質生活，個人與群體如何順應與改造自然環境。
2. 社會整體如何進行分工、分配與酬償。
3. 為追求更富足的生活，個人與群體之間的各種合作、競爭與相互依存的關係。

三、生活層面

生活層面是人類一切社會活動的總體表現，生活內涵因為所處之情境而有所不同，基本上以家庭生活、社會生活、政治生活、經濟生活、宗教與藝術生活為主。人是群居動物，共營社會生活，為建立安全且有秩序，以及能追求更豐富的物質與精神生活的的社會環境，個人必須與他人相處互動、組成團體，故乃出現團體認同、社會制度、權力系統，以及應付相互之間各種衝突與合作關係的社會制度或社會機制。

四、生命層面

生命的意義對人類而言，不只關心生存與繁衍，人類能對自己與社會之生存發展賦予意義與價值，由人類社會特有之精神層次的創發，包括藝術、文學、思想、宗教、社會與政治制度、倫理與道德規範等，可以探索兩方面的含意：

1. 了解群體意識與命運共同體的建立，藉以延續與發展群體的生命；
2. 了解某一文化系統在情感表達、心靈撫慰、生命意義與價值的實踐與提升等方面的作為。

人類的各種社會活動，基本上可透過「互動」與「變遷」的觀點了解其動態發展。從「互動」的觀點來看，各種主要的社會活動，其中皆包含人與已、人與人、人與社會、人與自然的互動關係；從「變遷」的觀點來看，各種社會活動發動之初或許各有其生存、生計、生活或生命方面的動機與目的，經過一段時間的演變，往往發展成涵蓋多重意義與目的的社會活動，而其演變的過程，都是各種因素交互作用的結果，其中的關係固然是複雜的，不過在一定的時間尺度與空間層次（自我、鄉土、國家或世界）中，往往在可見到某些相似的混沌與秩序、耗散與結構、同質聚合與異質分化的演化規律與特徵。

參、發展統整型的課程大綱

本課程計畫為統整型課程，以課程主題為核心，整合跨主題軸能力指標所指涉之主要概念性知識與學習內容。

當五大課程主題確定之後，相關學科的教師進一步「從主題出發」，基於協助學習者獲得統整的學習成果，達成領域課程目標之考量，進行次主題、重要學科知識、技能及理想「公民素質」之討論與溝通。然後以協助學生精熟主題為考量，選擇、組織所需之知識、概念、事實及必須討論的問題。目前的進度只能呈現教學單元、重要學習內容、能力指標、預定節數。

同時特別提示各學習單元在學習內容方面的規劃，仍應秉持「從能力指標出發」的原則，特別提示各學習單元在學習內容方面的規劃應注意能力指標的引導與規範，例如學習單元「臺灣的挑戰與回應」作為達成 3-4-1、3-4-2、3-4-6 能力指標的學習單元之一，則此單元勢必規劃對臺灣的民主化或其他方面有所犧牲與貢獻的重要人物，以了解他們的努力對整體社會的貢獻（生命的價值與意義），社會環境對他們一生事業的影響。而不是只以表面上的「對應」關係輕描淡寫的一筆帶過。

肆、發展學年課程計畫（7-9年級課程計畫）

第一主題：文化的起源、傳播與變遷

教學單元	重要學內容	能力指標	節數	備註
地球和它的子民	人類的生存空間——我們的地球。 水陸分布、經緯度、位置、地形、氣候與植被。 大地的子民——自然環境、種族特徵及其文化特色。	141, 142, 143 245, 246	10	建立全球的空間概念，並了解人類適應自然環境的情形。
史前文明及其蘊育環境	史前文化與自然環境的關係。 史前人類及其遷移。	142 241, 242, 243, 245, 246	4	從人類重要史前遺址，了解史前人類遷移與自然環境因素之間的關係。
文明的曙光 多元並進的發展	西方的文明曙光。 碧海藍天的人神交感——古希臘文化的興衰與特色。 西洋古文明的興衰、重要發明及其影響。	141, 142, 143 243, 244, 245, 246 341, 342, 344, 345, 346 443, 445 841, 842	4	學習重點在於世界各主要古文明在適應自然環境與外患的挑戰下所發展出來的文化特色，及其對人類歷史發展具重要且深遠影響的發明。
	近東的文明曙光。 乾燥大地的生命力——兩河流域的農業與城市文明。 尼羅河谷的生命節奏——古埃及文化的興衰。 近東地區古文明的興衰、重要發明及其影響	141, 142, 143 243, 244, 245, 246, 341, 342, 344, 345, 346 443, 445 841, 842	6	
	東方的文明曙光。 永恒河畔的超凡心靈——古印度文明的演變。 印度古文明的興衰、重要發明及其影響。	141, 142, 143 243, 244, 245, 246 341, 342, 344, 345, 346 443, 445 841, 842	4	

（下頁續）

（續上頁）

	華夏文明的興起。 先秦的社會與人文思想。 先秦重要發明與工藝成就。	141, 142, 143 242, 245, 246 341, 342, 344, 345, 346, 443, 445 841, 842	4	
中古時期文化的整合與擴張	羅馬帝國的興衰與基督教文化的擴張。 蠻族入侵到民族國家的建立。 歐洲文明的蛻變與進步。 文藝復興。 科學發展。 工業革命。 資本主義。	243, 245, 246 341, 342, 344, 345, 346 443 841, 842 942	6	民族遷移、分合與競爭之下所造成的文化交流與變遷。
	伊斯蘭教的興起、擴張到退出歐陸。	243, 245, 246 341, 342, 344, 345, 346 443 942	4	
	秦漢帝國的興衰與漢文化的擴張（華夏民族第一階段的融合與分裂）。 佛教在中國。 隋唐帝國的興衰與大唐文化的蘊育、成就與傳播（華夏民族第二階段的融合）。	242, 243, 244, 245, 246 341, 342, 344, 345, 346 443 841, 842 942	8	
	大宋到元帝國建立。 農業民族與遊牧民族的競爭。	242, 243, 244, 245, 246 341, 342, 344, 345, 346 942		※第一學期結束。
東西文化的衝突	元帝國對西方文化交流的衝擊與貢獻。 歐洲近代的重要發明及其影響。 明清帝國與歐洲文明初期的接觸。 歐洲帝國主義與全球殖民競爭。 列強侵華。	242, 243, 244, 245, 246 341, 342, 344, 345, 346 443	8	東西文化的接觸與衝突。

（下頁續）

（續上頁）

	東西文化形勢反轉的原因。	841, 842 942, 943		
台灣走入世界的舞台	海洋世紀與台灣（匯聚多元文化的地理條件）。 台灣歷史與文化的多元傳承。 原住民文化特色（含宗教、信仰）與傳承。 荷西殖民導入歐洲文化。 清末歐美傳教士的貢獻。 日本殖民文化。 舊移民（閩、客）的文化特色（含宗教、信仰）與傳承。 新移民的文化特色與傳承。	141, 142, 143 241, 242, 244, 245, 246 341, 342 942	10	以台灣為主體的文化發展。

※第一主題預估授課68節，建議第一學期授課到「中古時期文化的整合與擴張」單元為止，第二學期由「東西文化的衝突」單元開始。

第二主題：社會、政治與權力

教學單元	重要學內容	能力指標	節數	備註
西洋社會與政治制度的演變	歐洲遠古時期社會與政治制度的演變——從落部、城邦。 歐洲中古時期社會與政治制度的演變——宗教與政治的關係。 宗教統治下的歐洲社會。 貴族封建制度到民族國家。	243, 245, 246 341, 342, 343, 344, 345, 346 443 641, 642, 645, 646	12	探討歐洲的社會組織與政治制度及權力型態之間共同演化的關係。 ※雖然6-4-1能力指標明示「以我國為例」，但取自西洋的歷史經驗一樣是可用以達成能力指標的教材。
	近代歐洲的社會與政治發展。 民主思想及制度的源起與發展。 宗教改革。 社會主義與社會改革。			
中國古代社會	從封建社會到專制帝國。	242, 245, 246 341, 342, 343, 344, 345, 346,	12	探討中國古代的社會組織與政治制度及權力型態之間共
	傳統社會組織與階級。 人才晉用制度的演變（封建世襲、養			

（下頁續）

（續上頁）

與政治制度的演變	士、察舉、科舉）與社會結構的改變。	641, 642		同演化的關係。 ※中國歷史不列入本國史，但仍可作為達成 6-4-1 能力指標之教材。
中國近代民主化的實驗	從帝制走向民主共和的一番奮鬥。 清末變法圖強措施與君主立憲推翻帝制到中華民國成立。 五族共和到共產專政（新專制政權的建立）。	242, 245, 246 341, 342, 343, 344, 345, 346 641, 642, 646	16	探討中國近代的社會組織與政治制度及權力型態之間共同演化的關係。 ※中國歷史不列入本國史，但仍可作為達成 6-4-1 能力指標之教材。 ※第二學期結束。
	中華人共和國成立到天安門事件共產革命後的中國社會制度。 共產黨專政下的中國政治與司法制度。			
台灣社會與政治的現代化	清領時期台灣的社會與法政制度。 清領時期台灣的族群互動關係。 台灣割讓與日本治台策略。 日據時期台灣的社會與法政制度。 台灣人的反抗（武裝與和平手段）。 日據時期台灣的族群互動關係。	241, 244, 245, 246 341, 342, 343, 344, 345, 346 441, 442 641, 642, 643, 644, 645, 646 942	10	探討中國近代的社會組織與政治制度及權力型態之間共同演化的關係。
	國民政府遷台之後的社會變遷與法政制度的改造。			
	台灣民主化的進程。 從戒嚴到解嚴。 從一黨獨大到政黨輪替。 從萬年國會到公民投票。 台灣的政治、法律對人民權利的保障。 台灣社會的現代化—效率、平等、安全、公義、社會福利。			

※第二主題預估授課 50 節，建議第二學期授課到「中國近代民主化的實驗」為止，第三學期由「台灣社會與政治的現代化」單元開始。

第三主題：生活環境與經濟活動

教學單元	重要學內容	能力指標	節數	備註
自然環境與基本生活方式	地球上的人口與生態區分布—微型氣候、洋流、交通、聚落與資源分布所形成的。 地理資訊系統的應用。	141, 142, 143, 145, 146, 147, 148 441, 442, 444	10	以人口與生態區分布建立第二種全球空間概念，並融入地理資訊系統的應用，以了解自然與人文互動所形成的基本生活方式及其分布情形。
	熱帶雨林區域及其居民的生活方式。 草原區域及其居民的生活方式。 溫帶濕潤區及其居民的生活方式。 沙漠區域及其居民的生活方式（綠洲農業）。 季風亞洲及其居民的生活方式（稻作農業）。 高原地區及其居民的生活方式。 大洋洲及其居民的生活方式。 極地及其居民的生活方式。 都市化的生活方式。		12	
世界主要區域經濟圖像	主導經濟全球化的美國及北美經濟區。 極力擺脱殖民經濟的中美各國。 深具開發潛力的南美洲。 邁向經濟統合的歐洲。 甦醒中的俄羅斯及其昔日的夥伴。 泡沫破滅後的東北亞。 活力充沛的東南亞各國。 文明古國的新面貌——印度及其周邊。 與世無爭不能無憂的大洋洲。 還在尋找出路的非洲。	141, 142, 145, 146 346 743, 744 941, 942, 943, 944, 945	16	以世界主要國家及其所屬之經濟區域建立第三種全球空間概念，並從全球觀點，了解世界各區域之主要經濟活動現況與未來可能的發展。
中國的富裕計	中國總體經濟發展的自然環境與人文條件（含人口、交通、產業與資源分佈情形）。	141, 142, 143, 144, 145, 146 441, 442	10	了解各區的自然環境（氣候、水文、地形、植被）、人口分布與人文特性，對其經濟發展或大都會興起的影
	中國沿海區域經濟開發計畫與概況㈠。	743, 744, 745, 746		
	中國東北區域經濟開發計畫與概況㈡。			

（下頁續）

（續上頁）

畫	中國內地區域經濟開發計畫與概況㈢。 中國西部區域經濟開發計畫與概況㈣。			響。 ※第三學期結束。
台灣的地理環境與經濟活動	台灣的經濟地理環境。 經濟的現代化過程（1895~2000）。 台灣經濟發展策略與經濟結構的演變。 經濟建設與區域發展。 國土規劃與生活圈。 台灣的經濟發展之後的問題。（金融改革、稅賦改革、財富分配、社會安全與環保問題）。	141, 142, 143, 144, 145, 146, 147, 148 241 342, 343, 344, 345, 346 441, 442, 444 646 741, 742, 743, 744, 745, 746, 747, 748 846	12	從經濟活動的觀點，認識台灣的自然環境、經濟發展過程、策略、現況與問題。 ※ 3-4-6 能力指標的相反意思，即成功的回應內外挑戰而獲得進步與發展。
全球經濟互動	經濟的區域合作。 經濟的全球化問題。	343, 344, 345 441, 442 743, 748 941, 942, 943, 944, 945, 946, 947	4	認識全球經濟發展趨勢。
台灣與世界的經濟互動	海峽兩岸經濟互動關係。 經濟國際化與全球化的挑戰。	146 242, 244 343, 344 441, 442 941, 942, 943, 944, 945,946	4	認識台灣經濟發展的前景與挑戰。

※第三主題預估授課68節，建議第三學期授課到「中國的富裕計畫」單元為止，第四學期由「台灣的地理環境與經濟活動」單元開始。

第四主題：認識自我、群己關係與生命關懷

教學單元	重要學習內容	能力指標	節數	備註
認識自己的成長	認識自己身心發展。 自我的角色認知與調適。 進德修業、快樂學習。 終生學習。	441, 442 541, 542, 543, 544, 545	8	
安排自己的生活	良好的生活習慣與健康的休閒生活。 生活與法律（知法守法）。 權利、義務與法律救濟。 個人的經濟行為（需求與消費）。 個人的經濟行為（儲蓄與理財）。 家庭生活與倫理生育、養育與教育問題。	341, 342 441, 442 541, 542, 543, 544, 545 643, 644 741, 742, 747	14	
群己關係	和諧的家庭生活。 團體活動的參與。 我的社交活動。 關心鄉里、關心社區。 志工社會、關懷弱勢。 表現自己與欣賞別人（合作與競爭）。	147, 148 342, 343 441, 442, 444, 445 542, 543, 544, 545 742	12	※第四學期結束。
生命的歷程與價值	生命的歷程與人生的大事。 生涯規劃（含升學、就業與創業）。 心靈的安頓——宗教信仰。 生命的價值、生與死的意義。	341, 342, 346 441, 442, 443, 445, 541, 543 741,742	8	
人的權利與價值	人類的基本權利與價值。 權利衝突與解決之道。 族群之間的尊重與包容。 人類的共同福祉——相互依存的世界。	441, 442, 444 545 643, 644 941, 947	6	

※第四主題預估授課48節，建議第四學期授課到「群己關係」單元為止，第五學期由「生命的歷程與價值」單元開始。

第五主題：人類的挑戰及其回應

教學單元	重要學習內容	能力指標	節數	備註
中國人的挑戰與回應	民主浪潮對共產專政的挑戰。 中國的經濟發展與挑戰。 人口結構、人口政策。 經濟發展與區域發展失衡。 經濟發展與生態隱憂。 社會主義經濟制度的矛盾。 全球化的挑戰。	144, 145, 146, 148 242, 245, 246 343, 344, 345, 346 442, 444 641, 642, 646 743, 744, 745, 746, 748 846 941, 942, 943, 944, 945	4	探討中國目前的努力、前景及其面臨的問題。
台灣的挑戰與回應——建立台灣主體性的努力	走出二二八的悲情。 告別白色恐怖。 台灣的內部整合（國家認同與族群問題）。 風雨飄渺中的政經建設。 民主化的腳步。 綠色家園。 國土規劃與生活環境的修護。 台灣的國際發展空間——走出國際社會的努力。 兩岸關係的結與解。 海洋台灣灣科技島。 多元文化社會的形成。 心靈改革、價值重建。 本土化的努力。 台灣文化走出去。	241, 242, 245, 246 341, 342, 343, 344, 345, 346 441, 442, 444, 445 543, 545 641, 642, 643, 645, 646 748 843, 844, 845, 846 942	16	
人類共同面對	西方帝國主義留下的後遺症。 帝國主義的殖民掠奪。 兩次世界大戰及其和平努力。 貧國與富國之間的衝突。 人類相互毀滅的舉動——核武威脅、恐怖活動。	841, 842, 843, 844, 845, 846 941, 942, 943, 944, 945, 946, 947	16	

（下頁續）

（續上頁）

的挑戰與回應	少數民族與難民問題。 永不得安寧的世界局勢——宗教與種族衝突。 自我毀滅的生活方式——環境生態的破壞（資源耗竭、疫病與大地反撲）。 科技濫用的危機。 對人體健康、社會倫理、人權與生態環境等的危害。			※第五學期結束。
找尋人類未來的出路	全球關連的時代—人類共同的福祉。 現代化社會與自然環境的永續發展。 國際組織及其功能。 國際組織與國際社會。 國際秩序的維護。 多元文化的學習與尊重。	341, 342 444 846 941, 942, 943, 944, 945, 946, 947	12	探討人類的未來。

※第五主題預估授課程 48 節，建議第五學期進行到「人類共同面對的挑戰與回應」單元為止，第六學期由「找尋人類未來的出路」單元開始。

伍、檢核能力指標與學習單元的對應情形

社會學習領域課程大綱的發展過程，理論上應該兼顧四項原則：⑴反映課程理念、追求統整；⑵依據能力指標；⑶導向課程目標、培養能力；⑷形成有結構性與順序性的課程架構。然而，在實務上這四項原則很難同時兼顧，為了使課程大綱呈現比較嚴謹的知識結構，以及考量課程的順序性，通常都會以某種知識架構或系統思考，專注在課程主題、學習單元的意義及其排列順序，這可能忽略了能力指標的意涵。因此，在形成課程大綱之後，必須進行能力指標與學習單元對應情形的檢核，一方面檢視能力指標被落實的情形，同時也提示各學習單元在學習內容方面的規劃應注意能力指標的達成，例如學習單元「台灣的挑戰與回應」作為達成 3-4-1、3-4-2 能力指標的學習單元之一，則此單元應規劃對台灣的民主化或其他方面有所犧牲與貢獻的重

要人物，以了解他們的努力對整體社會的貢獻，社會環境對他們一生事業的影響。

表 6-1-1　能力指標及其對應之學習單元與學習內容

能力指標	主要對應學習單元與學習內容
1-4-1 分析形成地方或區域特性的因素，並思考維護或改善的方法。	文明的曙光、台灣走入世界的舞台、自然環境與基本生活方式、世界經濟圖像、中國的富裕計畫、台灣的地理環境與經濟活動圖。
1-4-2 分析自然環境、人文環境及其互動如何影響人類的生活型態。	地球和它的子民、自然環境與基本生活方式、史前文明及其蘊育環境、文明的曙光、台灣走入世界的舞台、世界經濟圖像、中國的富裕計畫、台灣的地理環境與經濟活動。
1-4-3 分析人們對地方和環境的識覺改變如何反映文化的變遷。	自然環境與基本生活方式（人類的基本生活方式）、文明的曙光、台灣走入世界的舞台、自然環境與基本生活方式、中國的富裕計畫、台灣的地理環境與經濟活動。
1-4-4 探討區域的人口問題和人口政策。	中國的富裕計畫、台灣的地理環境與經濟活動、中國人的挑戰與回應。
1-4-5 討論城鄉的發展演化，引出城鄉問題及其解決或改善的方法。	自然環境與基本生活方式、世界經濟圖像、中國的富裕計畫、台灣的地理環境與經濟活動、中國人的挑戰與回應。
1-4-6 分析交通網與運輸系統的建立如何影響經濟發展、人口分布、資源交流與當地居民的生活品質。	自然環境與基本生活方式、世界經濟圖像、中國的富裕計畫、台灣的地理環境與經濟活動、中國人的挑戰與回應。
1-4-7 說出對生活空間及周緣環境的感受，願意提出改善建言或方案。	自然環境與基本生活方式、台灣的地理環境與經濟活動、群己關係。

（下頁續）

（續上頁）

1-4-8 評估地方或區域所實施的環境保育政策與執行成果。	自然環境與基本生活方式、台灣的地理環境與經濟活動、群己關係。
2-4-1 認識台灣歷史（如思想、文化、社會制度、經濟活動與政治興革等）的發展過程。	史前文明及其蘊育環境、台灣走入世界的舞台、台灣社會與政治的現代化、台灣的挑戰與回應。
2-4-2 認識中國歷史（如思想、文化、社會制度、經濟活動與政治興革等）的發展過等的程，及其與台灣關係的流變。	史前文明及其蘊育環境、文明的曙光、中古時期文化的整合與擴張、東西文化的衝突、台灣走入世界的舞台、中國古代社會與政治制度的演變、中國近代民主化的實驗、台灣與世界經濟互動、中國人的挑戰與回應、台灣的挑戰與回應。
2-4-3 認識世界歷史（如思想、文化、社會制度、經濟活動與政治興革等）的發展等的過程。	史前文明及其蘊育環境、文明的曙光、中古時期文化的整合與擴張、東西文化的衝突、西洋社會與政治制度的演變。
2-4-4 了解今昔台灣、中國、亞洲、世界的互動關係。	文明的曙光、中古時期文化的整合與擴張、東西文化的衝突、台灣走入世界的舞台、台灣社會與政治的現代化、台灣與世界經濟互動。
2-4-5 比較人們因時代、處境、角色的不同，所做的歷史解釋的多元性。	地球和它的子民、史前文明及其蘊育環境、文明的曙光、中古時期文化的整合與擴張、東西文化的衝突、台灣走入世界的舞台、西洋社會與政治制度的演變、中國古代社會與政治制度的演變、中國近代民主化的實驗、台灣社會與政治的現代化、中國人的挑戰與回應、台灣的挑戰與回應。

（下頁續）

（續上頁）

2-4-6 了解並描述歷史演變的多重因果關係。	地球和它的子民、史前文明及其蘊育環境、文明的曙光、中古時期文化的整合與擴張、東西文化的衝突、台灣走入世界的舞台、西洋社會與政治制度的演變、中國古代社會與政治制度的演變、中國近代民主化的實驗、台灣社會與政治的現代化、中國人的挑戰與回應、台灣的挑戰與回應。
3-4-1 舉例解釋個人的種種需求與人類繁衍的關係。	文明的曙光、中古時期文化的整合與擴張、東西文化的衝突、台灣走入世界的舞台、西洋社會與政治制度的演變、中國古代社會與政治制度的演變、中國近代民主化的實驗、台灣社會與政治的現代化、安排自己的生活、台灣的挑戰與回應。
3-4-2 舉例說明個人追求自身幸福時，如何有助於社會的發展；而社會的發展如何庇護個人追求幸福的機會。	文明的曙光、中古時期文化的整合與擴張、台灣走入世界的舞台、東西文化的衝突、西洋社會與政治制度的演變、中國古代社會與政治制度的演變、中國近代民主化的實驗、台灣社會與政治的現代化、台灣的地理環境與經濟活動、安排自己的生活、群己關係、台灣的挑戰與回應、找尋人類未來的出路。
3-4-3 舉例指出人類之異質性組合，可產生同質性組合所不具備的功能。	中古時期文化的整合與擴張、東西文化的衝突、西洋社會與政治制度的演變、中國古代社會與政治制度的演變、中國近代民主化的實驗、台灣社會與政治的現代化、台灣的地理環境與經濟活動、全球經濟互動、台灣與世界經濟互動、群己關係、中國人的挑戰與回應、台灣的挑戰與回應。
3-4-4 說明一個多元的社會為何比一個劃一的系統，	文明的曙光、中古時期文化的整合與擴張、東西文化的衝突、西洋社會與政治制度的演

（下頁續）

（續上頁）

更能應付不同的外在與內在環境。	變、中國古代社會與政治制度的演變、中國近代民主化的實驗、台灣社會與政治的現代化、台灣的地理環境與經濟活動、全球經濟互動、台灣與世界經濟互動、中國人的挑戰與回應、台灣的挑戰與回應。
3-4-5 舉例指出某一人類團體，因有重組之可能性，且被論功行賞，所以日漸進步。	文明的曙光、中古時期文化的整合與擴張、東西文化的衝突、西洋社會與政治制度的演變、中國古代社會與政治制度的演變、中國近代民主化的實驗、台灣社會與政治的現代化、台灣的地理環境與經濟活動、全球經濟互動、中國人的挑戰與回應、台灣的挑戰與回應。
3-4-6 舉出歷史或生活中，因缺少內、外在的挑戰，進而使社會或個人沒落的例子。	文明的曙光、中古時期文化的整合與擴張、東西文化的衝突、西洋社會與政治制度的演變、中國古代社會與政治制度的演變、中國近代民主化的實驗、台灣社會與政治的現代化、世界經濟圖像、台灣的地理環境與經濟活動、中國人的挑戰與回應、台灣的挑戰與回應。
4-4-1 想像自己的價值觀與生活方式在不同的時間、空間下會有什麼變化。	台灣社會與政治的現代化、自然環境與基本生活方式、自然環境與基本生活方式、中國的富裕計畫、台灣的地理環境與經濟活動、台灣的地理環境與經濟活動、全球經濟互動、台灣與世界經濟互動、認識自己的成長，安排自己的生活、群己關係、生命的歷程與價值、人的權利與價值、台灣的挑戰與回應。
4-4-2 在面對爭議性問題時，能從多元的觀點與他	台灣社會與政治的現代化、中國的富裕計畫、台灣的地理環境與經濟活動、全球經濟

（下頁續）

（續上頁）

人進行理性辯證，並為自己的選擇與判斷提出好理由。	互動、台灣與世界經濟互動、認識自己的成長、安排自己的生活、生命的歷程與價值、人的權利與價值、中國人的挑戰與回應、台灣的挑戰與回應。
4-4-3 了解道德、藝術與宗教如何影響人類的價值與行為。	文明的曙光、中古時期文化的整合與擴張、東西文化的衝突、西洋社會與政治制度的演變、群己關係、生命的歷程與價值。
4-4-4 探索促進社會永續發展的倫理。	自然環境與基本生活方式、台灣的地理環境與經濟活動、群己關係、人的權利與價值、中國人的挑戰與回應、台灣的挑戰與回應、找尋人類未來的出路。
4-4-5 探索生命與死亡的意義。	文明的曙光、群己關係、生命的歷程與價值、台灣的挑戰與回應。
5-4-1 了解自己的身心變化，並分享自己追求身心健康與成長的體驗。	認識自己的成長、安排自己的生活、生命的歷程與價值。
5-4-2 從生活中推動學習型組織（如家庭、班級、社區等），建立終生學習理念。	認識自己的成長、安排自己的生活、群己關係。
5-4-3 分析個體所扮演的角色，會受到人格特質、社會制度、風俗習慣與價值觀等影響。	認識自己的成長、安排自己的生活、群己關係、生命的歷程與價值。
5-4-4 在面對個體與個體、個體與群體之間產生合作或競爭的情境時，能進行負責任的評估與取捨。	認識自己的成長、安排自己的生活、群己關係。

（下頁續）

（續上頁）

5-4-5 分析人際、群己、群體相處可能的衝突及解決策略，並能運用理性溝通、相互尊重與適當妥協等基本原則。	認識自己的成長、安排自己的生活、群己關係、人的權利與價值、台灣的挑戰與回應。
6-4-1 以我國為例，分析權力和政治、經濟、文化、社會型態等如何相互影響。	西洋社會與政治制度的演變、中國古代社會與政治制度的演變、中國近代民主化的實驗、台灣社會與政治的現代化、中國人的挑戰與回應、台灣的挑戰與回應。
6-4-2 以歷史及當代政府為例，分析制衡對於約束權力的重要性，並推測失去制衡時權力演變的可能結果。	西洋社會與政治制度的演變、中國古代社會與政治制度的演變、中國近代民主化的實驗、台灣社會與政治的現代化、中國人的挑戰與回應、台灣的挑戰與回應。
6-4-3 說明司法系統的基本運作程序與原則。	中國近代民主化的實驗、台灣社會與政治的現代化、人的權利與價值。
6-4-4 舉例說明各種權利（如兒童權、學習權、隱私權、財產權、生存權、自由權、機會均等權、環境權及公民權等）之間可能發生的衝突。	台灣社會與政治的現代化、人的權利與價值。
6-4-5 探索民主政府的合理性、正當性與合法性。	西洋社會與政治制度的演變、台灣社會與政治的現代化。
6-4-6 分析國家的組成及其目的。	西洋社會與政治制度的演變、中國近代民主化的實驗、台灣社會與政治的現代化、台灣的地理環境與經濟活動、中國人的挑戰與回應。

（下頁續）

（續上頁）

7-4-1 分析個人如何透過參與各行各業與他人分工，進而產生整體的經濟功能。	安排自己的生活、生命的歷程與價值。
7-4-2 了解在人類成長的歷程中，社會如何賦予各種人不同的角色與機會。	安排自己的生活、群己關係、生命的歷程與價值。
7-4-3 了解在國際貿易關係中，調節進出口的品質與數量，會影響國家經濟發展。	世界經濟圖像、中國的富裕計畫、全球經濟互動、中國人的挑戰與回應。
7-4-4 舉例說明各種生產活動所使用的生產要素。	世界經濟圖像、中國的富裕計畫、中國人的挑戰與回應。
7-4-5 舉出政府非因特定個人使用而興建某些工程或從事某些消費的例子。	中國的富裕計畫、中國人的挑戰與回應。
7-4-6 舉例說明某些經濟行為的後果不僅及於行為人本身，還會影響大眾，因此政府乃進行管理或干預。	中國的富裕計畫、中國人的挑戰與回應。
7-4-7 列舉數種金融管道，並分析其對個人理財上的優缺點。	安排自己的生活。
7-4-8 解析資源分配如何受到權力結構的影響。	全球經濟互動、中國人的挑戰與回應、台灣的挑戰與回應。
8-4-1 分析科學技術的發明與人類價值、信仰、態度如何交互影響。	文明的曙光、中古時期文化的整合與擴張、東西文化的衝突、人類共同面對的挑戰與回應。

（下頁續）

（續上頁）

8-4-2 分析人類的價值、信仰和態度如何影響科學技術的發展方向。	文明的曙光、中古時期文化的整合與擴張、東西文化的衝突、人類共同面對的挑戰與回應。
8-4-3 評估科技的研究和運用，不受專業倫理、道德或法律規範的可能結果。	台灣的挑戰與回應、人類共同面對的挑戰與回應。
8-4-4 對科技運用所產生的問題，提出促進立法與監督執法的策略和行動。	台灣的挑戰與回應、人類共同面對的挑戰與回應。
8-4-5 評估因新科技出現而訂定有關處理社會變遷的政策或法令。	台灣的挑戰與回應、人類共同面對的挑戰與回應。
8-4-6 了解環境問題或社會問題的解決，需要跨領域的專業彼此交流、合作和整合。	台灣的地理環境與經濟活動、中國人的挑戰與回應、台灣的挑戰與回應、人類共同面對的挑戰與回應、找尋人類未來的出路。
9-4-1 評估各種關係網路（如交通網、資訊網、人際網、經濟網、政治圈、語言等）的全球化對全球關連性所造成的影響。	台灣走入世界的舞台、世界經濟圖像、全球經濟互動、台灣與世界經濟互動、人的權利與價值、中國人的挑戰與回應、人類共同面對的挑戰與回應、找尋人類未來的出路。
9-4-2 說明不同文化接觸和交流如何造成衝突、合作與文化創新。	中古時期文化的整合與擴張、東西文化的衝突、台灣走入世界的舞台、台灣社會與政治的現代化、世界經濟圖像、全球經濟互動、台灣與世界經濟互動、中國人的挑戰與回應、台灣的挑戰與回應、人類共同面對的挑戰與回應、找尋人類未來的出路。
9-4-3 說明強勢文化的支配性、商業產品的標準化與	東西文化的衝突、世界經濟圖像、全球經濟互動台灣與世界經濟互動、中國人的挑戰與

（下頁續）

（續上頁）

大眾傳播的廣泛深入如何促使全球趨於一致，並影響文化的多樣性和引發人類的適應問題。	回應、人類共同面對的挑戰與回應、找尋人類未來的出路。
9-4-4 分析國際間衝突和合作的原因，並提出增進合作和化解衝突的途徑。	世界經濟圖像、全球經濟互動台灣與世界經濟互動、中國人的挑戰與回應、人類共同面對的挑戰與回應、找尋人類未來的出路。
9-4-5 舉出全球面臨與關心的課題（如環保、飢餓、犯罪、疫病、基本人權、經貿與科技研究等），分析因果並建構問題解決方案。	世界經濟圖像、全球經濟互動、台灣與世界經濟互動、中國人的挑戰與回應、人類共同面對的挑戰與回應、找尋人類未來的出路。
9-4-6 討論國際組織在解決全球性問題上扮演的角色。	全球經濟互動、台灣與世界經濟互動、人類共同面對的挑戰與回應、找尋人類未來的出路。
9-4-7 關懷全球環境與人類共同福祉，並身體力行。	全球經濟互動、人的權利與價值、人類共同面對的挑戰與回應、找尋人類未來的出路。

陸、課程實施說明

一、課程時間規劃與分配

1. 國中社會學習領域最低可應用時間預估：33 × 10%× 18 週× 4 學期＋ 34 × 10%× 18 ＋ 34 × 10%× 12 ＝約 340 節
2. 本課程計畫共分成五大主題 32 單元，總授課時數預估需要 282 節，約占全部社會學習領域基本授課時數的 83%。
3. 建議每學期扣除段考及全校性活動時間，以 17 週每週 3 節為實際授課時數計算，整套課程約至國三下學期第一次段考結束。

二、學期進度預留學校自行調整空間

1. 本課程計畫各主題所占時間不一，以對該主題充分學習為主要考量。
2. 將五大主題分六個學期實施，故某些主題可做跨學期的規劃，大約每一學年實施兩個大主題的統整課程計畫。各主題學習進度，保留較大彈性讓教師參酌學校整體課程計畫，以及社會學習領域教學時數之分配情形而定。

三、教材內容分配

為配合「九年一貫」課程綱要之規劃，國中階段社會學習領域之課程內容，六大課程主題之學習內容，取自「中國」與「世界」的題材較「台灣」為多，不過都盡量以「台灣的觀點」討論之。

四、課程組織架構

各主題教學單元之排列，空間橫軸為「世界—中國—台灣」，時間縱軸則由古到今。為了呈現「有系統」、「結構化」的課程計畫，本課程計畫之敘寫以知識發展為主軸，列出重要學習內容，至於「公民理想與實踐」這部分之學習經驗，諸如學習技能、思考能力、社會參與態度與能力等，則融入各項課程主題的學習中。

五、教學原則說明

1. 本課程之實施教師應發揮「學科互動」的精神。

本課程為統整型課程，學習內容分配打破公民、歷史與地理三科平均分配的框架，各單元往往融入兩種以上學科知識，教師授課之前必須發揮學科互動的精神，各單元所應用的學科知識，應透過「學科知識交流」的協同方式，熟悉教學單元中的重要學科知識，應用於教學之中，而不是以一位教師教三種科目，或分科協同的觀念與方式進行教學。

2. 教師仍須發揮「校本課程」的自主精神，以充實社會學習領域課程內容。

社會學習領域除了學科知識之外，尚包括價值、技能與公民實踐（社會參與），本課程計畫授課時數只占可用時數的 83%，若加上每學習預計分配 10 節彈性學習時數，總共大約還有 120 節自主應用的時數，教師應自行配合學校特色與學生的需要，設計實查、體驗、社會行動之類的教學活動，強化知識的用以落實培養能力的課程目標。

第三節

國民小學學校本位課程計畫示例

台北市華江國小位於華江里，歷史悠久，學校所在之社區環境具備豐富的人文資源與自然生態景觀，配合九年一貫課程的推動，學校有意建立具有特色的學校本位課程。在校長與教務主任的領導下，筆者曾到該校擔任講座兩次，學校教師提出一些構想，以下課程計畫為筆者加以增修、統整之後提出的學校本位課程建議方案。

此項課程方案的特點強調課程的連續性與發展性，即所謂的螺旋式發展。「我愛華江」校本課程方案為「環境擴張」式的課程，由學校、社區到鄉里，學習進程區分三個學習階段，每個階段都包含「我愛華江國小」、「我愛華江里」、「我愛萬華」三個主題，每個主題的學習內容都隨著會延續到下一學習階段而且加深加廣。例如第一學習階段「認識住家及周遭環境（社會學習領域）」，在第二學習階段深化為「華江社區（里）與我（公共設施及其應用）」，從學生自己的角度認識華江里的公共設施，第三學習階段深化為「華江里社區公共設施與華江里的居民（社會學習領域）」，從華江里各種居民如老人、兒童、青少年及一般成年人的角度，認識華江里的公共設施是否充足；第一學習階段「認識學校的動物與植物（自然與生活科技）」，在第二學習階段深化為「學校動植物的季節變化（自然與生活科

技）」，第三學習階段深化為「學校動植物簡易防疫與傳染病預防（自然與生活科技）」；第一學習階段的「雁鴨公園巡禮」只是校外踏青，認識園區內的環境、動植物與環境景觀的性質，第二學習階段的「華江雁鴨公園生態觀察」進行現場物種的動態觀察，第三學習階段「華江雁鴨公園生態（環境與物種）調查」則進一步進行季節性的物種變化調查，建立數據，甚至可以成為學校參加科學展的研究題目。本課程方案具體的教學內容與活動設計有待發展，列舉「社會學習領域相關能力指標」的作用在於領導課程發展的方向。

表 6-2-1　華江國小校本課程：「我愛華江」建議方案

主題單元／學習階段	主題／單元名稱	社會學習領域相關能力指標
第一階段 一年級 二年級	我愛華江國小 1. 認識學校的動物與植物（自然與生活科技）。 2. 熟悉我們的學校環境與設備（社會學習領域）。 3. 校歌與校徽（藝術與人文）。 4. 愛自己——運動與減重計畫（健康與體育）。 我愛華江里 1. 認識住家及周遭環境（社會學習領域）。 2. 華江里區公共設施（華江公園）巡禮。 我愛萬華 1. 艋舺的故事。 2. 萬華文化古蹟巡禮。 3. 雁鴨公園巡禮。	1-1-2 描述住家與學校附近的環境。 2-1-1 了解住家及學校附近環境的變遷。 4-1-1 藉由接近自然，進而關懷自然與生命。 5-1-2 描述自己身心的變化與成長。

（下頁續）

（續上頁）

第二階段 三年級 四年級	我愛華江國小 1.學校動植物的季節變化（自然與生活科技）。 2.校樹、校花與吉祥物票選活動（社會學習領域）。 3.畫我校園——春到綠籬（藝術與人文）。 4.愛自己——學生體適能計畫（健康與體育）。 我愛華江里 1.華江社區（里）與我（公共設施及其應用）。 2.華江雁鴨公園生態觀察。 3.畫我華江（藝術與人文）。 我愛萬華 1.萬華的蛻變。 2.萬華古蹟查考。	1-2-1 描述地方或區域的自然與人文特性。 1-2-2 描述不同區居民的生活方式。 1-2-3 覺察人們對地方與環境的認識與感受具有差異性，並表達對家鄉的關懷。 1-2-8 覺察生活空間的型態具有地區性差異。 2-2-1 了解居住城鎮（縣市鄉鎮）的人文環境與經濟活動的歷史變遷。 2-2-2 認識居住城鎮（縣市鄉鎮）的古蹟或考古發掘，並欣賞地方民俗之美。 3-2-1 關懷家庭內外環境的變化與適應。 4-2-1 說出自己的意見與其他個體、群體或媒體意見的異同。 4-2-2 列舉自己對自然與超自然界中感興趣的現象。 5-2-1 舉例說明自己可以決定自我的發展並具有參與群體發展的權利。 5-2-2 了解認識自我及認識周圍環境的歷程，是出於主動的，也是主觀的，但是經由討論和溝通，可以分享觀點與形成共識。

（下頁續）

（續上頁）

		7-2-2 辨識各種資源並說明其消失、再生或創造的情形，並能愛護資源。
第三階段 五年級 六年級	我愛華江國小 *1.* 學校動植物簡易防疫與傳染病預防（自與生活科技）。 *2.* 學校的優良傳統（社會學習領域）。 *3.* 學校省能減廢活動（社會學習領域）。 *4.* 愛自己——運動安全與傷害防治（健康與體育）。 我愛華江里 *1.* 華江里區公共設施與華江里的居民（社會學習領域）。 *2.* 華江雁鴨公園生態（環境與物種）調查。 我愛萬華 *1.* 萬華的交通網。 *2.* 環南市場與台北市民的生活。 *3.* 萬華區的衛生防疫（自與生活科技）。 *4.* 萬華地區的地形與防洪工作（自與生活科技）。 *5.* 從古蹟認識萬華的變遷（社會學習領域、藝術與人文）。	1-3-2 了解各地風俗民情的形成背景、傳統的節令、禮俗的意義及其在生活中的重要性。 1-3-3 了解人們對地方與環境的認識與感受有所不同的原因。 1-3-4 利用地圖、數據、坐標和其它資訊，來描述和解釋地表事象及其空間組織。 2-3-1 認識今昔台灣的重要人物與事件。 3-3-4 分辨某一組事物之間的關係是屬於「因果」或「互動」。 3-3-5 舉例指出在一段變遷當中，有某一項特徵或數值是大體相同的。 4-3-1 說出自己對當前生活型態的意見與選擇未來理想生活型態的理由。 4-3-2 認識人類社會中的主要宗教。 5-3-1 說明個體發展與成長，會受到社區與社會等重大的影響。

第四節 統整型教學活動示例

壹、我們的地球村——多元化的社會生活

〈我們的地球村——多元化的社會生活〉為筆者與桃園縣南門國小教務主任陳錦堂合作，統整理論為康軒版國小九十一學年社會科第十二冊第一單元所設計之教材，共分五單元十二課。

一、主題界定

本單元所謂「多元化的社會生活」，是指在相互依存的社會中，能夠採取了解、尊重、包容及欣賞的態度，去面對各具特色的文化。散居各地的人類因各有不同的生存條件、科技文明、傳統文化、宗教信仰等，而形成「多元的」文化，人們為了追求更富足的物質與精神生活，進行「文化交流」以臻「求同存異」的歷程，被稱之為「多元化」。但是多元化社會對人們的生活也帶來許多困擾，因此我們必須不斷的學習，以開放的胸襟去面對問題。

二、從主題出發——推展概念

㈠社會學方面

1. 人類社會因自然與人文條件之不同，而形成不同的生活方式，展現各具特色的文化特徵。
2. 社會文化模塑個人的人格特質，也影響個人的行為與觀念。
3. 文化交流是人類社會的普遍現象，卻常常發生衝突，但是也有整合的可能。

4.人類社會因為文化交流而形成多元化生活現象。
5.所謂多元化是指在共同性的基礎上，差異性能獲得充分的發展。
6.偏見是造成文化交流障礙的主要原因之一。
7.民主、開放的社會才能出現多元化的生活現象。

㈡心理學方面

1.個人接觸到不同的文化時，其感受與理解有個別差異。
2.傳統文化的薰陶強烈的影響個人對外來文化的態度。
3.個人對人、事、物的見解，往往在互動的過程中產生變化。
4.開放、包容、尊重的能度，有助於適應多元化的社會生活。

㈢歷史學方面

1.過去，人類社會因為經商、戰爭、探險、傳教等重大因素而促成文化交流，在文化交流的過程中，往往因差異性而造成衝突，也可能因為互補性與共同性而整合成新的文化。
2.現在，人類社會因為交通便利，互動頻繁，相互依存的關係密切，為避免歷史的錯誤，正努力建立各種國際組織，希望能夠在和諧、互利的原則下，進行經濟、文化、資訊等各方面的交流。
3.未來，人類社會仍需要運用各種方法，克服偏見、加強交流、相互學習，使文化的差異性能發揮互補的功能，文化的共同性整合成建設地球村的共同理想與規範。

三、課程架構

<table>
<tr><td colspan="6">課程主題：我們的地球村——多元化的社會生活</td></tr>
<tr><td colspan="6">教學對象：國小六年級學生　　學習時間：14 節 560 分鐘</td></tr>
<tr><th>課程標準</th><th>教學目標</th><th>節課名稱</th><th>教學活動</th><th>主要概念</th><th>時間</th></tr>
<tr><td rowspan="5">• 多元化生活的現象
• 多元化生活的原因：文化交流
• 適應多元化的生活
1. 建立多元的觀念
2. 持續不斷的學習</td><td rowspan="5">1. 認識多元的社會生活。
1.1 能認知多元的社會生活現象。
1.2 能產生探索多元社會生活的好奇心。
2. 認識文化交流的內涵。
2.1 能了解文化交流的現象。
2.2 能了解促進文化交流的因素。
2.3 能說出文化交流的方式。
2.4 能說出文化交流的結果。
3. 了解社會多元化所面臨的問題。
3.1 能了解文化交流的影響。
3.2 能說出社會多元化對日常生活的衝擊。
3.3 能了解妨礙文化交流的因素。
4. 培養適應多元化社會生活的觀念與能力
4.1 能認知各種文化都有其特色。
4.2 能認知每個人對人事物各有不同的看法。
4.3 能養成尊重與包容不同文化的態度。
4.4 能具備蒐集多元社會生活資訊的能力。
4.5 能培養終身學習的態度，以適應多元化的社會。</td><td>1. 多采多姿的世界。</td><td>發現新世界。
世界風情畫。
地球大觀園。</td><td>文化是多元的。
文化特色呈現出人與自然的互動關係。</td><td>80'</td></tr>
<tr><td>2. 我和世界握手。</td><td>生活的聯合國。
文化交流活動。</td><td>文化交流現象無所不在的存在日常生活中。</td><td>80'</td></tr>
<tr><td>3. 追求更豐富的生活。</td><td>文化交流的原因與方式。
文化交流的影響。</td><td>追求更豐富的精神與物質生活是促成文化交流的主要原因。
文化交流的影響：融合、同化、創新、消失。
地球村、全球化。</td><td>120'</td></tr>
<tr><td>4. 社會多元化的衝擊。</td><td>燒餅油條？漢堡？
其實你不懂我的心
這樣做對嗎？
偏見與歧視</td><td>多元化的衝擊：價值衝突、選擇上的困擾。
文化偏見與歧視。</td><td>160'</td></tr>
<tr><td>5. 我們都是一家人。</td><td>文化之美。
尊重與包容。
新時代少年。</td><td>文化尊重與包容的重要性。
終生學習的態度。</td><td>120'</td></tr>
</table>

四、教學單元

<table>
<tr><td colspan="2">第一單元：多采多姿的世界</td><td>學習時間：2 節 80 分鐘</td></tr>
<tr><td>學習重點</td><td colspan="2">一、認識多元生活的現象。二、了解多元化生活的原因、三適應多元化的生活。</td></tr>
<tr><td>教學活動</td><td colspan="2">一、發現新世界
(一)教學內容
呈現古今中外世界各地人民，以各種方式經由海路與陸路從事探險、旅行、經商貿易之景況，讓學童了解世界上不同民族、國家所呈現出多元社會生活的風貌，並培養探索世界的好奇心。隨著交通工具與電腦網路的快速發展，今天我們要了解世界，到世界各地旅遊，已經成為一件很平常的事情，「環遊世界」這個名詞，也不再是個遙不可及的夢想了。
(二)挑戰時刻
教師指導學生進行出國旅遊相關資料蒐集、整理與應用。
(三)教學評量
1. 能說出過去與今日探索世界方式的差異。
2. 能認識世界各地有不同的風土民情。
3. 能列舉古今中外促進文化交流的探險家。
(四)統整活動
發表與討論
1. 古代人們長途旅行可能遭遇哪些危險？
2. 旅遊是接觸與認識不同文化的好方法，如何蒐集資訊、規劃行程？</td></tr>
<tr><td></td><td colspan="2">二、世界風情畫
(一)教學內容
世界各地區因為文化差異，而在日常生活中呈現出多采多姿的風貌。以建築為例，建築物本身不但是人類居住活動的場所，也可以反映出當地人們適應自然環境的巧思。因氣候、地形與生活方式而有不同的造形、格局與功能。</td></tr>
</table>

（下頁續）

（續上頁）

	㈡教學評量 1. 能說出世界各地區呈現出不同的建築形式與風格，是由於哪些因素所造成的？ 2. 能根據各種特殊風格的傳統建築物，說明人們適應自然環境的互動情形。 ㈢統整活動 討論後整合小組意見，說明以下問題： 1. 我們現在大部住在以現代科技所建造的建築物中，它的優點是什麼？也有缺點嗎？（現代的建築以鋼筋水泥為主，優點是內部舒適便利，堅固耐用；不受天候的影響且較為安全。但是它必須耗費大量能源才能創造舒適的生活空間，且無法就地取材，也難與當地自然環境相結合，因此較無特色） 2. 科技愈來愈發達，如果世界各地都只有鋼筋水泥大樓，你覺得好不好？（世界將成為一座大型的水泥叢林，單調無趣，而且無法配合當地的自然環境，可能造成居住上的不方便） 3. 由於自然環境與文化發展的差異，各地區的人們為了適應當地的地形與氣候，因而形成了不同的建築方式與型態。
	三、地球大觀園 ㈠教學內容 世界各地有許多特殊有趣的節慶活動，有些是宗教性的，有些是反映歷史與傳統的；再加上自然環境的不同因而產生許多差異，呈現出多元的熱鬧型態。讓學童藉由圖片、教學影片的觀察或活動參與，進一步體認節慶本身可能是宗教的，也是自然環境對生活價值觀的一種表現，人們置身於節慶慶典中，正反映出各地多元文化的特質。 ㈡教學評量 欣賞教學或參與民俗活動之後，回答教師提出的關於各項民俗、宗教節慶活動之意義等問題。

（下頁續）

（續上頁）

<table>
<tr><td></td><td colspan="2">㈢統整活動
　　從各種民俗節慶活動當中，了解各地截然不同的風貌，但深究其內涵，卻也可以發現背後同樣的具有尊重自然、祈求豐收與宗教上的共同意義。</td></tr>
<tr><td colspan="2">第二單元：我和世界握手</td><td>學習時間：2 節 80 分鐘</td></tr>
<tr><td>學習重點</td><td colspan="2">讓學童了解形成多元生活的原因，進而體驗今天文化交流頻繁的現象。</td></tr>
<tr><td rowspan="2">教學活動</td><td colspan="2">一、生活的聯合國
㈠教學內容
　　台灣經濟繁榮，社會開放，與世界各國的互動日益頻繁。因此，我們常常可以接觸到不同的人與事物。
　　仔細觀察，在繁華的大街上，正表現出各種不同的文化景觀，各式文化與風格的建築或招牌，充斥於我們的日常生活與街道中，這些都是長期「文化交流」所呈現出的結果。
　　所以，我們雖然居住在小小的台灣，卻時時受到世界各國的影響，就彷彿生活在聯合國一樣。
㈡教學評量
　1. 發現日常用品產物來自世界各國。
　2. 發現電器用品或汽車等物品由各國互相合作生產。
㈢統整活動
　1. 參觀、記錄國際性的展覽活動。
　2. 觀察城市街景或考察便利商店的商品來源。</td></tr>
<tr><td colspan="2">二、文化交流活動
㈠教學內容
　　認識飲食、藝術、體育、經濟等方面的文化流活動、方式與原因。
　　文化交流在生活各層面的影響
㈡教學評量
　1. 説明某一項國內盛行之體育活動的由來？</td></tr>
</table>

（下頁續）

（續上頁）

<table>
<tr><td></td><td>2.現代的文化交流方式為何？（交通工具的進步、傳播媒體與網路的迅速發展）
3.舉例說明文化交流對日常生活的影響為何？
㈢統整活動——班級博覽會
聯合家長、學生舉辦班級博覽會，展示大家蒐集來的各種具有文化交流意義的海報或實務。</td></tr>
<tr><td colspan="2">第三單元：追求更豐富的生活　｜　學習時間：3 節 120 分鐘</td></tr>
<tr><td>學習重點</td><td>讓學童了解促進文化交流的因素，由過去的歷史與現在的生活情形，了解文化交流的經驗。</td></tr>
<tr><td>教學活動</td><td>一、促進文化交流的原因與方式
㈠教學內容
回顧人類的歷史，文化交流的原因是人們為了追求更美好的生活，其方式大致可分為：商業貿易、戰爭、留學與翻譯、傳教與取經等方式。
商業貿易
各地的物產各有特色，因此自古以來即有商人進行商業交易，各取所需，滿足人們的物質需求，豐富人們的生活，也促進了文化的交流。
戰　爭
不同地區的人們，在思想、觀念與態度上便有著許多的差異，再加上資源的爭奪與利益的衝突，如果沒有妥善處理，便很容易產生糾紛引發戰爭。
留學與翻譯
人們對知識的追求，一直是人類進步的主要動力。自古以來便有許多的留學生，前往不同文化的地區學習，將新的知識帶回自己的國家，促進文化的交流也豐富自己文化的內涵。另外，透過書籍的翻譯與出版，介紹各地的思想、科技與文化成果，使得人類知識廣泛的傳播開來，深深的影響到世界每個角落。</td></tr>
</table>

（下頁續）

（續上頁）

<table>
<tr><td></td><td>
傳教與取經

宗教可以淨化人心，啓發心靈，是人類生活當中極為重要的精神文化。宗教的傳播者，為了研究其宗教內涵，傳播教義，經常千里迢迢深入世界各地，學習經典、傳播宗教，也將自己的文化帶到不同地區，促進了各地的文化交流。
㈡教學評量
1.觀察與說明：
教師請學童觀察、閱讀課本，舉出歷史與現代的事例，分析說明文化交流的方式。
2.問答：
回顧人類的歷史，進行文化交流的原因是什麼？
文化交流的方式，可能有哪些？
商業貿易的原因和目的是為什麼？
戰爭雖然不好，卻也帶來文化交流，為什麼？
出國留學有哪些文化交流的意義？
將國外的書籍加以翻譯，提供給國人閱讀，對本國文化有何好處？
宗教信仰與宗教傳播，對人們有哪些好處？
你知道在台灣哪些宗教是外國傳進來的嗎？有什麼看法？
㈢統整活動
討論與發表
1.請大家想一想台灣可以出口哪些東西來獲得商業貿易的利益？
2.請大家再想一想台灣哪些東西是需要透過商業貿易進口獲得的？
3.戰爭是一種暴力的交流方式，現代世界倡導和平，我們可以運用哪些方式來解決問題？
4.你認識或聽說哪些人曾出國留學，到那個國家，學些什麼呢？
5.想一想，你曾讀過哪些翻譯自外國的書籍？
6.在台灣，你平常可以見到哪些宗教在進行傳教與舉辦相關宗教活動？
</td></tr>
</table>

（下頁續）

（續上頁）

<table>
<tr><td>教學活動</td><td colspan="2">二、文化交流的影響
㈠教學內容
文化變遷
　　透過文化交流可以吸收他人文化的優點，豐富自己的內涵，也可能因此受到其他文化的影響，而產生了轉變，這種現象稱為「文化變遷」。文化交流產生變遷是一種自然現象，出現不同的結果，如融合、同化、消失、創新與發揚等。
全球化的現象
　　現代社會文化交流愈來愈快速與頻繁，因此有人將人類共同生活的地球，稱為「地球村」。
　　不斷交流的結果，你將可以發覺到世界各地的差異也越來越小，如服裝穿著、都市街道建築與景象，都越來越接近或趨向一致，呈現出全球化的現象。
㈡教學評量
1.簡單說明何謂文化變遷？
2.文化變遷可能產生哪些結果？
3.舉例說明何謂文化融合現象？
4.舉例說明何謂文化消失現象？
5.舉例說明何謂文化同化現象？
6.舉例說明何謂全球化的現象？
㈢統整活動
1.討論婚禮過程中文化融合的現象。
2.從飲食、娛樂、科技應用、流行文化等方面，發現全球一致化的現象。
3.舉出傳統在地文化逐漸消失的事例，培養文化危機意識。</td></tr>
<tr><td colspan="2">第四單元：社會多元化的衝擊</td><td>學習時間：4 節 160 分鐘</td></tr>
<tr><td colspan="3">教學重點：讓學童了解因文化交流後而形成的多元化社會，對我們日常生活產生了多元選擇、價值混淆、歧視與偏見以及文化消失的衝擊，並進一步深究其內容。</td></tr>
</table>

（下頁續）

（續上頁）

<table>
<tr><td rowspan="2">教學活動</td><td>一、燒餅油條？漢堡？
㈠教學內容
　文化交流的頻繁，帶來許多新奇的事物，也使得我們有許多不同的選擇。以早餐為例，西式速食的引進，多樣化的早餐選擇往往也令人感到困擾，更何況日常生活中其他比較複雜的選擇。
㈡教學評量
　文化交流結果，新的事物愈來愈多，選擇也愈來愈多，教師可透過調查與討論活動，了解學生的選擇與如何選擇，並予必要的指導。
㈢統整活動
　傳統早餐店與西式速食店之食物、服務、用餐環境之比較。</td></tr>
<tr><td>二、其實你不懂我的心
㈠教學內容
　在一個多元、開放的社會中，由於每個人對事物的看法與感受不同，自然產生了不同的喜好與評價；因此不一樣的相法和立場，往往會產生「價值衝突」的現象。以設立國家公園為例，環保人士與當地原住民的立場與見解就不一致。保育人士基於保護自然環境與物種，呼籲設立國家公園，但是國家公園的各種規定卻限制原住民的傳統狩獵活動及其他山林資源的利用，嚴重影響他們的權益。
㈡教學評量
　1. 能舉例說明自己與別人在喜好與意見上之不同。
　2. 能舉例說明對同一件事可以有不同的意見且都應該被尊重。
㈢統整活動
　探討國家公園設立的規定與原住民抗議的原因。</td></tr>
</table>

（下頁續）

（續上頁）

<table>
<tr><td></td><td colspan="2">三、這樣做對嗎？
㈠教學內容
　　每一種文化都是長期孕育而成的，必定有值得同學們學習的地方；西方科技文明固然便利，但也帶來過度開發與環境破壞的問題；原住民生活方式雖然簡單，但是比較能與自然環境維持和諧關係。因此，任由文化消逝，對全體人類來說是一大損失；不能互相尊重彼此文化差異往往造成錯誤（文化衝突）和遺憾（文化消失）。
㈡教學評量
　1.舉例說明現代科技的方便與缺點。
　2.舉例說明原住民生活方式值得大家學習的地方。
㈢統整活動
　　透過討論與發表活動，檢討大家接觸不同文化的態度。</td></tr>
<tr><td></td><td colspan="2">四、偏見與歧視
㈠教學內容
　　由於各地文化與環境不同，在思想、禮俗、科技、社會制度等方面的發展皆有差異，也同時塑造人們的觀念與價值偏好，如果在交流過程中，只站在自己的角度看待一切，常會對外來文化產生固執且背離事實的偏見，以及輕視且不公平對待的歧視。這些偏見與歧視對象包括種族、性別、土洋、宗教等。
㈡教學評量
　　能舉例反省自己對於性別、族群或殘障人士的偏見與歧視。
㈢統整活動
　　透過閱讀或教學影片觀賞，教師引導學生針對性別、族群或殘障人士的偏見與歧視問題，進行問題解決之討論與反省。</td></tr>
<tr><td colspan="2">第五單元：我們都是一家人</td><td>學習時間：3 節 120 分鐘</td></tr>
<tr><td colspan="3">學習重點：對於不同的文化，要先了解才能欣賞，並具備尊重與包容的態度，養成終生學習的習慣，才能成為e世代少年。</td></tr>
</table>

（下頁續）

（續上頁）

<table>
<tr><td rowspan="3">教學活動</td><td>一、文化之美
㈠教學內容
面對不同的文化，我們常常因為刻板印象、不了解而存有許多偏見。所以在接觸不同文化時，應先深入了解其內涵，才能夠欣賞不同文化的特色，進而體驗文化之美。藉由班級準備參加學校藝文展的活動，在選擇本班參展的表演項目之過程，進一步認識、欣賞不同文化之美。
㈡教學評量
1.蒐集相關表演資訊的能力。
2.能尊重與包容他人喜愛的表演文化。
3.能說出喜歡之表演文化的特色。
㈢統整活動
在蒐集資料，提出報告之後，進行班級表演項目票選活動。</td></tr>
<tr><td>二、尊重與包容
㈠教學內容
為維持社會和諧運作，減少對立與衝突，面對不同文化時，懂得彼此尊重與相互包容是非常重要的。從過去台灣社會因為未能有此認識，造成族群文化與語言的傷害的歷史教訓中，了解尊重與包容的重要性。
㈡教學評量
認知過去社會不能尊重多元文化的各事例。
㈢統整活動
發現我們的社會在尊重不同個人與團體之多元需求方面的努力及其仍可改進之處。</td></tr>
<tr><td>三、e世代少年
㈠教學內容
時代不斷的進步，人與人之間的來往日漸頻繁，地球彷彿已經變成一個大村莊。在面對頻繁的文化交流與多元文化社會生活時，身為新時代少年，應具備五項基本能力與態度：</td></tr>
</table>

（下頁續）

（續上頁）

	1.學習認識自我，開發潛能。 2.具備蒐集資訊的能力。 3.培養開闊的胸襟與寬廣的視野。 4.能尊重與包容不同文化的人們。 5.養終生學習的態度。 ㈡教學評量 1.能認知自己的興趣。 2.能認知新時代少年應具備哪些基本能力與態度。 ㈢統整活動 〈建立多元文化的社會生活〉大富翁遊戲。從「文化多元」開始，進入「文化交流」、「文化變遷」，以建立「多元化社會」為終點，將前面各單元教學內容之主要觀念與事例，設計成遊戲內容。

貳、主題式學科內統整課程設計與教學示範

〈主題式學科內統整課程設計與教學示範〉為九十二年應台北縣秀峰高中之邀請，所做之課程設計與教學示範。主要的示範項目有二：⑴維持分科的狀態下，如何進行學科內的統整教學；⑵如何擺脫教科書的束縛，打破學科框限，使教師能從傳統分科教學走向協同教學。

九年一貫課程正式實施初期，社會學習領域教科書絕大部分是公民、地理與歷史三科合訂本，因為符合教師的舊習慣，學校選用教科書時，比較受教師的青睞。但是開學後，卻發現三科合訂本的教材應用上很因難。如果由一位教師負擔全部教材，形同一人教三科，讓公民教師教地理科與歷史科這是不合乎專業的事情，徒然引起教師的恐慌與焦慮。如果把教材拆開，由三位教師分開使用，形同回到分科教學，則與新課程的理念完全違背。如何在分科教學的舊習慣、假統整的教材、課程內容增加而教學節數減少的環境下，走出統整的課程設計與教學的一小步？形成一大挑戰。

面對改革必須具備相應的專業能力與觀念，如果教師不願意改變自己，只要求時間增加、希望出版商為自己的學校把教材準備好，事情就變得很困難。為了突破困境，必須改變教師的角色認知，勇於承擔一部分的課程設計者的角色，願意走出以往單打獨鬥的教學模式，進行學科互動、學科知識交流。以下這項教學示範所用的教案，最主要的特色在於凸顯三個重點：⑴擺脫教科書、自行設計課程；⑵轉化學科知識，以收統整學習的效果；⑶強調學科互動、知識交流，單獨教學。

一、擺脫教科書，自行設計課程

自行設計課程的觀念與行動是突破教科書框限的首要工作，但教師時間有限，初期課程設計工作只能做到局部的修改與調整，以下自行設計課程的準備工作及其可以發生的效應：

1. 把教科書當參考書，將其中的重要學習內容梳理出來，只要掌握真正的學習重點即可，每位社會學習領域的教師也因此熟悉全部的教材。
2. 重新調整章節不受原來的章節排列限制，因此而建構學校本位的社會學習領域教學計畫。
3. 透過教學研究會，經過團隊共識，自行提出重要課程主題，重組重要學科知識，使學生有機會將重要學科知識導向問題的解決與理解，達到知識統整學習的效果。
4. 參照能力指標，檢視課程內容，必要時調整學習方向，使教材與能力指標之間的關係更密切。

二、轉化學科知識，以收統整學習的效果

此一教學示範刻意以地理科的學習知識為主要學習內容，包括位置、地形、水文、流域、降雨量等地理學的基本概念。這些概念在教科書中都有明白的定義，但是分散在不同的章節，彼此之間沒有關聯，如果按照教科書原來的章節進行教學，學生不可能理解這些知識之間

關聯意義，除非經過教師的引導。然而教師的引導必須有導向統整學習的理念與目標——某種問題的探討。本示例所呈現的是突破學科框限，將知識導向重要生活經驗的理解，而不是停留在教科書的敘述。例如利用納莉颱風的降雨量的資料及基隆河流域面積，計算基隆河大約的排洪量，藉此讓學生深化、活化「降雨量」的概念，對於「降雨量」的認知就不只是「下雨過過後在容器上累積的水位高度」，「流域」的認知也不只是一條河及其支流流經的範圍而已。比對「台灣年雨量分布圖」與「基隆河位置圖」發現基隆河正好位於 4,000 公釐年降雨區，是台灣平均降雨最多的區域。台灣雨量分布圖變成是學生認識基隆河容易氾濫的知識。

三、強調學科互動、知識交流、單獨教學

當學校所選用的社會學習領域教科書是「分科合訂本」的教科書，如果教材不經過教師重新調整，學科知識不經過重新詮釋與應用，完全按教科書即定的編寫方式與章節進行，談課程統整、協同教學幾乎是不可能。在教材維持分科的情形下，協同教學要能夠落實在教室層級，成為可以經常實施的方式，只有透過學科互動、知識交流使教師能獨單進行教學一途。也就原先分別是公民、地理與歷史三科教師，能充分理解彼此使用的教材中的重要學科知識。要達到這種程度，教師必須將自己不熟悉的學科知識，透過學科互動，從專業的教師的說明建立初步的認識，從知識的應用中其建構自己的理解，經過自己重新詮釋過的知識才能教給別人。從課程主題可以看出，這項經由教師互動之後提出的課程設計構想，他們選用若干地理科的學科知識，經過教師之間的學科知識交流，決定導向基隆河容易氾濫原因的探討，非地理科的教師也能充分理解雨量與流域兩項概念的定義與關聯性，因此能自己帶入教室引導學生進行統整的學習。

課程主題：基隆河為何容易氾濫成災

一、課程設計理念：

本課程設計之主目的在於讓學生能應用地理學科之基本知識，理解基隆河容易氾濫的原因。近年來基隆河經常氾濫成災，已經變成台灣的「小黃河」，水災頻傳，為汐止及台北居民的惡夢。九年一貫課程強調「以生活為中心」，發生在學生周邊如此重大的生活經驗，是不能不學習的課程。

應用知識去理解、解決、評價特定問題，乃達成九年一貫課程「培養基本能力」教育目標的基本模式。

九年一貫課程強調「統整」，就知識統整的意義而言，能使學生獲得知識之間相互參照、印證、詮釋的關聯意義，進而提升思考層次，以及對問題的理解層次；就課程設計而言，不在於合科與分科之爭，也不一定拘泥於學科的連結、協同教學，而在於能否「放下學科本位」，將知識轉化成幫助學習探究問題的資源與工具；就課程統整理論而言，其功能在於獲得知識、社會（生活）與學習者三者整合的學習成果，其具體的方法就是以生活中重要經驗或社會共同關心之議題為主題（課程核心），發展課程內容，在課程主題所形成的脈絡下將相關的知識組織起來，提供統整的學習經驗，使學生應用相關知識，對其生活周遭世界的重要問題，獲得統整的理解。

從學習的觀點而論，知識除非去使用它否則不會真正的理解，也因為去應用它才獲得真正的理解。所以，在獲得能力的過程中，將知識學習導向應用是必須經歷的階段，這對教師與學生都是相同的道理。基於探究重要議題之目的，而將相關學科知識組織起來，是課程統整的基本要義之一，這些知識對未曾認識的人是基礎，對已認識者而言，往往必須重新詮釋或組織，始能成為理解或處理課程主題的工具或資源，所以主題或問題導向的教與學，對教師與學生而言，都是知識的重新詮釋、組織與建構的過程。這項教學計畫希望能讓學生提升對基本學科知識的理解層次，掃除一般人認為九年一貫課程淺化知識學習將國中國小化的疑慮。並期望能拋磚引玉，激發教師們課程與教學設計的創意，在教改路上走得更安心、更穩健。

二、課程主題：基隆河為何容易淹沒汐止

三、教學對象：國一學生

四、學習領域：社會學習領域

五、教學時間：約 90 分鐘

六、課程架構

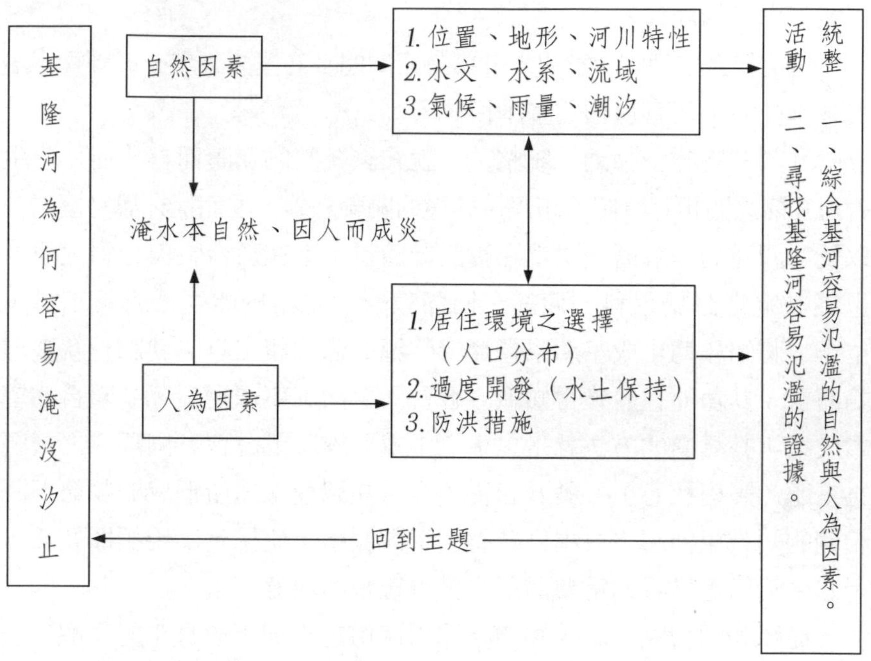

七、教學活動

秀峰國中「主題式學科內統整課程設計與教學示範」			
課程主題	基隆河為何容易淹沒汐止	教學對象：七（上）	時間：90 分鐘
教材來源	自行設計	設計者：陳新轉	
學生學習能力分析	受過開放教育的洗禮，對汐止淹水經驗記憶深刻，能應用電腦網路、有基本的地理學科知識。		
教學方法	建構式教學法，透過教師的提示與引導，學生從師生與同儕對話討論中，形成對汐止淹水問題的認知基模。包含講述、問答、小組討論等學習活動。		

（下頁續）

（續上頁）

教學資源	社會學習領域課程綱要、南一及康軒版教科書、台灣土地的故事（大地）、網路資料、剪報資料、汐止市公所、咱的社區咱的希望。

教學目標	相關能力指標
一、能理解位置、地形、水文、流域、降雨量等地理學的基本概念。 二、能判讀地圖中的訊息。 三、能認知汐止淹水的自然與人為因素。 四、能應相關知識分析汐止淹水的原因，對汐止地區容易淹水的問題具統整的理解。 五、認知汐止容易淹水的特性，深化對鄉土的認識與認同。 六、透過生活中重大議題的學習，促進知識、生活與學習者三者之整合。	綜合教學內容與教學活動，關涉能力指標如下： 1-4-1 分析形成地方或區域特性的因素，並思考維護或改善的方法。 1-4-7 說出對生活空間及周緣環境的感受，願意提出改善建言或方案。 4-4-2 在面對爭議性問題時，能從多元的觀點與他人進行理性辯證，並為自己的選擇與判斷提出好理由。 8-4-6 了解環境問題或社會問題的解決，需要靠跨領域的專業彼此交流；合作和整合。

教學活動	學習活動	時間	教學資源	備註
教學前準備 一、決定課程主題、界定主題。 二、蒐集資料、分析教材。 三、擬定教學方法。 四、設計教案、製作教具。 五、將學生分組。 準備上課 引起動機 一、發下教材、學習單。 二、簡介上課內容。	學生準備 1.分組。 2.以基隆河、納莉、象神等關鍵字上網瀏覽相關網站。 3.閱讀相關教材。			

（下頁續）

（續上頁）

三、以提示汐止淹水圖片、激起住家與學校淹水的記憶。 發展活動 四、詢問學生關於汐止容易淹水的原因（大致了解學生的先備知識）。 發展活動 一、提示教學大綱 1.提示基隆河水氾濫自然與人為的主要因素，與學生的意見互相參照。 2.藉此引導學生認知教師預備之課程內容與教學流程。 二、說明汐止市與基隆河的相關位置及地理環境（建立探討問題的空間知識基模）。 1.汐止市的絕對位置。 2.汐止市的相對位置： 汐止與周邊市鎮的相對位置。 汐止的自然邊界。 汐止與基隆河的相對位置。 汐止與潮汐的相對位置（水返腳）。 汐止與台北盆地的相對位置（東南隅）。 3.基隆河： 基隆河的發源、流向、流域。 基隆河的潮汐。 三、颱風降雨與基隆河氾濫的關係（整合降雨量與流域、集水區的觀念，成為理解問題的知識）。	學生自由發言。 聆聽、筆記。 小組討論、準備發表。		汐止淹水圖片。 提示教學大綱。 全國行政區、台北縣及汐止市地圖。 基隆河流域圖。	

（下頁續）

（續上頁）

以自編的小故事引起學生興趣、並導入學習情境。 納莉（或象神）颱風過後，玉皇大帝接到值星太歲報告，汐止民眾遭受空前大洪災，生命財產蒙受重大損失，民怨沖天，乃急傳基隆河龍王前來質問，爲何未能好好管束基隆河水，該當何罪？ 基隆河龍王聞言大喊冤枉，推說河水氾濫實因爲颱風來臨時，雨神降水太多。雨神立即出言反駁…… 進入討論問題				
1. 各組學生參照基隆河流域圖及颱風雲圖，就此次颱風降水量是否太多的問題進行討論之後，判斷誰有道理，並說明理由。 *2.* 教師講解降雨量、水系、流域、集水區的概念。 *3.* 引導學生計算降水量。 *4.* 回頭檢討第一項問題的判斷與理由，並做必要的修正。	學生根據納莉颱風的降雨量及基隆河流域面積，計算基隆河大約的排洪量。		學習單㈠降雨太多的證據。	
四、降雨太多的另一項證據。 比對「台灣年雨量分布圖」、「與基隆河位置圖」發現基隆河正好位於4,000公釐年降雨區，是台灣平均降雨最多的區域。	搶答活動。		學習單㈡降雨太多的另一項證據。「台灣年雨量分布圖」與「基隆河位置圖」。	

（下頁續）

（續上頁）

五、了解基河龍王的苦衷（雨神的反控） 1.雨神說同樣一年降雨量 4,000 公釐，高屏溪為什麼淹水問題不嚴重（高屏溪大約長160公里），可見基隆河長得太短（全長約 87 公里）、河道太曲折也有關係。（認知基隆河的特徵） 2.汐止古名（水返腳），意即基隆河潮汐影響的最高點。洪水若遇上漲潮便無法宣洩（了解汐止與潮汐的相對位置，對疏洪的影響）。 完成學習單㈢ 綜合基隆河容易氾濫的自然因素。	聆聽講解。 搶答：水返腳連想潮汐作用與洪水不易宣洩的關係。			
六、傾聽基河龍王的哀怨 基河龍王遭雨神反控之後，頗覺委屈的說道：「其實人類要負最大的責任……」 1.汐止市中心區位於基隆河階平原上，與淹水區幾乎重疊。（判讀地圖訊息，並轉化成理解課程主題的知識） 2.土地過度開發，房子甚至侵占河道。 3.下游台北盆地人口高度密集。 4.附近山坡地超限利用，破壞水土保持，加速流水沖刷作用。	看圖搶答，說明淹水原因。 聆聽教師講解。		汐止市區或基淹水區示意圖。 房子建在河堤內的圖片。	

（下頁續）

（續上頁）

5. 防洪措施難為。 綜合淹水的人為因素（完成學習單四）。				
七、綜合活動 1. 燦爛的文明總是發生在多災多難的土地上，基隆河水患正考驗汐止人的智慧。 2. 統整活動 總結基隆河容易氾濫的自然與人為因素。以教師提出的教學大綱為參考架構，透過網路、相機，為每一項因素找證據，做成書面報告。例如在江北橋附近觀察基隆河潮汐現象，到基隆河畔找尋房子蓋在基隆河邊甚至是水區的房子。	聆聽統整活動處理方式，回家完成學習單(五)。			

《基隆河為何容易淹沒汐止》

學習單一

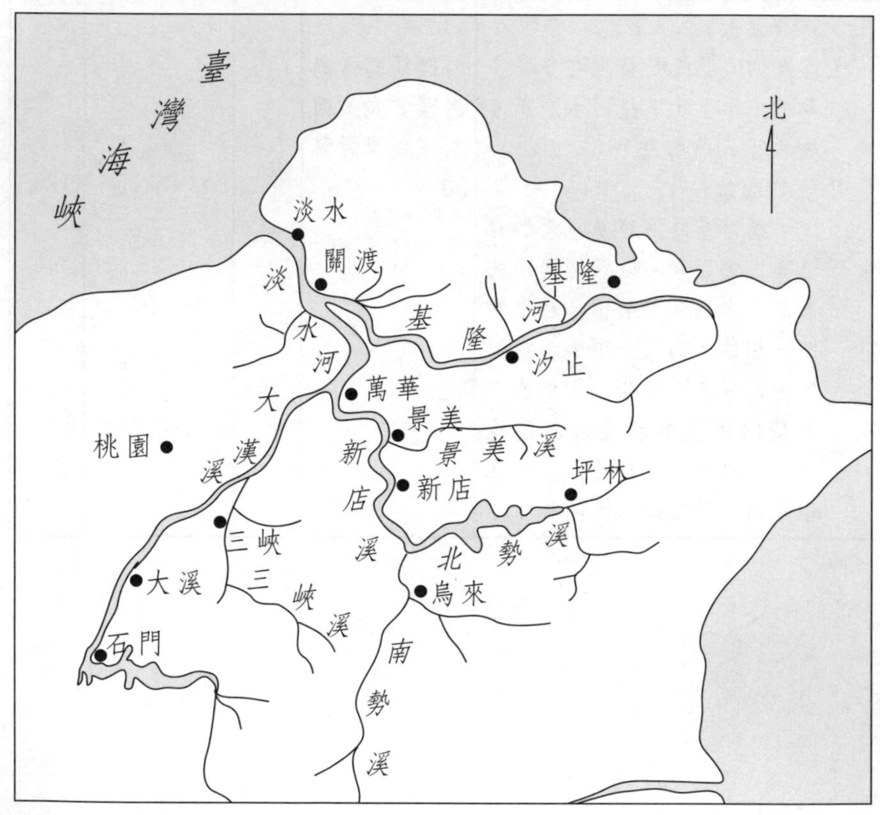

基隆河及其許多條支流形成一水系，雪山山脈、七星山及大屯山火山群分別成為它的分水領，整個流域面積廣達 501 平方公里（5 億 1 百萬平方公尺）。

納莉颱風過境，基隆河水淹汐止，玉皇大帝追究責任。基隆河龍王與雨神就降水問題互指控對方不是。基隆河龍王說：「雨神降雨量太大、太急，我無法宣洩」。雨神說：「我一天總共降雨量是 880 公釐，可是汐止許多地方淹水達 3 公尺，可見是你排水不力所致。」

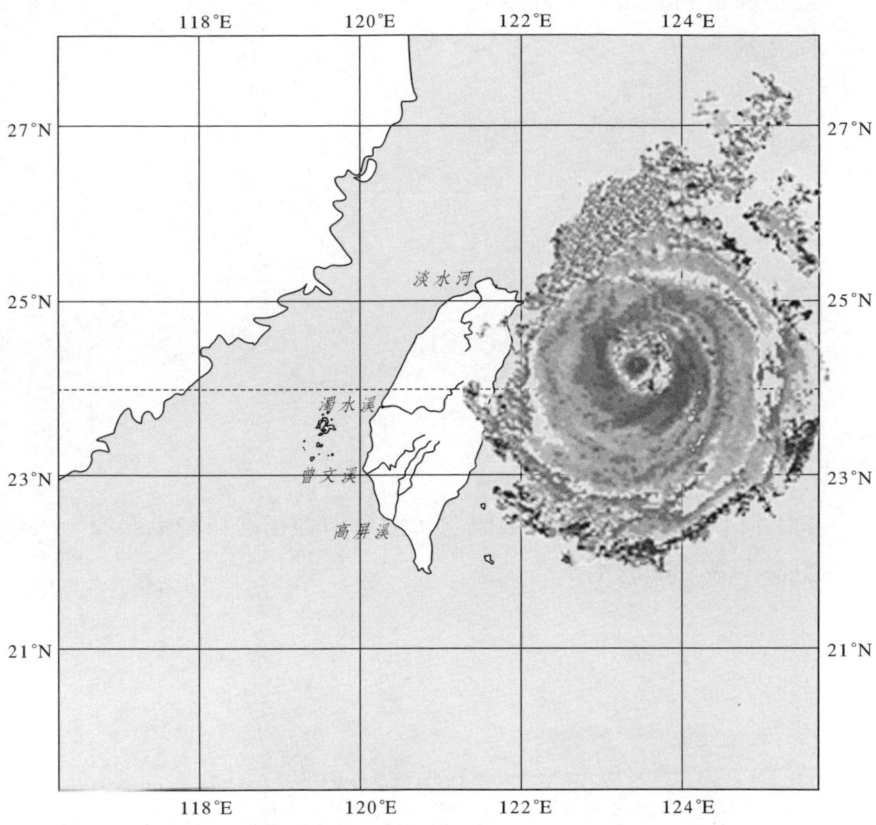

一、請同學整合基隆河流域及降雨量觀念，判斷誰有道理，並說明原因：

□　基河龍王

□　雨　神

理由：

二、聽教師說明並記下下列觀念

降雨量：

水　系：

集水區：

流　域：

三、綜合降雨量及集水區兩項概念，計算雨神在納莉颱風過境一天總共降下多少噸的水？

四、回頭檢討第一項問題的判斷與理由，如果發現判斷錯誤，請修正您的判斷與理由。

學習單二

發現基隆河容易氾濫的降雨因素

台灣年雨量分布圖

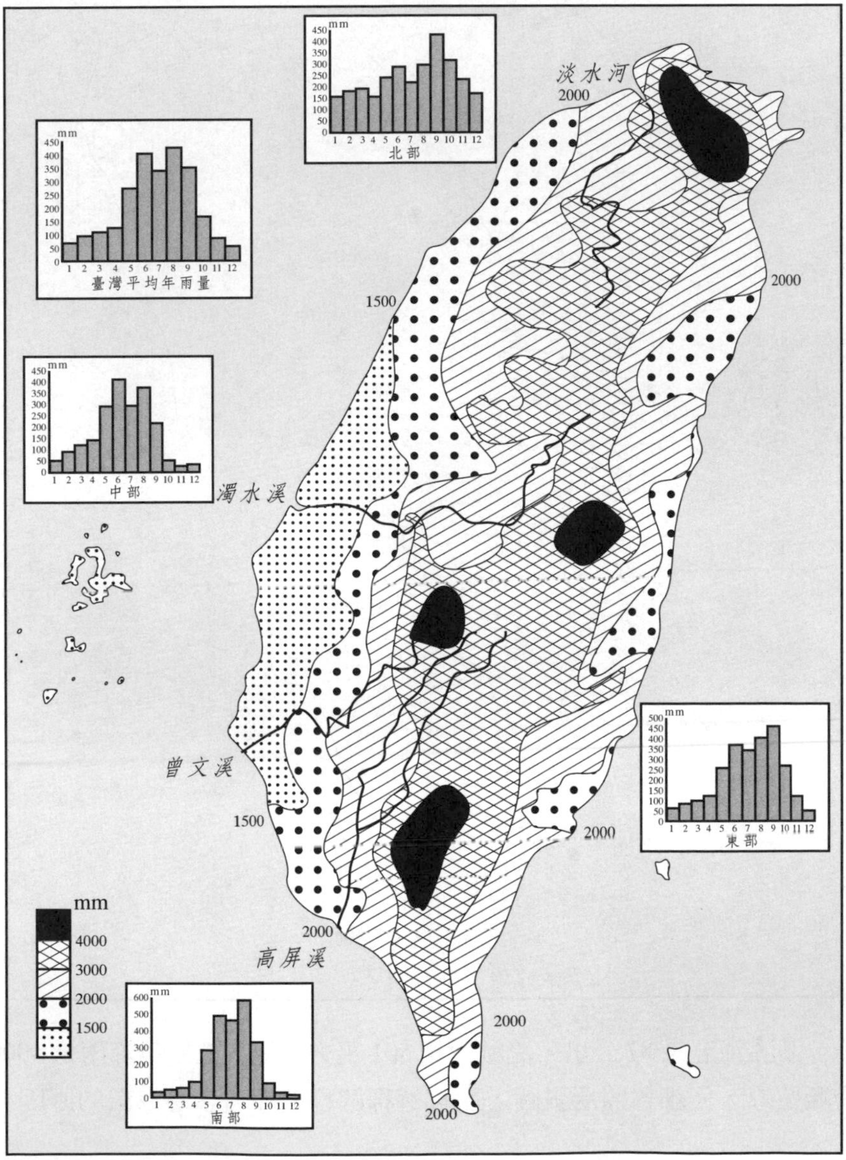

基隆河位置圖

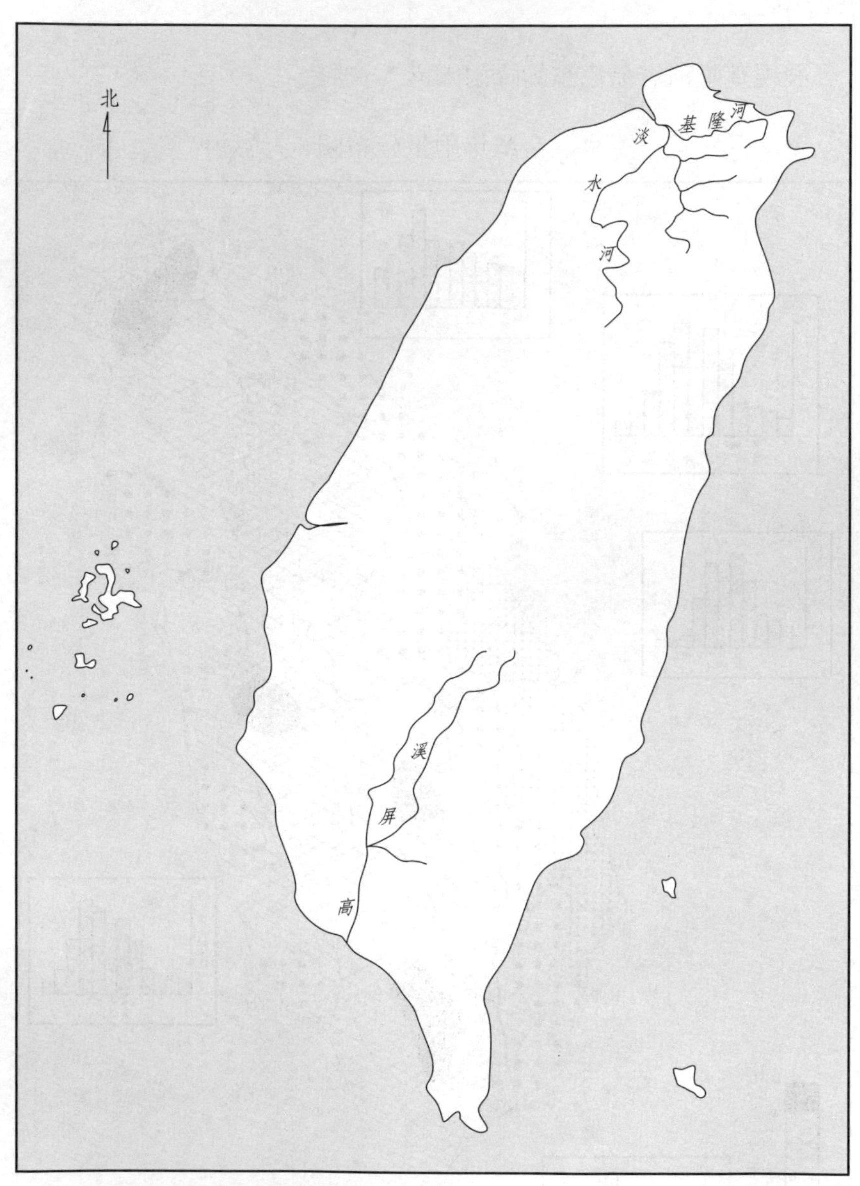

基隆河全長87公里，流域面積501平方公里，位於年降雨量4000公釐區或，仔細對照兩張圖，請你解釋解釋基隆河容易氾濫的原因：

學習單三

南港早期因基隆河水運而繁榮，但基隆河也帶南港止河水患。請列舉基隆河容易氾濫，水淹南港的自然因素

一、雨量多＋（　　　　　）廣，若遇颱風豪雨，洪水奔騰，如排山倒海。

二、地名叫（　　　　　），若洪水遇到（　　　　　）無法宣洩。

三、其他自然因素：

學習單四

就自然條件而言，基隆河原本就容易氾濫，再上拿些人為因素，使汐止淹水特別災情慘重

一、汐止市大多數人口分布在基隆河邊的（　　　　　　　　）（一種地形），房子甚至蓋在行水區上。

二、周邊山坡地（　　　　　　　　），蓋滿房子。

三、下游（　　　　　　　　）盆地已成全台人口最密集的地區，大幅減少基隆河的滯洪功能。

四、（　　　　　　　　）措施仍然不夠。

五、其他人為因素。

學習單五

經過一番分析與討論之後，終於明白汐止市容易淹水的原因不是單一的因素，龍王、雨神固然有錯，其實人類也有責任。現在請同學當扮演法官，就汐止淹水問題列舉各項自然與人為因素，以及各種證據，草擬判決書。

汐止容易淹水的自然因素

1.

2.

3.

4.

5.

汐止容易淹水的人為因素

1.

2.

3.

4.

5.

參、社會學習領域課程統整及教學設計實例

課程主題：多元文化的社會

一、課程設計理念

台灣面積不大卻能匯聚豐富的族群文化，實乃地理與歷史條件所構成的人文奇蹟，是台灣驕傲與珍貴的資產，認識台灣這個多元文化的社會，對每一位學生而言都是有價值的學習經驗。

在課程統整理念的推過程中，經常聽到一種似是而非的論調，即國中階段不適合採行課程統整，因為：「國小課程可以統整因為比較簡單，國中學科知識比較難，應該分科教學」，或者是「基本概念沒先學好怎麼能統整呢？」其實課程簡單與否端賴教師的設計，有無必要統整學習則視課程主題而定，與學習者是那一階段的學生無關，況且重要的課程主題應該重複出，經過加深加廣的設計形成「螺旋式」課程發展。至於基礎概念必須先學好再進行統整學習，這是教學順序的問題，但是在學科概念的基礎之上產生統整的學習，則仍有教學引導，不能一味的相信學生會自行「統整」。本示例特別就「多元文化」、「多元化社會」等重要概念，針對國三學生另行設計教學內容，期能實例化解疑慮。

九年一貫課程採領域規劃打破傳統分科課程的壁壘，教師必須改變「專業自主卻單打獨鬥」的習慣，以及專任一種科目的教學為「專業」觀念，能體認新課程需要教師發揮團隊精神，透過頻繁的學科互動、學科知識交流，增進應用跨知識的能力。本課程示例之發展為公民、地理與歷史三科教師共同參與，將形成教師協同設計之平台，為領域教學模式提供實務經驗。

二、主題界定

所謂「多元文化的社會」是指社會上同時存在、匯聚各種各具特色的文化。而「多元化的社會」是指其人民能以包容、尊重、欣賞與了解的態度，接納各具特色之文化，透過民主、法治建立共同的價值與規範，使各種文化都能充分發展的社會。地球上的人類因為生存條件、人種、歷史傳統、宗教信仰、科技文明之不同，而形成「多元的」文化。「文化交流」乃人類為追求更豐富的物質與精神生活，透過各種方式進行人員、物質與訊息（包括經由語言文字所傳遞的知識、思想等）的互動。當社會中多元的文化，透過交流而臻於「求同存異」的過程，稱之為「多元化」。「文化交流」為人類的文化發展注入創新的活力，但交流的過程中，難免「偏見」、「利益衝突」而造成磨擦，其結果有善果與惡果，人們必須不斷的學習，以開放的態度去面對問題。

三、設計構想

台灣是走向國際化的海洋國家，也是民主、開放而且多族群文化的社會，不但本身具備豐富的人文特色，更由於資訊發達、對外交通便利、人群互動頻繁，成為世界文化交流、匯聚的地方，所以體認多元文化的生活經驗無所不在，了解文化交流的意義，認知多元文化的衝擊，培養「求同存異」之多元化社會生活態度，是重要的課題。

四、教學對象：國中三年級

五、學習時間：12 小時

六、學習目標

1. 認識多元文化的現象。
2. 體驗多元文化所形成的生活經驗。

3.認知「文化交流」的觀念。
4.了解「文化交流」的問題與利弊。
5.培養珍愛傳統文化與尊重多元文化的觀念與態度。
6.建立適應多元化社會的態度與能力。
7.增進探索、思考、組織等後設學習能力。

七、重要概念與通則

1.人類社會因自然與人文條件之不同，而發展出多元的文化現象。
2.「文化交流」是人類社會的普遍現象。
3.多元化社會是指在共同性的基礎上，各具特色的文化都能獲得充分的發展，即所謂「求同存異」。
4.人類為追求更美好的物質與精神生活而進行文化交流，古今皆然。
5.交通便利、社會開放、自由民主是促成文化交流，形成多元化社會的必要條件。
6.文化交流過程中、「偏見」、「衝突」在所難免，必須以相互尊重、包容、學習與了解的態度，加以克服。

八、課程內容取材範圍

課程內容取材自歷史學、地理學、社會學、文化人類學。

九、課程大綱

主題	單元	內容
多元文化的社會	多彩多姿的世界 （多元文化的現象）	多元文化現象的成因： 種族：血統、語文。 歷史傳統：歷史淵源、傳統思想、風俗習慣。 生存條件：地形、氣候、資源、謀生方式。 宗教信仰：崇拜對象、儀式、終極關懷。 科技文明：建築、交通工具、生產工具等。 〔發現台灣的多元文化特色〕
	多元化的歷程 （文化交流）	文化交流的誘因：追求更豐富的物質與精神生活。 從日常生活中發現不同文化的「互補性」。 〔分享文化交流的生活經驗〕 古今之文化交流方式： 經商貿易、戰爭、旅行探險、傳教與取經、留學與翻譯等。 〔鑑古知今：哈日有理？有罪？〕
	文化交流的影響 （文化變遷）	（文化變遷） 中西文化交流的若干歷史經驗。 文化交流的善果與惡果：融合與創新、對抗與消失，包括歷史的與現代的。 〔發現文化交流的正面與負面態度〕 〔發現本土文化的變遷〕
	多元化社會 多元化社會的形成 （求同存異、共存共榮）	匯聚多元文化的地理條件：古今文化交流的地理通路。 〔發現世界上著名的「文化交流」城市地區〕 形成多元化社會的客觀條件：開放的、自由的、法治的、共享的價值觀與規範。 形成多元化社會的主觀條件：學習、尊重、包容、欣賞。 〔台灣是多元化的社會嗎？〕 〔討論：台灣是多元化的社會嗎？〕

「多元化的歷程——文化交流」教學活動

本課程計畫的「多元化的歷程——文化交流」部分曾進行教學示範，就跨學科的知識統整、知識轉化、教材之選擇與應用進行教學演示。

「文化交流」學習單

一、從地理條件上看來，台灣成為文化多元的國家，主要是因為它的「地理位置」具備：陸地與海洋的交會處；西太平洋島弧的中點，為亞太重要航線必經之地；面臨太平洋，對外交通四通八達。早期有南島語系民族定居於處，後來人類航海技術發達，台灣的地理位置從大陸的邊陲變成重要的交通要衝，因此近四百年來逐近成為世界文化匯聚之地。請您參考地圖舉出那些比較可能與比較不可能成為匯聚世界文化的國家。

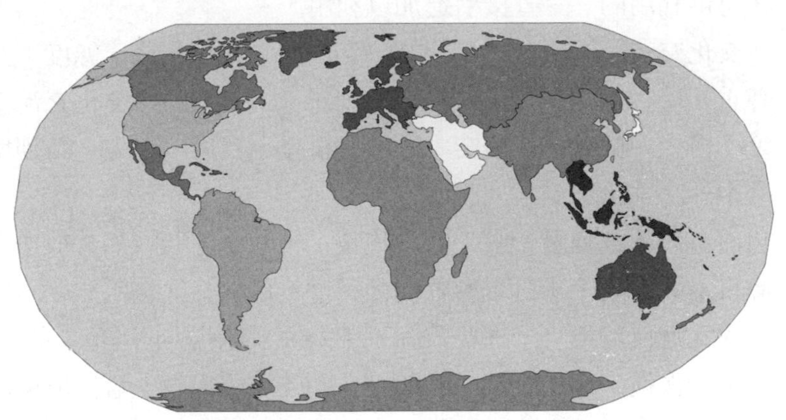

二、「文化」：是指人們在生活上具體呈現在器物、制度、思想與集體行為的總體表現。「文化交流」：乃是一種人員互訪、物資流通、思想、觀念互相影響的現象。現代社會因為交通便利、通訊科技發達、訊息流通快速，人們的生活離不開「文化交流」的影響，請就下列項目列舉政府、民間所做之「文化交流」活動。

- 經濟貿易：
- 留學翻譯：
- 旅行觀光：
- 網路電訊：
- 文藝學術：

- 體育娛樂：
- 其他：

三、不同的文化之間具有「互補性」，往往可以相互為用，請你從前面所列舉之「文化交流」活動，具體寫出對我國文化有「互補性」的他國文化特色。

1. 可供參考的——與我有相似或相通之處，可以充實或改善自己既有的。
2. 可供倣效的——為我所無，必須經過學習、改造方能為我所用的新事物。
3. 可供利用的——直接引進加以利用。

四、「交化交流」的態度，可分為㈠正向的「文化交流」態度：互相尊重、學習習——互補、融合、創新；㈡負向的「交化交流」態度：自大、偏見——衝突、閉鎖、自卑、衰退、消失。請列舉古今中外之文化交流事列說明之

五、目前台灣社會瀰漫一股「哈日現象」，社會各階層都有很多人喜歡日本的產品、迷日本影歌偶像，愛看日劇。就您所知，同學之間的「哈日現象」，那些方面是正向的？那些方面是負向的？

六、小組合作從「文化交流」的觀點，完成一份報告「哈日現象之調查」，探討以下幾個問題：

㈠以訪談的方式，訪問有哈日傾向之同學至少十位，請他們說出哈日的原因，並將他們的意見加以分類，以了解他們接受日本文化的態度。

㈡蒐集報章雜誌關於「台灣論」漫畫書所引發社會爭論之報導，整理出其中有關「親日」與「反日」情結的論點。

壹、小組分工

㈠採訪組。

㈡閱報組。

㈢撰稿。

㈣報告。

貳、調查計畫

㈠擬定編採範圍。

㈡擬定編採時程。

㈢匯整。

㈣製作報告。

㈤提出報告。

《附錄》加拿大社會學習領域課程統整示例簡介

一九九六年加拿大卑詩省教育局頒布k~10年級的社會學習領域課程綱要。由於國內大多數教師對於國中階段社會學習領域課程統整一直心存疑慮，故特別將8~10年級課程大綱的主要內容轉錄，以供參考。

壹、課程理念

課程發展依據下列學習原則：

- 學習需要學生積極的參與。
- 人們學習方式與學習速度各不相同。
- 學習包括個人及團隊兩種歷程。

貳、理念與方法

一、社會學習領域課程定義

社會科在卑詩省課程中的定義是，取自社會科學與人文科學中有關人與人、人與自然、人與社會環境互動之知識所組織而成的多元學科課程（multidisciplinary subject）。社會科的主要目標是發展有思想、有責任、積極參與的公民，他們應能夠取得所需的資訊，以進行不同觀點的思考，以及做理性的判斷。本 K~10 年級的社會科課程提供學生有機會成為能適應未來的公民，對所遭遇的事件與問題，有批判、反省思考的能力，而且能檢視現在，連結過去與規劃未來。

二、社會學習領域課程目標

1. 理解並準備去實踐他們在家庭、社區、國家和世界中的角色、權利與責任。

2. 發展民主理念及加拿大人的意識。

3. 確認對人類平等及文化差異的尊重。

4. 批判思考能力、鑑核資訊的能力及嫻熟、有效溝通的能力。

三、社會學習領域課程強調的能力

1. 開發理解能力（developing understanding）。

2. 統整（making connections）——形成連結的學習。

3. 應用的知識。

4. 成熟、活躍的公民。

所規定的學習成果，期望能激發從多元觀點做深入的學習研究（例如時間、位置、文化、價值），以及引導學生做批判性思考和理性判斷。建議在教學和評量策略上能著重基本理念及關係的理解。

四、統整——形成連結

社會學習領域課程應協助學生形成邏輯的連結：

1. 過去、現在、未來——在歷史與當代事件和問題之間進行統整。

2. 全球觀點——在不同宗教、環境，以及文化之間進行統整。

3. 個人在課程、興趣、關心的事物及其人生理想與抱負之間進行整合。

4. 科際整合——在其他科目、人文科學、不同的社會科學和社會研究議題之間，進行科際整合。

五、知識的應用

當知識被學生用以下判斷、形成自己的意見、解決問題及引導自己的行為時，知識始對於培養成負責任的公民素質有所貢獻。此項學習成果，兼重內容與過程，並支持以開放的心靈從不同觀念解釋問題的方式。建議在教學與評量策略上，能使學生充分的孕育、應用與評價其所習得的觀念。

六、公民實踐

本課程提供學生公民實踐機會，以磨練成為負責任且積極的公民所必經的歷程與技能。

參、課程主題

本課程由五種相關的課程主題（interrelated curriculum organizer）所組成，反應本學科為多元學科（multidisciplinary）的本質：⑴社會學習領域之應用；⑵社會與文化；⑶政治和法律；⑷經濟和技術；⑸環境。

一、社會學習領域之應用

社會學習領域之應用的規定學習成果分為五方面：⑴資料蒐集與組織（8 到 10 年級為資料蒐集）；⑵資料意義的解釋；⑶問題分析；⑷意見表達；⑸積極的公民。學習成果隨年級加廣加深。屬於本範疇的學習成果，也同屬於整個課程架構，它支援培養負責任與活耀公民所需的基本技能與過程。

二、社會與文化

學生主要的學習內容是探索古往今來之文化、社會組織與社會演進之相似性與差異性。

三、政治和法律

學生發展關於政治、合法結構和程序的基本認識，以及了解法律在不同社會中的社會目的。同時從社區、國家和世界去檢驗公民的權利與責任，及參與的角色。

四、經濟和科技

學生發展關於經濟概念與經濟系統的基本認識。探討科技進步對工業、社會和環境生態的衝擊，以及大眾傳媒的角色。

五、環境

培養學生對自然環境和人與自然互動關係的理解。並能應用這些知識對全球生態與人類福祉做出具體的貢獻。

肆、社會學習領域課程綱要（8到10年級）

<table>
<tr><td>社會科應用</td><td colspan="3">資料蒐集：應用各種提供資訊的資源，如圖書館、電腦網路、大眾媒體和政府機構。
解釋：參考當代和歷史的地圖、文件，和其他一手及兩手資料，對問題提出解釋。
問題分析：從當代和歷史上爭議的議題中，發展及界定立場。
表達：應用口頭和視覺上的媒介，在大或小團體中與人溝通。
活躍的公民：在個人關心的事務上，能持公眾的觀點。</td></tr>
<tr><td>年級
學習範圍
時間範疇</td><td>8 年級
文明
500-1600</td><td>9 年級
歐洲與北美
1500-1815</td><td>10 年級
加拿大
1815-1914</td></tr>
<tr><td>社會與文化</td><td>• 文明的發展與衰退。
• 中世紀和文藝復興時期的社會。
• 日常生活與信念系統。
• 文化播遷與適應。</td><td>• 原住民部落、法國及英國殖民地的生活。
• 工業化。
• 個人與團體認同的發展。</td><td>• 原住民處境的改變。
• 婦女與家庭角色的改變。
• 移民。
• 加拿大的國家認同。</td></tr>
</table>

（下頁續）

（續上頁）

政治與法律	• 權利與權威。 • 合法系統與政府的演進。 • 群體和個人的權利與義務。 • 接觸與衝突。	• 殖民主義與帝國主義和國家主義。 • 英國、法國及美國革命。 • 加拿大的政治及合法的基礎。	• 責任政府與聯邦主義的演進。 • 反抗。 • 西部擴展。 • 聯邦。 • 國民。
經濟與技術	• 早期的經濟系統。 • 交易與商業的影響。 • 利益與理想的傳達。 • 科學與技術的衝擊。	• 經濟系統。 • 探險與交易。 • 毛皮交易的成長。 • 工業革命。	• 國家政策。 • CPR 的成立。 • 加拿大的工業。 • 全球與太平洋周邊區域的貿易。
環境	• 世界地理。 • 探險。 • 物質環境對文化的衝擊。 • 人口分布及資源應用。 • 居住型態。	• 北美的地理疆界。 • 探險與交易的路線。 • 毛皮交易。 • 物質環境在交易及居住上的影響。 • 原住民與環境的關係。	• 加拿大的國土疆界。 • 加拿大發展的地理因素。 • 資源與環境管理。

伍、教學計畫要點

本課程鼓勵教師去思考：

一、用不同的方式整合指定的學習成果。

二、提供批判思考的機會。

三、選擇不同的教學資源以支持不同的觀點。

陸、整合學習成果

本課程鼓勵教師以不同的方式從每一項課程組織中去整合指定的學習成果。範例中提供五種方式（主題、議題、待答問題、待解決問題、行動計畫），統整方式教師可自行決定。

在發展教學單元時，考慮下列問題或許有所助益：

一、我的教學重點的主要理念（ideas）是什麼？

二、何種單元組織是此教學重點的最佳形式？

三、哪些具體的學習成果可以包括在這項教學單元中？

四、我能從其他學科領域中整合學習成果以支持學生精熟社會學習領域的學習嗎？

柒、批判思考與分析的應用

關於社會學習領域的教學，重視批判與思考能力的培養，下表所列之示例說明批判思考學習成果與教學策略的關係。這些學習成果為課程創造一個發展性的架構。（8~10 年級學生的學習會受到發生學習的情境脈絡影響，例如時間、空間、和價值觀，當學習被安置於有意義的情境中時，學習效果最佳）

批判思考教學活動示例

批判思考	範例
背景知識。 反省思考所需的訊息。	• 資訊蒐集：學生能了解參考資料的主要的形式與特徵？（例如目錄、分類表、線上查詢工具等） • 解釋：學生知道如何發現文件資料表面之外的意義？ • 議題分析：學生知道其他團體如何看待問題？ • 表達：學生知道有用的媒體形式以呈現團體的作品？ • 活躍的公民：學生知道不同團體所採用的解答的結果？

（下頁續）

（續上頁）

判斷的規準。 從各種不同的見解中評估最理性與適當的選擇規準。	• 資訊蒐集：訊息來源可靠嗎？流通嗎？容易接近嗎？ • 解釋：解釋有道理嗎？這項文件能支持這種說法嗎？一般的看法是什麼？ • 議題分析：這項建議是否正反兩面俱呈，以及有支持的證據嗎？ • 表達：這種表達方式，適合這項題材嗎？ • 活躍的公民：計畫中的解決方案可行嗎？尊重所有被影響的人嗎？
語言和思考。 理解及區別各項用詞的技能。	• 資訊蒐集：學生能區別第一手及第二手訊息來源嗎？ • 解釋：學生能從直接的觀察去區別推論嗎？ • 議題分析：學生能從結果和因果關係中區別主旨嗎？ • 表達：學生能從比喻的表示中區別其語意嗎？ • 活躍的公民：學生能區別偏見和意見嗎？
策略。 策略與建構中的計畫。	• 資訊蒐集：學生應用備忘錄、計畫表、進度表等記載他們的發現？ • 解釋：學生試圖安排作者的時間及解釋工作的分配？ • 議題分析：應用查核表引導他們分析議題？ • 表達：學生做表達之前的預演？ • 活躍的公民：學生應用模式或一系列的程序引導他們透過事實去考慮問題解決的方法？
態度與價值觀。 注意與深思熟慮的思考態與價值觀。	• 資訊蒐集：學生是否願意更努力、堅持到底的去完成任務？ • 解釋：學生會去質疑自己的解釋？ • 議題分析：學生願意思考支持自己的觀點的證據，以及在證據的證明之下，推翻自己的看法？ • 表達：學生願意為他堅持的信念挺身而出？ • 活躍的公民：學生願給與不同的意見公平的表述條件？

資料來源：Ministry of Education, Province of British Columbia Canada. (1996).

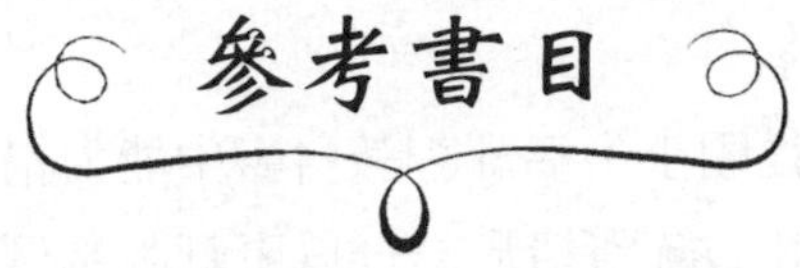

中文部分

王大修（民86）。新加坡的社會科分析。收錄於黃炳煌（民86），九年一貫社會科課程綱要之研究。教育部研究案。未出版。

行政院教育改革審議委員會（民85）。教育改革總咨議報告書。行政院。

臼井嘉一（1998）。社會科理論與融合課程之研究。台北：商鼎。

李坤崇（民92）。能力指標轉化的理念。引自林世華（民93）。國民中小學九年一貫課程發展學習成就評量指標與方法研究報告。教育部。未出版。

吳俊憲（民91）。社會學習領域教科書編輯流程探究。人文與社會學科教學通訊，13(2)，137~151。

林世華（民93）。國民中小學九年一貫課程發展學習成就評量指標與方法研究報告。教育部。未出版。

林淑慈（民90）。『學歷史』與『學歷史』之間——九年一貫『人與時間』領域規劃的商榷，東吳歷史學報，7，139-171

周愫嫻（民86）。澳洲的社會科分析。收錄於黃炳煌（民86），九年一貫社會科課程綱要之研究。教育部研究案。未出版。

高新建（民91）。能力指標課程轉化模式㈠：能力指標之分析與教學轉化。收錄於黃炳煌主編：社會學習領域課程設計與教學策略，頁51~99。台北：師大書苑。

秦葆琦（民 91a）。國小一年級上學期生活課程三個版本能力指標與教學目標關係之研究。載於「第六屆課程與教學論壇研討會論文集」，16-20。台南：國立台南師範學院。

秦葆琦（民 91b）。國民小學生活課程與社會學習領域能力指標與教學目標配合情形之分析。發表於「淡江大學社會學習領域課程與教學工作坊」。

秦葆琦（民92）。從國小生活課程教科書中能力指標與教學目標的關係分析教學設計的統整情形——以康軒版為例。國教學報，15，1~28。

程健教（民87）。日本小學社會科教學趨向的探討。收錄於教育部人文及社會學科教育指導委員會編。社會科教育之趨勢。教育部人文及社會學科教育指導委員會。

張玉成（民81）。英國小學社會科課程分析。台北：三民。

梁蕙蓉（民 92）。能力指標的解析與教學轉化。中等教育，4(4)，2~79。

曾朝安（民90）。能力指標轉換教學活動設計。載於學校課程計畫百面通，32~34。台北：康軒。

湯梅英（民86）。英國的社會科分析。收錄於黃炳煌（民86）。九年一貫社會科課程綱要之研究。教育部研究案。未出版。

張秀雄主編（民85）。各國公民教育。台北：師大書苑。

沈清松（民80）。談科際整合。教師天地，80年6月，34~37。

黃　葳（民 86）。論當代課程結構的整合化。課程、教材、教法，1997/6，1~4。

黃炳煌（民86）。九年一貫社會科課程綱要之研究。教育部研究案。未出版。

黃政傑（民 80a）。社會科課程設計的基礎。教育資料集刊，16，219~233。

黃政傑（民80b）。以科際整合促進課程統整。教師天地，80年6月，38~43。

黃政傑（民81）。課程設計。台北：東華。

黃素貞（民92）。台北市九年一貫課程國中階段社會學習領域運作實務。發表於在國立台灣師大學實習輔導處主辦「課程綱要實施檢討與展望研討會」。

國立台灣師範大學（民 76）。我國人文社會教育科際整合現況與展望。國立台灣師範大學。

教育部（民 87）。國民教育階段九年一貫課程總綱綱要。教育部。

教育部（民 89）。國民教育階段九年一貫課程暫行綱要（89 年版）。教育部。

教育部（民 90）。國民教育階段九年一貫課程暫行綱要（90 年版）。教育部。

教育部（民 92）。國民中小學九年一貫課程綱要社會學習領域。教育部。

陳伯璋、盧美貴（民 84）。開放教育。台北：師大書苑。

陳新轉（民 89）。課程統整之理論性研究及其對九年一貫社會學習領域課程綱要（草案）之啓示。國立政治大學教育系博士論文。未出版。

陳新轉（民 90）。課程統整理論與設計解說。台北：商鼎

陳新轉（民 91a）。社會學習領域能力指標之能力表徵課程轉化模式。教育研究，100，118~128。

陳新轉（民 91b）。九年一貫社會學習領域課程綱要之評析與建議。人文及社會學科教學通訊，13(3)，25~44。

陳麗華（民 92）。社會學習領域七年級能力指標在各版本教科書落實情形之研究。收錄於中華民國社會科課程發展學會（民 92）。社會學習領域國中課程計畫及教材說明。

葉煬彬（民 83）。國民中學社會科課程架構研究。台灣省中等教師研習會。

詹志禹（民 88）。九年一貫社會科課程綱要草案背後的哲學觀。教育研究，54，54~60。

詹志禹（民 91）。主題軸。收錄於黃炳煌主編：社會學習領域課程設計與教學策略。台北：師大書苑。

楊深坑（民 76）。從科學理論的發展論教育研究之科學整合趨勢。收錄於國立台灣師範大學主編：中華民國七十六年科際整合研討會

論文集第三冊，85~102。

簡馨瑩（民87）。本社會科課程內容與改革方向。教育研究雙月刊，62，18~22。

蔡美麗（民79）。胡塞爾。台北：東大。

薛慶友（民92）。社會學習領域能力指標內涵及評量實施之探討究。國立新竹師範學院碩士論文。未出版。

韓震、梁俠主編（2002）。社會與歷史課程標準實驗稿。中華人民共和國教育部基礎教育司。北京：北京人民師範大學。

嚴平譯（民81）：詮釋學。Richard E. Plamer原著（1969). *Hermeneutics.* 台北：桂冠。

英文部分

Anderson, W. & Krathwohl, D. R. (2001). *A taxonomy for learning, teaching, and assessing: A revision of blooms' educational objectives.* New York, NY: Longman. p. 46.

Barab, S. A. & Landa, A. (1997). Designing effective interdisciplinary anchors. *Educational Leadership,* March 1997, pp. 52~55.

Beane, J. A. (1990). *A middle school curriculum: from rhetoric to reality.* Columbus, OH: National Middle School Association.

Beane, J. A. (1991). The middle school: The natural home of integrated curriculum. *Educational Leadership,* Oct 1991, pp. 9~13.

Beane, J. (1992). Creating an Integrative Curriculum: Making the Connections *NASSP Bulletin,* Nov, 1992, pp. 46-54.

Beane, J. A. (1995). Curriculum integration and the disciplines of knowledge. *Phi Delta Kappan,* April, pp. 616~622.

Beane, J. A. (1997). *Curriculum integration-Designing the core of democratic education.* N.Y.: Teacher College Press.

Brady, L. (1992). *Curriculum development (4th ed.),* New York, Prentice Hall.

Brady, L. (1995). A supradisciplinary curriculum. In In James M. Beane. (Ed).

Toward a coherent curriculum. Alexandria, VA.: ASCD.

Curriculum Corporation.(1994a). A Statement on Studies foSociety and Environment for Australian Schools.

Curriculum Corporation.(1994b). Studies of Society and Environment– A Curriculum Profile for Australian Schools.

Curriculum Corporation.(1998).Discovering Democracy. http://www.curriculum.edu.au/democracy/ddunits/units/units.htm

Delaware State Department of Public Instruction. (2001). *Social Studies Standards: End of Grade Cluster Benchmarks-Performance Indicators, Grades K-12.* Delware State Department of Public Instruction.

Drake, S. M. (1993). *Planning integrated curriculum: The call to adventure.* Alexandria, VA.: ASCD.

Drake, S. M. (1998). *Creating integrated curriculum: Proven ways to increase student learning.* California Corwin Press.

Ehrlich, P. R. (2000). *Human natures: Genes, cultures, and the human prospect.* 李向慈・洪佼宜合譯（2003）。人類的演化：基因、文化與人類的未來。台北：貓頭鷹。

Erickson, H. L. (1995). *Stirring the head, heart, and soul: Redefining curriculum and instruction.* Thousand Oaks, CA: Corwin.

Fogarty, R. (1991). *The mindful school how to integrate The curricula.* IL.: IRI/Skylight Training and Publishing.

Fogarty, R. & Stoehr, J. (1995). *Integrating curricula with multiple intelligences-Teams, Themes, and Threads.* IRI/Skylight.

George, P. S. (1996). The integrated curriculum: A reality check. *Middle School Journal,* Sep, 1996, pp. 12~19.

Gleick, J. (1987). *Chaos: Making a New Science.* 林和譯（民 80）。混沌：不測風雲的背後。台北：天下。

Harris, D. E. & Carr, J. F. (1996). *How to Use Standards in the Classroom.* Alexandria, Virginia ASCD.

Hayles, N. K. (1990). *Chaos bound: Orderly disorder in contemporary literature and science.* Ithaca, NY: Cornell University Press.

Husen, T. & Postlethwaite, T. N. (1985). The international encyclopedia of education: Research and studies. Oxford; Mew York: Pergamon Press.

Jacobs, H. H. (1989). *Interdisciplinary curriculum: Design and implementation.* Alexandria, VA.: ASCD.

Jacobs, H. H. (1997). *Mapping the big picture: Integrating curriculum & assessment K-12.* Alexandria, VI.: ASCD.

Jenness, D. (1990). *MakingsSense of social studies.* New York: Macmillan.

Kovalik, S. & Olsen, K. (1997). *ITI: The model integrated thematic instruction (3rd).* Kent, WA.: Book for Educator, Inc.

Kendall, J. S. & Marzano, R. J. (2000). *Content and knowledge: A Compendium of Standards and Benchmarks for K-12 Education 3rd*. Alexandria.: ASCD.

Meinbach, A., Rothlein, L. & Fredericks, A. (1995). *The complete guide to thematic units: Creating the integrated curriculum.* Norwood, Mass.: Christopher-Gordon.

Michigan State Dept. of Education. (2000). *Social studies basic concepts.* Michigan Department of Education.

Mid-Continent Research for Education and Learning. (2000). *A distillation of subject-matter content for the subject areas of geography and history.* Mid-Continent Research for Education and Learning.

Ministry of Education, Province of British Columbia Canada. (1996). *Social Studies K to 10 Integrated Resource Package 1996.*

National Council for the Social Studies (NCSS). (1994). *Curriculum standards for social studies: Expectation of excellence.* Washington, DC: National Council for the Social Studies.

North Carolina state Department of Public Instruction. (2000). *Student Accountability Standards: Implementation Guide.* North Carolina Department of Public Instruction.

Ohio state Department of Education. (1994). *Social studies: Ohio's model competency-based Program.*

Prigogine, I. (1980). *From being to becoming: Time and complexity in the physical sciences.* San Francisco: W. H. Freeman.

Prigogine, I., & Stengers, I. (1984). *OderoOut of chaos: Man's new dialogue with nature.* New York: Bantam Books.

Schug, M. C. & Cross, B.(1998). The dark side of curriculum integration in social studies. *The social Studies, 89*(2), pp. 54~57.

Tchudi, S. & Lafer, S.(1996). *The interdisciplinary teacher's handbook: A guide to integrated teaching across the curriculum.* Portsmouth, NH.: Boynton/Cook.

Tennessee State Department of Education. (2002). *Tennessee social studies curriculum standards. K-8 standards, learning expectations, and performance indicators.* Tennessee State Dept. of Education.

Wiig, K. M. (1994). *Knowledge management: The central management focus for intelligent-acting organizations.* Arlington. TX.: Schema Press.

Wolfinger, D. M. & Stockard, J. W. (1997). *Elementary methods: An integrated curriculum.* Longman.

Zevin, J. (2000). *Social studies for twenty-first century: Methods and materials for teaching and secondary schools.* Mahwah, NJ.: Lawrence Erlbaum Associates, Inc., Publishers.

國家圖書館出版品預行編目資料

九年一貫社會學習領域課程發展：從課程綱要與能力指標
出發／陳新轉著. --初版.--臺北市：心理, 2004（民 93）
面；　公分. --（一般教育；80）
參考書目：面
ISBN 978-957-702-722-1（平裝）

1. 社會科學－課程　2. 九年一貫課程

523.45　　93017177

一般教育 80　**九年一貫社會學習領域課程發展：從課程綱要與能力指標出發**

作　　者：陳新轉
責任編輯：林怡君
執行編輯：陳文玲
總 編 輯：林敬堯
發 行 人：洪有義
出 版 者：心理出版社股份有限公司
社　　址：台北市和平東路一段 180 號 7 樓
總　　機：(02) 23671490　傳　　真：(02) 23671457
郵　　撥：19293172　心理出版社股份有限公司
電子信箱：psychoco@ms15.hinet.net
網　　址：www.psy.com.tw
駐美代表：Lisa Wu　Tel：973 546-5845　Fax：973 546-7651
登 記 證：局版北市業字第 1372 號
電腦排版：臻圓打字印刷有限公司
印 刷 者：東縉彩色印刷有限公司
初版一刷：2004 年 9 月
初版二刷：2008 年 1 月

定價：新台幣 380 元

ISBN 978-957-702-722-1

讀者意見回函卡

No. ______　　　　　　　　　　　　填寫日期：　年　月　日

感謝您購買本公司出版品。為提升我們的服務品質，請惠填以下資料寄回本社【或傳真(02)2367-1457】提供我們出書、修訂及辦活動之參考。您將不定期收到本公司最新出版及活動訊息。謝謝您！

姓名：____________________　性別：1□男　2□女

職業：1□教師 2□學生 3□上班族 4□家庭主婦 5□自由業 6□其他____

學歷：1□博士 2□碩士 3□大學 4□專科 5□高中 6□國中 7□國中以下

服務單位：__________________　部門：__________　職稱：____________

服務地址：__________________________　電話：_______　傳真：_______

住家地址：__________________________　電話：_______　傳真：_______

電子郵件地址：____

書名：____

一、您認為本書的優點：（可複選）

❶□內容 ❷□文筆 ❸□校對 ❹□編排 ❺□封面 ❻□其他____

二、您認為本書需再加強的地方：（可複選）

❶□內容 ❷□文筆 ❸□校對 ❹□編排 ❺□封面 ❻□其他____

三、您購買本書的消息來源：（請單選）

❶□本公司 ❷□逛書局⇨______書局 ❸□老師或親友介紹

❹□書展⇨____書展 ❺□心理心雜誌 ❻□書評 ❼其他________

四、您希望我們舉辦何種活動：（可複選）

❶□作者演講 ❷□研習會 ❸□研討會 ❹□書展 ❺□其他_____

五、您購買本書的原因：（可複選）

❶□對主題感興趣 ❷□上課教材⇨課程名稱________________

❸□舉辦活動　❹□其他______________

（請翻頁繼續）

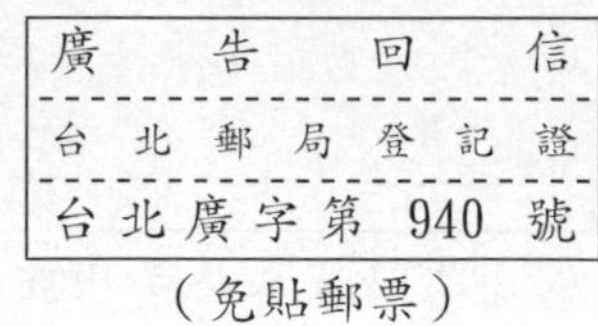

心理出版社股份有限公司
台北市 106 和平東路一段 180 號 7 樓

TEL: (02) 2367-1490
FAX: (02) 2367-1457
EMAIL:psychoco@ms15.hinet.net

沿線對折訂好後寄回

六、您希望我們多出版何種類型的書籍

❶□心理 ❷□輔導 ❸□教育 ❹□社工 ❺□測驗 ❻□其他

七、如果您是老師，是否有撰寫教科書的計劃：□有□無

書名／課程：＿＿＿＿＿＿＿＿＿＿＿＿

八、您教授／修習的課程：

上學期：＿＿＿＿＿＿＿＿＿＿＿＿

下學期：＿＿＿＿＿＿＿＿＿＿＿＿

進修班：＿＿＿＿＿＿＿＿＿＿＿＿

暑　假：＿＿＿＿＿＿＿＿＿＿＿＿

寒　假：＿＿＿＿＿＿＿＿＿＿＿＿

學分班：＿＿＿＿＿＿＿＿＿＿＿＿

九、您的其他意見

謝謝您的指教！ 41080